本书受教育部人文社会科学研究青年基金项目“城镇化进程中的乡土情结研究：基于幸福经济学视角”（项目批准号：17YJCZH222）和河南省软科学研究计划项目“河南百城建设提质工程创新模式与长效机制研究”（项目编号：192400410082）资助出版

城镇化进程中我国实现城乡融合发展研究

杨仪青　著

天津大学出版社
TIANJIN UNIVERSITY PRESS

图书在版编目(CIP)数据

城镇化进程中我国实现城乡融合发展研究 / 杨仪青著. —天津：天津大学出版社，2019.10
ISBN 978-7-5618-6560-6

Ⅰ.①城…　Ⅱ.①杨…　Ⅲ.①城乡建设－经济发展－研究－中国　Ⅳ.①F299.21

中国版本图书馆CIP数据核字(2019)第228649号

出版发行　天津大学出版社
地　　址　天津市卫津路92号天津大学内(邮编:300072)
电　　话　发行部:022-27403647
网　　址　www.tjupress.com.cn
印　　刷　北京虎彩文化传播有限公司
经　　销　全国各地新华书店
开　　本　185mm×260mm
印　　张　11
字　　数　275千
版　　次　2019年10月第1版
印　　次　2019年10月第1次
定　　价　40.00元

前 言

城镇和乡村是经济社会协调有序运行的两个重要的地域系统。城镇是经济社会发展的强大推动力，客观上促进了社会文明的进步；乡村是经济社会发展的坚实基础和保障，为社会发展提供了丰富的要素资源。新型城镇化和乡村振兴是实现我国城市空间和乡村空间健康发展的两大历史使命。改革开放以来，我国经历了历史上规模较大、速度较快的城镇化进程，城市发展波澜壮阔，取得了举世瞩目的成就。截至 2018 年末，我国城镇常住人口达到 83137 万人，乡村常住人口达到 56401 万人，常住人口城镇化率为 59.58%，相比改革开放初期城镇化率 17.92% 取得了非常大的改变（以上数据不包含港、澳、台地区）。随着新型城镇化的深入推进，我国城乡之间的相互联系、相互作用、相互影响不断增强，城乡之间的人口、资源、要素、产权流动甚至交叉重组关系日益强化，对城乡发展的影响不断深化。城乡在生产、生活方式等方面进行全面的相互渗透和相互影响，城乡之间日益由外部的、表层的联系和作用转化为内部的、深层的融合渗透和有机联系。有些地方的城乡边界日益模糊，城乡之间日益呈现出“你中有我，我中有你”的关系。因此，重塑城乡关系，实现城乡融合发展，是当今社会发展巨大变迁的时代要求。

随着城镇化的不断推进，城镇在获得快速发展的同时也带来了一系列的社会问题。首先，城市综合承载能力受到挑战。大量的农村人口转移到城市，城市的住房紧张，房价一路走高，房地产迅猛发展，住房成本过高；原有的城市基础设施由于设计标准低，在大量的人口流入之后凸显出各种弊病，给排水能力、道路通行能力、用电负荷、广场绿地面积等都因为人口增多而紧张；教育、医疗、社会保障等社会公共服务资源不足；老旧小区年久失修，疏于管理，破败落后；从业人员职业教育跟不上，产业结构优化升级困难；城市生态环境系统遭到破坏，环境问题日益严峻，不符合新时代人们追求美好生活的需要。其次，乡村发展滞后，没有与城镇获得同步发展。由于区域发展的虹吸效应，大量要素资源流入城镇，农村日益破败，经济发展滞后，乡村基础设施和公共服务配套与城镇差距明显。对于进城务工人员来说，其参与建设的城市发展越快，心理越感到落寞，因为城市的快速发展与农村的逐渐衰败对比越来越明显。一部分进城务工人员由于城市生活成本高，无法在城市买房定居，成为典型的“候鸟式”生活，乡村依然是归宿；而另外一部分人由于将户口迁往城市，在农村没有土地，出现了典型的“回不去的乡村”。建设家乡是众多人的愿望，但是凭借一己之力无法实现，这种无处安放的乡土情结成为许多人内心深处的痛。乡村被遗忘，面貌破败，这不是改革开放的初衷。

城乡发展的不均衡、差距的拉大和农村发展的不充分是当前我国经济发展中面临的严峻问题。党的十九大首次明确提出实施乡村振兴战略，指出建立健全城乡融合发展体制机制和政策体系，加快推进农业农村现代化，引导资源、要素和人才更多地参与“三农”发展，解决城乡发展失衡,农业、农村、农民发展不充分的问题,让广大农民在共商、共建、共享乡村振兴的过程中有更多的获得感、安全感和幸福感。可见,城乡融合发展既是新型城镇化的历史使命,又是乡村振兴的重大任务。

基于当前的现实情况,本研究综合运用了经济学、协同学、城乡融合学等学科理论,以大量的文献资料为基础,对城镇化进程中我国城乡融合发展进行了综合研究。城乡融合发展在本质上是城与乡同步发展、均衡发展、交融共进。城乡融合发展是新型城镇化理论的一次突破和延伸,是社会发展的必然。本书从城镇化过程中乡土情结的变迁、城乡融合发展悖论、城乡融合发展演化机理、融合发展视域下的新型城镇化建设、农业转移人口的职业教育、城镇化过程中城乡建设用地集约高效利用、城乡融合发展视域下的乡村振兴、城乡融合发展的生态文明建设等领域展开阐述,借助协同分析和系统论等理论对城乡融合发展的实践与运行机制进行探索,提出城镇化进程中我国城乡融合发展的路径和政策建议,希望通过对城乡融合发展的理论探索和实践案例分析,为建立良性互动、共进共荣的城乡关系做出贡献。城镇化的最终目的在于提升居民的幸福感,让城镇生活更美好。而建设成为自然环境优美、和谐共享、城乡均衡一体化的现代新型社会,实现城乡融合发展,是提升居民幸福感的重要途径。

本书由教育部人文社会科学研究青年基金项目“城镇化进程中的乡土情结研究:基于幸福经济学视角”(项目批准号:17YJCZH222)和河南省软科学研究计划项目“河南百城建设提质工程创新模式与长效机制研究”(项目编号:192400410082)资助出版。关于城镇化进程中城乡融合发展的研究领域和范围很宽泛,涉及的问题也很复杂,在今后的工作和学习中,笔者将以本研究为依托,展开更深入、更细致的研究。

回味研究的过程,既有阶段性工作完成时的喜悦,又有遇到问题深入调研时的困惑;既有对现实社会的担忧,又有对未来发展的憧憬。希望自己能够继续心中的梦想,在科学研究的道路上永不放弃。

本书能够得以出版,得到了诸多领导、老师、同事、朋友和家人的支持,他们在实地调研和材料整理等环节给予了我很大的帮助,在此致以深深的谢意。

杨仪青

2019 年 5 月

目　录

第一章　绪论 …… 1
　第一节　研究现状 …… 1
　第二节　研究价值 …… 6
　第三节　研究思路与方法 …… 7
　第四节　内涵界定与理论支撑 …… 9
第二章　城镇化进程中乡土情结的变迁 …… 15
　第一节　经济主体的嬗变 …… 15
　第二节　土地价值观的嬗变 …… 19
　第三节　家乡情结的嬗变 …… 23
　第四节　城镇化进程中乡土情结的嬗变 …… 24
第三章　城镇化进程中的城乡融合发展悖论 …… 29
　第一节　我国城乡融合发展的总体进展 …… 29
　第二节　人与土地剥离,农村社会碎片化 …… 31
　第三节　人与乡分离,村落共同体分散化 …… 35
　第四节　人与自然隔离,生态环境污染不断蔓延 …… 36
　第五节　人与自我异化,乡土社会精神根基出现动摇 …… 39
第四章　我国城乡融合发展体系演化机理 …… 41
　第一节　城镇化进程中城乡融合发展的参与主体 …… 41
　第二节　影响城镇化进程中城乡融合发展的因素 …… 43
　第三节　城乡融合发展影响因素间的协同分析 …… 45
　第四节　城乡融合发展的互动机制研究 …… 49
　第五节　城乡融合发展的实践探索与运行机制 …… 52
第五章　融合发展视域下的新型城镇化 …… 58
　第一节　融合发展的新型城镇化研究综述 …… 58
　第二节　国外城镇化建设的实践及经验总结 …… 59
　第三节　融合发展视角下我国新型城镇化的建设路径 …… 61
　第四节　以实现人的城镇化推动城乡融合发展 …… 66
　第五节　融合发展视域下的郑州市新型城镇化建设典型实例 …… 73
第六章　城镇化进程中农业转移人口的职业教育 …… 79
　第一节　内涵界定 …… 79

第二节 发达国家农业转移人口的职业教育培训经验 ……81
第三节 职业教育与各因素间的协同分析 ……83
第四节 城镇化进程中农业转移人口职业教育的路径建议 ……86
第五节 城镇化进程中河南农业转移人口职业教育综合水平实例分析 ……92
第七章 城镇化进程中城乡建设用地集约高效利用 ……102
第一节 城乡建设用地集约高效利用的必要性分析 ……102
第二节 城乡建设用地集约高效利用面临的问题 ……104
第三节 实现城乡建设用地集约高效利用的主要举措 ……107
第四节 推进郑州城乡建设用地集约高效利用的实例分析 ……112
第八章 城乡融合视域下的乡村振兴 ……119
第一节 融合发展视域下的乡村振兴的内涵 ……119
第二节 乡村振兴的实施意义 ……120
第三节 城乡融合视域下我国实现乡村振兴的路径选择 ……122
第四节 推动融合发展的现代高效农业 ……127
第九章 城乡融合发展的生态文明建设 ……136
第一节 生态文明的基本内涵 ……136
第二节 融合发展的生态文明建设思路与模式 ……139
第三节 加快推进城乡融合发展的生态文明建设路径 ……142
第十章 典型实例——郑州市惠济区花园口镇合村并城项目 ……149
第一节 项目背景和基本情况 ……149
第二节 项目土地资源状况调查及分析 ……149
第三节 项目所在的城市规划与国土规划套合分析 ……155
第四节 项目基础设施和公共服务设施规划建设情况 ……161
第五节 结果与讨论 ……163
参考文献 ……167

第一章 绪 论

第一节 研究现状

中央城镇化工作会议强调,应改变过去将城镇化等同于“造城运动”的发展模式,新型城镇化应以人的城镇化为核心,统筹城乡,形成现代产业、基础设施、社会文明进步、公共服务和生态环境等多方面和谐一体化的发展局面。党的十九大上乡村振兴战略的提出标志着我国新型城镇化建设由提高城镇化率到提升城镇化质量的进阶,是在对新型城镇化发展趋势研判下的发展理念的转变,其目的是通过振兴乡村消除城乡对立,实现社会全体成员共享发展成果的最终目标。新的历史时期,城乡融合发展成为时代发展的主旋律。

纵观来看,自从城市出现以后,关于“城”与“乡”的关系及发展模式的讨论就一直存在,国内外学者结合各国国情进行了一系列系统和深入的研究,为我国研究城乡融合和乡村振兴问题提供了研究基石。

一、关于城镇化内涵界定的研究

从世界范围来看,在城镇化内涵的界定上,始终没有形成一个普遍认同的权威定义。但学者们从不同学科、不同角度予以解释,对于我们全面把握城镇化的丰富内涵具有一定的启发意义。

有的学者强调人口向城市集中。例如,埃尔德里奇(H.T.Eldridge)认为,“人口集中的过程就是城市化的全部含义。人口不断向城市集中,城市就不断发展。人口停止向城市集中,城市化亦随即停止。”再如,《大英百科全书》对城市化的定义:“城市化一词,是指人口向城镇或城市地带集中的过程。这个集中化的过程表现为两种形式:一是城镇数目增多;二是各个城市内人口规模不断扩充。”有的学者在强调人口转移和集中的同时,还突出了价值观念和生活方式层面的内涵。例如,2000 年 7 月在柏林举行的世界城市大会,把城市化定义为“城市化是以农村人口向城市迁移和集中为特征的一种历史过程,表现在人的地理位置的转移和职业的改变,以及由此引起的生产与生活方式的演变,既有看得见的实体变化,也有精神文化方面的无形转变。”又如,许学强指出,“人口和非农产业的集中,只是物化了的城市化。只有城市人在价值观念、生活方式上实现了现代化,才是完全的城市化”。再如,欧阳彪认为,“城镇化是伴随着工业化和分工细化而产生的农业劳动力向非农产业转移、农村人口向城镇集中的过程,其特征为人口的集中、生产要素的集聚和商品的集散,其本质是人民生产和生活方式转变的过程”。

有的学者强调城乡之间的联系和互动。例如,美国人类学家顾定国(Gregory Guldin)曾经指出,“都市化并非简单地意味着越来越多的人居住在城市和城镇之中。而应被视为一个社会中都市与非都市之间联系、结合不断加强的过程”。又如,胡必亮认为,“现代城镇化问题实际上已经转变成为一个城乡区域协调发展的问题了。只要做到了某一区域内城乡之间的协调发展,也就可以说在一定的区域内整体实现了城镇化,至于人们是否真正地居住在城市,已经变得没有什么意义了。”再如,周干峙提出,“对中国的城镇化要有全民的观点,即农业的发展和农村人均收入的提高也是城市化的重要内容”。贾高建认为,所谓城镇化应该是社会结构体系中城市和农村这两个子系统在社会现代化进程中的升级、分化和重新组合的过程,它不仅表现为大量的农村人口向城市转移或集中,也不仅表现为经济领域中产业结构、生产方式以及生活方式等的变化,还表现为政治、文化等其他领域的变化;它是在城市和农村同时发生的包括经济、政治、文化等各个基本领域在内的整个社会结构体系的变化,是城乡关系的整体演变。黄学贤认为,城镇化既包括农村人口、生产方式等社会经济关系和农村生活方式、思维方式、价值观念向城市集聚的过程,也包括城市生产方式等社会经济关系和城市生活方式、思维方式、价值观念向农村扩散的过程。可见,城镇化是一个双向的、多层面的转换过程。

有的学者强调城镇化内涵的丰富性,认为城镇化不是简单的人口比例增加和城市面积扩张,更重要的是实现产业结构、就业方式、人居环境、社会保障等一系列由“乡”到“城”的重要转变。盛广耀认为,城市化作为社会经济的转型过程,包括人口、地域、经济、社会、文化等诸多方面结构转换的内容,其内涵是十分丰富的,城市化包含农村人口转为城市人口、农业活动转化为非农业活动、农村地区转化为城市地区、传统的农村社会转化为现代城市社会四个过程。

由此可见,城镇化既有人口的集中、空间形态的改变和社会经济结构的变化等实体变化,也有农村意识、行动方式和生活方式向城市意识、行动方式和生活方式的转化等精神文化方面的无形转变。城镇化既要实现由农民转变为城镇居民的身份上的转变,又要实现由从事农业劳动转变为从事非农产业劳动的转变,也要实现从分散的、较单一的农村生活方式转变为集中的、多样化的城市生活方式上的转变,还要实现从文化水平较低到具有较高文化和文明素养的思想文化上的转变,归根结底是要实现乡村居民由贫穷落后的生活状态到城市居民素质和能力不断提升、收入水平和消费水平不断提高的生活质量上的转变。推进新型城镇化建设,既要按照科学发展观的指导方针落实政策,更要全面重视和体现上述丰富的内涵。

二、关于城镇化存在问题的研究

改革开放以来,我国城镇化水平得到显著提升,但在发展的同时,也不断暴露出一些不容忽视的问题,比如经济发展与生态环境矛盾加剧、就业面临巨大的挑战、城乡发展不均衡等。过去的城镇化主要依靠征地、造城等行政干预手段完成,市场手段失灵,造成经济、社会、生态发展的不协调带来“城市病”,如土地问题、社会保障问题、就业问题、养老问题等。潘家华、魏后凯认为,过快的城镇化造成大城市凝聚力不够、广大农村的贫穷落后以及一些传统乡土特色的消失,忽视了城镇化进程中人的因素,降低了广大民众的幸福感。陈锡文提出城镇化过程中农民转为市民的问题，认为过去的城镇化存在“半城镇化”“伪城镇化”现象。王洪毅认为，农村城镇化水平偏低，大、中、小城镇发展不均衡，实现大、中、小城镇和谐发展是一项紧迫而重大的任务。史伟利认为，经济与生态环境发展不协调，城镇环境污染严重，影响人类生存健康。秦佳认为，城镇化率在地域空间上发展不均衡，发达的东部沿海地区的城镇化率明显要高一些。美国学者彼得·卡尔索普认为，高度发展的城镇化极易带来环境问题和社会不均衡发展问题，其简单表现为经济与生态、经济与社会的关系。这表明还需要深入研究如何推进新型城镇化建设，可持续的新型城镇化要求实现经济、社会、生态的协调和互动式发展。

国外学者对中国城镇化的研究在很长一段时间里把重点放在了对中国城镇化发展缓慢的原因的分析上，比较有代表性的观点有三个：第一，美国学者劳伦斯提出的反城市主义学说，认为改革开放之前在中国民众心里存在的反城市主义意识形态阻碍了中国城镇化进程。第二，英国学者柯克比和坎农提出的工业战略说，认为中国将大量的资金集中在重工业建设和分散化的工业布局上，阻碍了中国的城镇化进程。第三，美籍华裔学者陈金永提出的工业化与城市偏爱说，认为中国的城镇化滞后可以用“过分偏爱工业化”和“城市的发展逻辑”加以阐释，中国通过工农业产品的价格剪刀差和严格的户籍管理制度造就了低成本的工业化，却削弱了城市化进程。

进入 21 世纪以后，国外学者更加关注中国城市化问题。美国经济学家斯蒂格利茨 2000 年 7 月在世界银行中国代表处讲道，“中国城市化与美国高科技发展是深刻影响 21 世纪人类发展的两大课题”。美国著名城市规划学家约翰·弗里德曼于 2005 年出版了《中国城市变迁》一书，系统介绍了中国的城市化问题。他以历史的眼光诠释中国城市化，在中国城市化转型中追寻社会文化的烙印，也不回避政治体制对中国经济社会文化的影响，提出了许多值得我们重视和深思的思想观点。例如，他提出应高度重视中国快速城市化进程中存在的狭隘地方主义得到了鼓动、物质价值被置于一切考虑因素之上、农村移民在城市中总体地位低下等问题。

综上所述，国外学者的研究成果不断深化着我们对城镇化发展规律的认识，对中国城镇化的发展具有十分重要的启示和借鉴意义。但他们对中国城镇化的研究成果还较少，也容易用西方城市化的经验衡量中国城镇化的得失，一些研究成果还带有对中国的贬低色彩。因此，我们在借鉴、吸收国外学者的研究成果时，还需要结合中国国情，用辩证唯物主义的思维看待认识上的差距。

三、关于城镇化进程中城乡融合发展的研究

近代从乡村建设运动，到城乡二元结构，再到城乡一体化，基于治国方略的不同，学者们关于城乡关系和乡村发展的看法多种多样，主流的认识是城乡的对立是历史的必然阶段，当经济、社会、意识发展到一定阶段，城乡最终会走向融合。

我国较早研究乡村发展与城乡关系的是以晏阳初、梁漱溟等为代表的乡村建设学者。晏阳初提出中国乡村社会的基本问题就是农民的“愚、贫、弱、私”的问题，主张将平民教育

与乡村改造联环扣合、整体推进；梁漱溟强调从乡村改良发展入手，从乡村教育、农业改良和行政改革做起，以文化复兴中国；费孝通主张乡村走工业化道路，创办乡村企业，进行经济改良，通过城乡生产和消费的互补实现乡村的复兴和城乡的合作。学者们在乡村建设的理论和实践上，注重中国特有的国情和特色，对我国新时代实施乡村振兴战略具有重要的借鉴意义。

伴随着改革开放和城市化的不断发展，李昌平指出的“农民真苦、农村真穷、农业真危险”引发了学者们从形成原因、固化因素和融合途径等方面对城乡二元结构展开深入研究，林毅夫、厉以宁、蔡昉、华生、温铁军、贺雪峰等众多学者的成果不断涌现。林毅夫认为，我国城乡二元结构的生成与新中国成立初期国家的“重工业优先发展战略”有重大关联。改革开放以后的乡村，在市场经济条件下“失语”，固化了城乡二元结构。厉以宁强调制度偏向在城乡二元结构固化中的作用，并提出城乡人员的权利与机会的不对等是导致城乡二元结构固化的根源所在。徐荣安运用城乡融合经济学提出通过以市场引导整个要素的双向流动，以人、地、资本的融合实现城乡融合和乡村文明的振兴。

党的十九大首次明确提出的乡村振兴战略是在对新型城镇化发展阶段的研判下实现城乡融合发展的战略规划，指出要建立健全城乡融合发展体制机制和政策体系。温铁军主张发展城乡融合的共享经济，认为城乡融合在时间和空间条件上已经具备可能性。贺雪峰认为城乡融合的核心是城市和乡村文化共存共荣，城市与农村是相辅相成、对立统一的。城乡之间的关系是由城乡产出效率差异和市场规模差异的天然特性形成的，因此要想真正解决城乡格局，应深入研究城乡融合发展的动力机制，学者们进一步探讨了乡村振兴的方法。周其仁提出给予城乡居民充分的权利与自由，鼓励要素资源在城乡之间自由流动。韩俊从保护农民土地权益、把握农村改革方向、谋划农业现代化格局方面提出要加快和谐城乡关系的建立。龙花楼提出振兴乡村首先要重构乡村，以实现乡村地域系统结构优化、功能提升以及城乡系统之间结构协调、功能互补。华生提出实现乡村发展必须破除制度的藩篱，建立进城农民能落户和自愿放弃农村小块土地和宅基地的机制。叶兴庆提出振兴农村要科学制定规划，核心是抓好“人、钱、地”问题。

国外关于城乡关系与城乡融合发展的研究较早，早期的研究为理解城乡关系提供新的理念。杜能的“农业区位理论”以城市为中心、农村为围绕形成同心圆环地带，其本质是站在地理区位的角度讨论城市与农村，第二、三产业与第一产业的关系。马克思、恩格斯提出城乡差别将随着生产力的提高而逐渐消失，通过工农业结合、乡村城市化道路、人口的平均分布和发展科学技术来解决城乡对立问题，这一理论的本质就是推进全要素的市场化配置与城镇化的快速发展，这为我们建立城乡关系模型提供了理论支持。霍华德的“田园城市”理论提出在城市周围保留农业用地，农村为城市提供新鲜的农产品，使城市居民接近田园与自然。

国外近期的研究着重探讨消除城乡对立、重构城乡关系以及实现城乡融合发展的方法等方面。刘易斯的“二元经济结构理论”提出劳动力转移问题是二元结构分析的重点，因此消除城乡对立应重视劳动力人口转移。然而，劳动力转移不仅仅是人口迁徙的问题，还会连带出教育、社会保障、就业、环境和乡村空心化等问题。因此,研究城乡融合不能脱离"以人为本"的主导思想,更不能忽视乡村的重要性。麦基的 Desakota 模式提出通过城乡高频率的互动,混合农业与非农业活动来淡化城乡差别,也就是重构城乡关系,走城乡融合发展之路。保罗·克鲁格曼运用经济地理学通过研究城乡之间的相互影响,城乡经济活动在区位、空间组合与模式上寻找城乡融合的方法。藤田昌久和安东尼·维纳伯尔斯提出的空间经济学重点从生产要素在不同空间的流动和配置方面研究区位发展问题,这将为本项目提供理论支撑和研究思路。

四、述评总结及理论假说

在国内早期的研究中,较为普遍存在的认识是城镇化是先进的、现代的,是值得大力推广的,而乡村社会是落后的、守旧的,不利于现代化发展的。随着城镇化的快速发展和涌现的问题越来越多,在后来的研究中,早期的观点不断发生转变,认为城镇和乡村是相融共生的,城乡融合发展是推动城镇化高质量可持续发展的有效途径。近年来,国内关于农民工、农村留守儿童、老人幸福度的研究文献尤为集中,国外学者使用不平等、激励、自由、社会资本等非经济因素来诠释"幸福悖论",得到了社会的高度认可。在城镇化、市场化大背景下,我国呈现的是粗放的造城运动和"半城镇化",城乡二元结构体制没有得到根本改变,进城农民工存在周期性"钟摆式""候鸟型"流动,影响幸福感和社会稳定。我国的城镇化建设与区域发展不协调,基础设施和公共配套服务跟不上,社会环境污染严重,降低了城镇化的质量和居民的幸福生活指数。

综合来看,以往的研究是沿着从乡村建设理论、城乡关系辩证到城乡融合发展的路线层层推进,形成了新时代城乡关系理论探讨、乡村振兴外部条件研判到乡村振兴内部因素的挖掘与分析这一研究趋势。国内外的研究成果从城乡融合内涵的辨析到动力机制的挖掘再到融合模式的探索,城乡融合理论已经逐渐趋于完善,学者们也普遍认识到乡村的振兴和发展在城乡融合过程中的重要性。在明确乡村振兴、新型城镇化和城乡融合发展高度一致的基础上,学者们的研究从外部制度(户籍、教育、市场)的制约到内部要素(人、地、钱等)的优化逐渐深入具体,这些为本研究的展开提供了宝贵的理论基础。在国内外研究领域里,较少涉及乡村社会与城镇化的融合发展机制,而且分散、不系统。这说明仍需从理论上对上述问题进行深入研究,以提出促进我国经济社会协调发展、提高居民幸福生活指数的体系路径。

综合分析相关研究的现状、前沿和焦点,得出相关基本理论假说如下:城镇化对社会发展具有正向的促进作用,但在建设中仍存在一定的问题,城乡深度融合发展是经济社会获得高质量发展的重要途径,城镇化进程中推进城乡融合发展有助于居民主观幸福感的提高。以上研究提供了人们研究城镇化与乡土社会体系的理论和方法论基础,但还有一些重要问题没有得到解决:一是乡村社会与城镇化建设体系演化的内在机制。当前,随着城镇化速度的加快,大量的农村富余劳动力到城镇工作生活,但这种迁移并不是以家庭为单位的,往往是以具备某项技能的人为单位,这导致了城镇化初期大量农村家庭关系出现变化,子女与父母的居住距离变远,以"孝"为根的乡土人情关系无法延续。与此同时,在城市生活的新生代劳动力渐渐适应了城市生活方式,邻里交流频度下降,家族观念淡漠,对家乡的依赖感越来越弱。因此,从幸福经济学的视角来看,不管是在城市生活的新生代劳动力,还是留守在农村的父辈老人及其他家庭成员,都需要深入探析,并指出适合当前经济社会发展需要的乡村社会与城镇化融合发展的实现路径。二是"城市病"的出现扼杀了进城新生代劳动力的幸福梦想。当前,以新型城镇化为背景的快速城镇化无法避免地出现了一系列城市病,比如交通堵塞、环境恶化、物价上涨、公共服务配套跟不上等。与此同时,新生代劳动力既离不开在城市工作的收入来源,又无法割舍与故乡的乡土关系,处于不幸福的状态。三是随着国家"三农"政策的不断优化调整,土地价值不断上升,进城新生代劳动力的土地价值观出现了嬗变。从人类社会最早的刀耕火种的土地崇拜,到封建社会以占有土地为特点的土地政治,再到城市化发展初期以出让土地使用权为特征的土地经济,发展到如今,人们对土地的价值观出现了更加深入的认识。比如,过度开发土地导致了生态恶化,因此出现了土地生态的观点;土地作为自然环境中的重要组成部分,是环境保护的重要对象,搞好土地环境治理,是人类回归自然、人与自然和谐共生的重要表现。因此,从社会融合发展的视角,探析如何将城镇化与乡村发展有益结合,建设新型农村社区,构建融合发展的新时代城乡关系,是摆在我们面前的重大课题。

第二节 研究价值

党的十九大报告提出,当前我国社会的主要矛盾已经发生改变,强调当前我国社会面临的主要矛盾是人民日益增长的美好生活需要和不平衡不充分的发展之间的矛盾。传统的城镇化往往只看重某一个指标或某几个指标的发展,比如过分追求城市经济的发展,而忽视城镇与广大乡村的和谐式、融合式的可持续发展。运用经济学的方法和融合发展理论研究城乡发展,是一个全新的视角。强调区域特征和经济社会融合发展的交互关联是本研究的一个特色,这有助于理解要素结构优势发挥的机制及其结果。当昔日粗放无序发展的城市、贫穷落后的农村、日益糟糕的城乡环境逐步演化为社会和谐、城乡融合、生态优美的新时代城乡发展局面时,生活于此的人们无不幸福感倍增。经济学家贝克运用经济分析方法来分析非经济行为,把经济理论运用到过去同市场力量没有联系的领域,开辟了一个以前只有社会学家、人类学家和心理学家关心的研究领域。城乡经济本是社会经济学研究中的传统命题,运用系统论和协同学的分析方法,全面阐述城乡融合发展的内涵和本质,分析城镇与乡村融合发展机理和路径对策,透视社会进步过程中城乡的嬗变和转型,有着独特的学术价值。

城镇化是伴随社会经济发展、产业结构调整和生产要素不断集聚到城镇的过程。城镇化是经济发展和社会进步的结果,能推动经济发展方式的转变和拉动内需,使得社会资源得以高效利用,并产生很好的经济效益和社会效益,对我国形成文明和谐、健康有序、可持续的发展局面具有举足轻重的作用。随着城镇化的不断推进,我国在新型城镇化建设方面成就巨大。但是,我国的城镇化建设也暴露出越来越多的问题,这些问题亟待重视和得到相应的解决。城镇化工作得以科学有序、健康可持续、全面协调发展,关系到整个社会经济的发展、社会的进步和人民的幸福。城镇化建设应充分考虑我国的综合优势、劣势和现实发展状况，审时度势，科学推进。城镇化进程中实现城乡融合发展是解决我国“三农”问题、城乡二元结构、环境和就业等一系列问题的重要途径，对我国新型城镇化实现健康、有序、可持续发展和社会全面进步具有重大的现实意义。

运用经济学、协同学和系统论等学科理论，将城镇和乡村作为整体来研究，研究经济发展和社会发展的互动机理，提出城镇化进程中我国实现城乡融合发展的路径体系，对解决新阶段城镇化进程中经济与社会发展不平衡、经济结构与社会结构不配套以及农村人口城镇化后就业、教育、医疗、社保不完善等现实问题具有重要的实际意义。同时，对城镇化进程中城乡融合发展进行综合评价分析研究，不仅可以及时地对近几年的城镇化建设进行科学评价，找到存在的问题和发展的短板，为新时期我国城乡融合发展寻找突破口，还可以以此为依据，有针对性地为城镇化进程中我国城乡融合发展提出改革方向，引导我国经济与社会的持续、健康、有序发展。

第三节 研究思路与方法

一、基本思路

本研究综合运用了经济学、协同学、城乡融合学等学科理论，以大量的文献资料为基础，以现状、压力与状态、未来与反应为逻辑主线，对城镇化进程中我国城乡融合发展进行综合研究。在结构上，首先通过大量的文献研究，结合国内外研究成果得出新型城镇化、乡村振兴、城乡融合发展的内涵和本质，为研究的进一步分析打下理论基础；其次，深入研究城镇化背景下当代城乡融合发展的幸福悖论，从社会发展的巨大变迁中分析损害人们主观幸福感的现象；再次，通过对影响城镇化进程中城乡融合发展的外生和内生因素及各因素间的协同分析，借助协同学和系统论等理论探索城乡融合发展的动力机制；最后，在前期分析的基础上提出城镇化进程中我国城乡融合发展的路径和政策建议。城镇化的最终目的在于提升居民的幸福感，让城镇生活更美好。而建设成为自然环境优美、和谐共享、城乡均衡一体化的现代新型社会，实现城乡融合发展，是提升居民幸福感的重要途径。

以经济社会的发展变迁为背景，尝试将城乡融合发展作为破解当前城镇化建设中存在问题和我国城乡发展不均衡现状的有效途径；通过城乡融合发展与各因素的相关性研究，分析经济、人口、社会、生态等对当代城镇化进程中城乡融合发展的意义，诠释我国的城乡融合发展悖论，并围绕城镇化的最终目标提出城乡融合发展的政策性建议。主要脉络如下：

（1）以经济社会发展的变迁为主线，以系统论和协同学为理论基础，体现出整体性、动态性、协调性的特征。城乡发展的重要目标是实现人与物、人与家、人与自然、人与自我等各要素的全面、系统、深度融合，以人的因素和物的因素的协调同步发展来实现城乡融合发展的飞跃，实现城乡均衡发展以满足人民追求美好生活的现实需要。

（2）以人口、经济、社会和生态等宏观变量因素和自然、资源、城乡统筹、区域均衡、公共服务等为子系统，对城镇化进程中城乡融合发展体系进行综合分析评价。

（3）运用系统论分析方法，以系统整体的角度分析新型城镇经济和社会的关系，通过整合使分析更全面、更深刻。强调经济与社会的交互关联和互动关系是本研究的一个特色，这有助于在把握规律的基础上提出有效的解决方案。

社会与经济形成了特殊的复杂系统，即社会经济系统，这一系统以人为核心，内容包括社会、经济、教育、科学技术及生态环境等领域，涉及人类活动的各个方面和生存环境。它的影响因素甚多，常处于非平衡状态，其非平衡性可体现在空间和时间上。同时，其目标往往是多元的，既包括经济的进步，也包含社会的发展及生态的改善。社会经济系统规模庞大，影响因素众多，同时系统内部耦合度高，各因素之间相互作用，使得社会经济系统成为一个有机整体。凡是社会经济活动的参与者，无论是民众、政府还是企业，其主观决策都能影响这一系统的运行结果。经济社会系统的影响因素包括人的因素、社会的因素、经济的因素、自然的因素、科技的因素等。由于其影响因素的复杂性，很难用精确的模型衡量，因此，在研究时常采用系统科学和协同学理论，综合分析评价和解决问题。

二、研究方法

通过对影响城乡融合发展各因素的相关性研究，结合实际情况对城镇化进程中城乡融合发展进行综合评价与定性分析，提出城镇化进程中我国实现城乡融合发展的政策路径建议。以城镇化为背景，以社会发展变迁为主线，运用协同理论研究系统内部的互动机理，对解决新阶段下城镇化经济与社会水平不平衡，经济结构与社会结构不配套，经济发展和社会发展不平衡，农村人口城镇化后就业、教育、医疗、社保不完善等现实问题具有重要的实际意义。在城乡发展中，在“物的因素”过程中促使人的精神家园的重建，从而达到“物的因素”与“人的因素”同步并进，不断提升发展质量和居民的主观幸福感。

（一）文献研究法

在本研究中，通过搜集、鉴别、整理和分析相关文献和理论，为本研究提供方向指引和思路，加强对城乡地域差异、体系演化以及城乡关系等的全面理解，为进一步研究城乡融合发展奠定基础。

（二）综合评价分析方法

访谈法，用于分析经济主体对城镇化、乡村社会、主观幸福感的感知和判断。历史纵向归纳法，用于对城镇化进程中的不同阶段进行分析。制度认知分析法，用于政策评估、政策设计、制度与认知的交互分析。规范分析法，用于拟定城镇化进程中以幸福为导向的政策建议。问卷调查法，用于收集评价所需的数据。决策树分析法，用于衡量影响因素变量个数，调整自变量比重。应用综合评价分析来比照推演，形成城乡融合发展的模式体系及其路径建议。

（三）系统分析法

城镇化与乡村发展是一个相互联系、相互促进的有机结合体。在研究过程中，坚持系统的原则和整体关联的思想，试图在一个完整的体系内寻求城城镇与乡村相互融合发展的机制及其路径建议。

第四节 内涵界定与理论支撑

一、内涵界定

(一)新型城镇化

新型城镇化是以人为核心的城镇化。实现以人为核心的城镇化,真正实现城镇人口的聚集,是新型城镇化的重要特点。新型城镇化建设要充分保障人的权益,农村转移人口将享有和城镇居民均等化的基础设施和公共配套服务。把农村转移人口纳入城镇居民进行统一管理,使得农村转移人口在城镇实现就业和享有安稳的住所,获得基本的社会生活保障,逐步适应城镇的生产和生活方式。因此,真正的城镇化绝不是简单的人口比例的增加和城市面积的扩张,而应该是推进就业方式、产业结构、社会保障、人居环境等一系列由"乡"到"城"的根本转变。新型城镇化新在"以人为本",注重满足人的需求和注重人的全面发展,是城乡一体化、追求内涵质量的全面协调式发展,而不是过去的偏重城镇和追求表面经济效益和规模的粗放式发展。

新型城镇化是全面保障和协调融合的城镇化。城镇是一个复杂的生态系统,城镇化建设是一项系统工程。城镇为居民提供基本的公共服务配套,让生活在城镇的居民的需要得以满足,是吸引人口向城镇集聚的基本条件。完善成熟的城镇不仅需要具有宽敞平坦的道路和设备齐全的高楼,还应该拥有优美的环境和完善的第三产业,既不能忽视教育、社保、医疗等公共设施,也不能忽视高楼大厦背后的小街小巷、污水处理等。因此,新型城镇化应当使得城镇基础设施和公共服务配套不断完善。新型城镇化应当构建人和城镇和谐有序的融合关系,人人都能在城镇里享有优美的环境,人人都能安其居、乐其业,畅其行。同时,人们都能在城镇中找到自己的定位与尊严,城镇将因人而更加繁华和充满活力,人也将因城镇而生活得更加美好、更加充满幸福感。

(二)乡土情结

对于乡土情结的定义,至今学术界没有一个统一的答案。费孝通先生认为,"乡"是村落和家庭,"土"是土地,他认为中国的农村社会是一种乡土社会,而所谓的乡土情结指的是农民对于世代生活其中的乡村和赖以生存的土地的情感、态度、愿望等心理因素的统称。邢克鑫认为,乡土情结是一种乡土意识,指的是农民对于世世代代赖以生存的乡村环境和土地所表现出来的情感依赖和依恋的一种心理写照。程歗认为,乡土情结是农民在社会活动和历史传承的过程中,自发形成的在理想、愿望、价值观和社会态度等各方面有别于其他群体的一种日常生活意识。文化知识水平的有限性,决定了农民的这种生活意识缺乏理性思维的机能。在这种意识的支配下,农民对于人生、社会和价值观等方面的理解表现出一种高于生存本能而低于逻辑运筹的精神状态。无论是哪一种解释,"乡"和"土"都是乡土情结中不可或缺的因素,其中"乡"指的是生活环境,"土"指的就是土地。它突出了中国农民的一种内在的感情和愿望的寄托。农民和土地有着天然的联系，"乡"和"土"构成了我国农民阶层的一种独特的社会结构，乡土情结是人们在长期的生活中形成的对农村和土地的一种难以割舍的感情。

（三）城镇化进程中的城乡融合发展

马克思主义认为，事物的发展总是在矛盾中前行的，在这一过程中总是伴随着新的问题的出现。城镇化推进以来，我国城镇化发展的成就举世瞩目，但新的问题也不断显现，从区域差距到城乡差距，再到经济和社会发展的失衡，发展中不平衡、不协调、不可持续的问题突出，暴露出城镇化发展面临的瓶颈制约，更催生着城镇化发展理念与方式的深刻转变。促进经济、社会协调发展的核心是要以协调和互动的理念推动经济社会的发展，使单项发展的动能聚合成整体发展的势能，从整体上把握全局，提升城镇化发展的整体效能，提高发展平衡性、包容性和可持续性，改变"一条腿长、一条腿短"的失衡问题，推进人的全面进步。在思维方式上，要改变原有的"头疼医头，脚疼医脚"的逻辑，要将经济与社会看作一个有机整体，深刻剖析两者之间的关系，从经济与社会的协同性和整体性入手解决问题，开创相互促进、协同推进的可持续的发展模式。

结合马克思、恩格斯的城乡融合发展思想和我国城乡关系的实际情况，城乡融合发展是对城乡关系的进一步深化，城乡融合发展把城乡当作一个有机整体，扬长避短、各取所长，特别是对农村、农业的功能和形态进行突破。应将城乡置于开放的、公平的、公正的发展环境中，让城乡资源要素对流畅通、产业联系紧密、功能互补互促，实现互通有无、相互交融、互相促进、协同发展、共同繁荣、共享发展成果，推动城乡之间的生产方式、生活方式以及生态环境向一体化方向和谐发展，最终实现人的全面发展和人与自然的和谐相处。城乡融合发展包括要素、城乡经济、城乡空间、基础设施建设、城乡公共服务、生态环境等多方面的融合。构建城乡资源要素开放、对流机制，让人、财、物等资源要素能够在城乡之间畅通无阻地对流和实现等值是城乡融合发展的必要前提。城乡经济融合，是指产业形成优势互补、分工合理的有机体。应立足于城乡各自的资源优势，遵循城乡经济发展的客观规律，对城乡产业发展进行统筹规划、合理布局，着力完善农村产业体系，推动城乡产业互补互促、协同发展，为城乡融合发展奠定经济基础。城乡空间融合，是指城乡空间形态各取所长，互相渗透，城市有美景与生态，乡村有便捷与现代化。城乡基础设施建设融合，是指将城市的交通、通信、供电、供水、科教、文化等相关设施向乡村蔓延，实现一体化。公共服务融合，是指加大农村基本公共服务投入，切实实现城乡教育、医疗、社会保障一体化。城乡融合发展的重要内容就是一方面要完善和提升城市功能，充分发挥城市对农村的辐射带动作用，另一方面要延伸农业产业链，增强和拓展农业功能，使其对城市的发展起更加良好的支撑作用，让二者互为需求、相互满足、共同发展。城乡生态环境融合，是指城乡物质、能量循环系统健全，乡村田园风光向城市渗透，城市环保理念向乡村拓展。生态环境是人类赖以生存的最为重要的基础条件，人与自然和谐共处是城乡融合发展的又一目标。恩格斯明确指出，"只有通过城市和乡村的融合，现在的空气、水和土地的污染才能排除，只有通过这种融合，才能使目前城市中病弱群众的粪便不致引起疾病，而被用作植物的肥料。"应特别注意的是，受我国城乡关系差异化和阶段性特征影响，不同区域间城乡融合的侧重略有差异，城乡融合的重点也有所不同。

二、理论支撑

（一）城镇化理论

1. 中心地理论

1933 年，德国地理学家克里斯塔勒提出了中心地理论，认为城市经济的发展是提高城市活力的重要因素，而城市服务水平的高低决定了中心城市的层次等级和影响辐射的范围。中心城市的服务水平越高，其辐射越能影响更大的地域范围，进而形成中心城市的收益。中心地理论着重强调中心城市的辐射功能，主张应注重对中心城市的大力建设，但忽视了区域的均衡协调发展。

2. 增长极理论

《经济空间理论和应用》是法国著名的经济学家弗朗索瓦·佩鲁于 20 世纪 50 年代发表的著作。增长极理论在该书中首次被提出，这个理论产生的背景是第二次世界大战后一些国家出现了不协调的发展问题，增长极理论为社会经济发展中的不协调问题提供了解决之道。该理论主张建立和发展增长极，以增长极推动整个国民经济的增长。增长极的创建分为两类，即吸引中心和弥散中心。吸引中心是吸引边缘农村区域的人口到发展中心来，使边缘农村区域的人口不断减少，农田得以聚集规模化经营，农户的人均耕地面积增加，同时运用先进技术进行农业规模化、高效化生产，不断提高边缘区域农民的收入和公共服务水平。弥散中心强调加大对边缘农村区域的投入，增加农村区域的人口规模，大力发展农村经济，振兴农村产业，带动农村区域的繁荣。增长极理论得到广泛应用，对解决城镇化中存在的城市规模过度扩张、农村和边沿地区发展滞后、资源过度开发等问题具有重大作用。

（二）城乡动态关系理论

1. 田园城市理论

霍华德在经典著作《明日，一条通向真正改革的和平道路》中指出，无节制地扩大城市规模和粗放式的投机式建设是引起城市发展问题的重要源头，导致环境日益恶劣，“大城市病”问题突出。霍华德认为，应该建设一种理想的、既有城市特点又具备乡村气息的城市，并将这种理想的城市称为“田园城市”，是城和乡的结合体。田园城市以满足人居的健康、幸福、舒服为基础，相应的基础配套应能满足人们富足的生活，它的规模应该是适度的；田园城市的周围应伴有农业，能满足城镇居民生活所需的农产品，富有浓厚的乡土气息；公众拥有土地所有权，城市并不是和乡村彻底分离的，而是紧密结合的状态，共同为人类的美好生活提供服务。

2. 地区城市理论

刘易斯·芒福德提出的地区城市理论认为，乡村是自然界不断发展的结果，农民在运营土地方面具有天生的能力，乡村生产和生活的方式对城市的发展产生巨大而深远的影响；城市应该是一个包容的复杂系统，其发展应与社会大环境紧密相连，外部环境不断为城市发展注入新鲜的血液，使其持续保持发展的活力。城市无论大小，都应该把自己的经济、文化活动和乡村联系在一起。城市的引力导致社会资本、劳动力、原材料等生产要素集聚到城市，这些生产要素在城市按照一定的规则进行组合、配置和运转，城市发展应注重对人的关爱和塑造。

随着城市的扩大，城市各部门都在不断扩大，用人的数量也在不断增多，“城市聚集各种要素，比如人口、技术、资本等资源，人们享有更多的基础设施和公共服务配套；而在乡村却是截然相反的状态，人口少且分散，各种资源稀缺，配套设施落后”（马克思和恩格斯，1846）。随着城市的诞生，各种生产要素逐步向城市聚集，促进城市生产力的发展，城镇条件诸如基础设施和公共服务等方面变得比农村更好，吸引更多的人口、资源等生产要素向城市集中，形成城市获得更大发展的良性循环局面。马克思主义认为，城市是社会生产力不断发展的结果，城市和乡村发展紧密结合，共同推动社会的进步。因此，农村为城镇的发展提供重要的生产要素和劳动力，为城镇的进步发挥了重大的推力作用。城镇化的发展应从全局出发，顾及整个社会的协调发展和文明进步，如果仅仅是城市快速甚至是过度地增长和发展，而农村区域却越来越落后和边缘化，必定会造成资源的巨大浪费，城市的发展最终也会受到影响。

（三）人本思想

1. 早期的人本思想

文艺复兴时期，学者们认为人本思想应突出人的价值得以实现和才能得到充分发挥，注重通过建立制度来保障人的权益。但到德国浪漫派时，“人”的概念上升到更宽泛的角度，该学派强调以人自身来挖掘人的本质内涵，研究人与社会各个系统之间的关系，比如人与自然、人与社会之间的关系，提出应捍卫人的生命权、自由权和受尊重权。由此，在西方社会发展中，人本思想形成了两种基本的内涵：一种是将人看作一个整体对待，另一种是将人看作一个个体对待。由于城镇化属于社会性事业，城镇的主人和建设者是全体市民，而不是某个特殊的个体人，因此，城镇化是以提高全体市民的生产和生活环境而服务的，服务对象是全体市民。城镇化应凸显以人为核心的根本宗旨，提升全体居民的幸福生活系数。

2. 科学发展观中的“人本思想”

“科学发展观”在党的十六届三中全会上被正式提出，这一理念认为社会的和谐发展应是全面协调的、可持续发展的过程，并应坚持以人为本。从这个命题上看，科学发展观强调三个部分：第一，科学发展观坚持“以人为本”的原则；第二，科学发展观认为社会的科学发展不应只追求某些方面的、眼前的、不和谐式的发展，而应该是全面协调式的、长远可持续的发展；第三，科学发展观的目标是最终实现经济、社会、生态和人的全面和谐的发展。因此，现代意义上的人本思想是以满足人的生存需要和发展需要为中心，以人为核心，满足人的全方位的需要，包含人的自然物质需要和社会精神需要，强调人的全面发展应同步于社会的发展进步。在新型城镇化建设过程中，同样要遵循科学发展的理念，实现物的城镇化与人的城镇化同步发展，以城镇化推动社会全面融合发展。人在这个过程中应实现全方位发展，充分分享社会文明进步的成果。

（四）协同学

协同学的自组织原理认为系统存在自组织和他组织，其中他组织由来源于系统外部的组织子因素构成，自组织由系统内部的各子因素构成。在缺乏外部组织指令因素的情形下，组织内部各子因素能通过相互的交织和组合而形成一定的组织结构和组织能力，系统会通过子因素之间的作用而形成新的时间、空间或功能的有序结构。组织通过自组织和他组织形成稳定的系统结构，系统内外部各因素产生相互的关联和作用，共同推进组织的正常运转。

随着城乡交流的深入，城乡依存度加大，城镇化系统本身变得开放、自由，城镇的经济社会系统成为一个复杂性的开放系统。协同学的自组织原理告诉我们，任何系统都需要与外界社会保持必要的联系与交流，这样才能获得自身发展所需的能量物质和信息资源，否则就会处于孤单和闭塞的状态，而一旦处于孤单和闭塞的状态，系统的自组织将逐渐失去发展空间和活力，最终制约其进一步发展。这也是目前城镇化的发展出现瓶颈的原因，仅仅依靠城镇自身组织的推进已经使城镇化走入一条死胡同，于是出现了“空城”“睡城”等现象，见楼不见人成为现在很多城镇普遍存在的现象。

基于此，发展城镇只有与乡村发展协调进行，实现工业化、信息化、农业现代化的同步推进，积极与外界进行人才、资源、信息、资金的交流，才能确保系统具有可持续的生存和发展活力，在减少内耗的基础上，充分发挥各自的功能效应。在城镇化过程中，通过对涉及城乡关系的各个主体进行诱致性调节和强制性变迁，逐步缩小城乡差距、化解城乡矛盾、调节城乡关系，从而实现乡村和城镇的统筹、协调、平衡、融合发展，实现全体人的共同发展。在统筹城乡发展机制时，既要合理配置城乡资源要素、提高资源要素使用效率，还要促进农村经济的繁荣和农民的富裕，让广大农村区域和农民共享与城镇同步的社会福利和文明进步。在城乡融合发展过程中，要处理好农业和工业、农民和市民、乡村和城镇这三对对立统一体的关系，从而实现效率和公平统一。

（五）系统论

系统思想源远流长，但作为一门科学的系统论，人们公认是由美籍奥地利人、理论生物学家贝塔朗菲（Bertalanffy）创立的。他于1932年发表“抗体系统论”，提出了系统论的思想。1937年，他又提出了一般系统论原理，奠定了这门科学的理论基础。但是他的论文《关于一般系统论》到1945年才公开发表，他的理论到1948年在美国再次讲授“一般系统论”时才得到学术界的重视。确立这门科学的学术地位的是1968年贝塔朗菲发表的专著《一般系统理论基础、发展和应用》，该书被公认为是这门学科的代表作。

系统论通常把系统定义为由若干要素以一定结构形式联结构成的具有某种功能的有机整体。在这个定义中，包括了系统、要素、结构、功能四个概念，表明了要素与要素、要素与系统、系统与环境三方面的关系。系统论认为，开放性、自组织性、复杂性、整体性、关联性、等级结构性、动态平衡性、时序性等，是所有系统的共同的基本特征。这些既是系统论的基本思想观点，也是系统方法的基本原则。这表明系统论不仅是反映客观规律的科学理论，还具有科学方法论的含义。

系统论的核心思想是系统的整体观念。贝塔朗菲强调，任何系统都是一个有机的整体，它不是各个部分的机械组合或简单相加，系统的整体功能是各要素在孤立状态下所没有的性质。他用亚里士多德的“整体大于部分之和”的名言来说明系统的整体性，反对那种认为要素性能好，整体性能一定好，以局部说明整体的机械论的观点。他同时认为，系统中各要素不是孤立地存在着，每个要素在系统中都处于一定的位置，起着特定的作用。要素之间相互关联，构成了一个不可分割的整体。要素是整体中的要素，如果将要素从系统整体中割离出来，它将失去要素的作用。

系统论的基本思想方法是把所研究和处理的对象当作一个系统，分析系统的结构和功能，研究系统、要素、环境的相互关系和变动的规律性。系统论的任务不仅在于认识系统的特点和规律，更重要的是利用这些特点和规律去控制、管理、改造或创造系统，使它的存在与发展合乎人的目的和需要。也就是说，研究系统的目的在于调整系统结构，协调各要素关系，使系统达到优化目标。

系统论的出现使人类的思维方式发生了深刻的变化。以往研究问题一般是把事物分解成若干部分，抽象出最简单的因素，然后再以部分性质去说明复杂事物。这就是笛卡尔奠定理论基础的分析方法。这种方法的着眼点在于局部或要素，遵循的是单项因果决定论，虽然这是几百年来在特定范围内行之有效、人们最熟悉的思维方法，但是它不能如实地说明事物的整体性，不能反映事物之间的联系和相互作用，只适应认识较为简单的事物，而不适应对复杂问题的研究，在现代科学的整体化和高度综合化发展的趋势下，在人类面临许多规模巨大、关系复杂、参数众多的复杂问题面前，就显得无能为力了。正当传统分析方法束手无策的时候，系统分析方法站在了时代前列，高屋建瓴，综观全局，别开生面地为解决现代复杂问题提供了有效的思维方式。所以，系统论连同控制论、信息论等其他横断科学一起提供的新思路和新方法，为人类的思维开拓了新路，它们作为现代科学的新潮流，促进着各门科学的发展。

系统论反映了现代科学发展的趋势，反映了现代社会化大生产的特点，反映了现代社会生活的复杂性，所以它的理论和方法能够得到广泛地应用。当前，系统论发展的趋势和方向是朝着统一各种各样的系统理论，建立统一的系统科学体系的目标前进着。系统论不仅为现代科学的发展提供了理论和方法，也为解决现代社会中的政治、经济、军事、科学、文化等方面的复杂问题提供了方法论，系统观念正渗透到每个领域。

第二章　城镇化进程中乡土情结的变迁

与传统乡村社会相比,现代乡村社会中人们的乡土情结慢慢发生了变化。这种变化的根源在于城镇化进程中,乡土情结赖以存在的社会物质基础、社会形态基础和社会文化基础等要素发生了改变,传统乡村社会注重的土地耕作、社会礼节习俗以及强调血缘关系的社会伦理文化正在日益淡化或衰退,这些都将对我国社会城乡发展产生重要的影响。

第一节　经济主体的嬗变

一、相关概念的界定

(一)经济主体

经济主体是指在市场经济活动中能够自主设计行为目标、自由选择行为方式、独立负责行为后果并获得经济利益的能动的经济有机体。从宏观角度看,经济有机体包括与经济活动有关的政府、机构、企业、自然人。政府是市场运行和经济关系的管理调节主体,是国民总收入的分配主体,也是市场监管的主体。企业是从事生产经营活动的经济组织,是物质产品和服务的提供者,是社会的生产经营主体,是市场监管的相对人。个人是生产要素的提供者,又是消费主体,在一些情况下,也是市场监管的相对人。

在我国现阶段,微观经济主体包括企业、农户和居民。各微观经济主体通过市场联结在一起。分析微观经济主体的性质和行为,就是分析企业、农户及居民的经济属性和经济行为以及对经济运行的影响。

1. 企业

企业是重要的微观经济活动主体。从现代企业的一般特征看,企业是产品劳务的生产经营单位,是从事生产经营活动的最基本的经济组织。一个生产和经营组织要真正成为企业,必须满足三个基本条件:必须是该组织内各当事人经济权利的集合,即所有者权利、经营者权利和劳动者权利的集合;这种经济权利的集合是在一定的制度安排下实现的,并在内部分工的基础上形成职权划分和协作关系;必须是自主经营,自负盈亏,具有法人资格,能独立承担财产责任和民事责任的经济实体。企业具有双重属性,既是生产要素结合的组织形式,又体现一定的社会经济关系。因此,企业是社会生产力与社会生产关系有机结合的产物。

2. 农户

我国现阶段的农户也是微观经济活动的主体。我国实行联产承包责任制后,农户具有充分的生产经营自主权,成为独立进行商品生产和经营的农业经济实体。作为微观经济主体,农户与企业在组织结构及其内部经济关系上有很大的区别。在企业内部,成员按照社会化生产的要求实行复杂的分工协作和职权划分,他们之间的利益关系构成社会经济关系的重要组成部分。在农户内部,为数不多的家庭成员以家庭为单位形成简单的自然分工。家庭成员之间的经济关系主要是父母和子女之间的抚养和赡养关系,这种关系是由婚姻关系和血缘关系派生出来的。因此,农户内部的关系不是具有自身特殊利益的不同经济主体之间的利益关系,而是家庭成员之间相互作为夫妻、父子的天然联系。农户作为微观经济主体所体现的经济关系主要是指家庭整体与外界发生的经济关系。

3. 居民

居民的经济行为同企业经济行为和农户经济行为相互联系和相互作用,共同形成并调节着市场经济的运行过程。随着就业、分配体制等方面的改革和人民生活水平的不断提高,我国居民在收入选择和消费选择方面有了更大的自主权,居民日益成为市场经济运行的微观经济主体。在市场经济条件下,居民作为微观经济主体,既是消费者,又是劳动力和资金等某些生产要素的所有者。居民作为消费者从效用最大化目标出发并在家庭预算约束下,自主决定消费和储蓄的比例,对不同消费品的购置进行选择。居民作为某些生产要素的所有者,从收入最大化的目标出发,对所拥有的生产要素如何投入进行选择。

(二)公民身份

对于任何一个公民而言,身份地位是非常重要的,尤其是我们国家长期以来实行城乡二元结构,不同的身份就代表着不同的国民待遇。所以,公民身份是一个追求社会平等与公平、公正的社会概念。对于公民身份的论述,学术界也存在着不同的看法。由马歇尔和托马斯·亚诺斯基提出的"地位论"认为,公民身份是一种代表着普遍权利与义务的特殊身份,当然,这种权利与义务是建立在特定的平等水平的基础上的。由布莱恩·特纳提出的"实践论"认为,公民身份包含着各种不同的政治、经济、社会与文化实践的有机结合,政治、经济、社会与文化实践的变化改变着公民的身份,同时公民身份的改变也推动着各种社会资源在不同的社会团体中的流动。艾辛的结论不同于"地位论"和"实践论",而是超越了"地位论"和"实践论"。他不认为公民身份的制度结构以及这种制度结构对于人民行动的影响是非常重要的,而是认为应该更加关注公民实际中是如何行动的。他在这个基础上从行动者、权利、场域、空间尺度与行为这五个要素出发,构建了公民身份框架。

可以看出,公民的身份不是一个静态的概念,而是一个复杂的、动态的、多面的概念。在我国不断推进城镇化的进程中,农民是一个非常重要的角色,也是一个发生巨大变化的群体,农民的身份也在不断地发生变化。本研究以城镇化进程为背景,从公民身份构建视角出发,来研究农民、农民工、新市民和市民,以及在这个过程中他们各自的土地价值观、家乡情结以及乡土情结的嬗变。

二、城镇化变迁过程中农民身份的变迁

我国提出"城镇化"一词,最早是在 1991 年,辜胜阻在他的著作《非农化与城镇化研究》中第一次使用并拓展了"城镇化"的概念,在此之前我们都称为"城市化"。实际上,纵观我国的城镇化发展道路,一共经历了三个不同的阶段:1986—2000 年是第一阶段,在这个阶段国家主张合理发展中小城镇,遏制大城市的发展规模;2001—2005 年是第二阶段,在这个阶

段国家政策注重大、中、小城市的协调合理发展，放宽了对农民进入大城市的限制，从允许农民工进城到鼓励农民工进城工作，从而更大程度上促进了城镇化的发展；2006年至今是第三阶段，在这个阶段政府注重以大城市为依托、以中小城市为重点进行城市群的建设。

我国社会伴随着改革开放发生了巨大的变化，2018年城镇化率已经达到了59.58%。在这一社会变迁中，农民成了最大的改造对象，其身份或主动或被动地发生了巨大的变化。随着城镇化和工业化的持续推进，越来越多的农业人口主动或者被动地走出农村，来到城市，他们的身份也从农民向非农民、农民工、新市民、市民转变。我国农民数量巨大，因此在政府主导型的城镇化改革道路中，人的城镇化显得尤为重要和迫切，在城镇化的过程中对失地农民的权利的保障是非常重要也是非常棘手的问题。在我国城镇化过程中，农民的身份在不同时期是不一样的，城镇化初期农民的土地被征收，大部分依然生活在当地，其身份并没有发生实质性的变化，依然以土地为生，只是土地减少了。随着城镇化的进一步推进，有些农民的土地和居住地都被征收，政府将他们统一安置在城镇居住，成了城镇居民。还有一些农民失去土地后，来到城镇打工，但是依然在农村居住，以及一些没有失地但是为了有更好的生活来到城市进行打工的，也就是我们常说的农民工。这些失地农民的身份归宿依然是值得我们进行探讨的问题，其人身权利、社会保障以及待遇和市民同等对待才是最终的目的。

（一）农民

"农民"里的"农"是指务农，从事农业活动；"民"指的是人民，"农民"就是指长期从事农业活动的人。撇开社会形态和制度来看，农民仅仅是从事的职业和市民不一样，仅仅是社会分工不同而已。但是，在实际中往往根据一国经济发展程度和社会观念的不同，农民的概念又被人为地附加了很多其他的社会意义。在经济相对发达的国家，农民就是一个职业概念，他们和其他从事工、商等职业的人是一样的，都享有同等的社会地位和公民权利。在我国，农民不仅仅是从事职业和市民不同，农民这个群体在社会中的地位和享受的权利等都和市民有很大区别。我们国家是一个典型的二元结构国家，农民和市民更多的是一种社会身份的象征，他们的身份以及生存状态有很大的区别。

对于农民这个群体概念的界定，国内学者尚没有一个统一的定论。从从事的社会职业来看，农民和社会上从事其他职业的人是一样的，都是社会群体的重要组成部分，只是工作手段不一样。农民群体是指以土地为主要载体而进行农业生产的人群，他们以种地为主要的谋生手段。从社会阶层的角度来看，农民群体在社会群体中拥有较少的经济、文化资源，他们主要是以林、牧、渔业为主要谋生手段的阶层，他们的社会影响力较差，生活水平和质量相对较低，在整个社会中处于弱势状态。从户籍角度来看，我国的户籍整体上分为农村户口和城市户口两种，那么农民是指拥有农村户口的人群，他们一般被称为农民或者农村人，他们的生活主要依赖于土地，而与其相对应的城市户口的人群，主要是依赖于工资或者以公粮为生活的来源，他们一般是不从事农业活动的。从生活环境来看，农民的生产、生活环境一般是在农村。

这些观点都是从特定的角度来进行阐述的。实际上，对于农民这个群体的界定是一个非常困难的事情，因为公民身份是一个动态的、不断变化的、具有一定历史性的、复杂的概念。但是不管如何变化，对于农民群体的界定有一个共同点，那就是土地，土地是农民赖以生存和生活的最基本的资源，离开了土地，农民的生产、生活就很难持续下去。

（二）农民工

农民工是指离开了农村在城市进行非农业工作，不被城市所接受认同，没有城市户口，不享受和市民同等的医疗、卫生以及社会保障的农民，在整个社会中处于边缘地带。伴随着我国城镇化进程的加快，越来越多的农民被迫离开了自己的家园，离开赖以生存的土地来到了城市。截至 2018 年底，我国农民工的数量达到了 28836 万人，比 2017 年增长 0.6%。他们为城市提供了大量的廉价的劳动力，为城市的发展作了重大的贡献，但也给城市带来了很大的挑战。

农民工在我国的发展经历了四个阶段。第一阶段是新中国刚成立的时候，农民可以根据自己的情况自由迁居城市。第二阶段是 20 世纪 50 年代后期到 70 年代后期，我国通过户籍制度人为地将农民限制在农村，不允许农民自由迁居城市，也不允许城市企业去农村招收工人。第三阶段是 20 世纪八九十年代，我们的口号是农民“离土不离乡”“进厂不进城”，让农民开始了就地转移，一部分农民开始了农业活动以外的经济活动，其收入有一大部分来自于土地之外。“农民工”这个称号也开始被大家所知晓，他们对土地的依赖性也开始减弱。20 世纪 90 年代，我国开始逐步接受和鼓励农民大量进行异地转移，也就是说，农民可以离开家乡来到城市进行工作，也就是“离土也离乡”。第四阶段是 2000 年以后，农民工这个特殊的群体日益暴露出很多社会问题，国家开始提倡城镇化要注重人的城镇化，重视农民工在就业、教育、医疗等社会保障上的平等地位。

提到农民工，一般都会认为是建筑工人、保姆、园林工人等。其实，随着城镇化的进一步推进，农民工的范围也在扩大。有一种新型的农民工，他们有着高学历，在城市做着白领，但是由于没有户口，没有住房，仍属于农民工的范围，也就是我们常提到的“新生代农民工”。2010 年，中央一号文件中曾经第一次提到“新生代农民工”这个词，这些农民工主要是 80 后、90 后的年轻人。他们受教育程度比较高，从学校毕业后直接进入城市工作，他们渴望通过自己的努力在城市拥有一席之地，改变自己农民的身份，享受和市民一样的社会保障。从“卖苦力”到“拼智力”，中国农民工的素质正在逐渐提高，从事的职业也正在向技术密集型的行业靠拢，他们正在以惊人的速度发生着脱胎换骨的变化。

（三）新市民

新市民是原籍不在当地，因工作或上学等因素来到一个城市的各种群体的集合统称。新市民的范围主要包括从农村出来打工的农民工、城市没有就业的下岗工人以及没有毕业的在城市进行兼职工作的大学生，其中外来务工人员是新市民的主要组成部分。新市民是一个国家城镇化推进中的必然产物，也是我国城镇化建设的主力军，他们为城市的建设添砖加瓦，出谋献策，理应受到政府和城市居民同等的尊重和待遇。只有这样，他们才能够将城市看成家，才会有主人公意识。

2006 年 2 月 15 日，青岛市将本市的 120 万名外来打工者改称为“新市民”，将其子女称为“新市民子女”，通过这种方式让外来务工人员享受与城市居民同等的社会权利，允许一些拥有“暂住证”的新市民享受和市民一样的待遇，取消他们在保险、金融贷款、出国旅游以及子女入学等方面的限制。青岛市在全国率先垂范，将农民工从称谓上进行改革，这体现了一种社会公平和社会进步。这不仅仅是称呼上的改变，更多地体现了外来者社会待遇的提高以及城市人对外来者的认同度的提高。一些企业在用人方面也消除了很多旧观念，干得好的外来者也可以做企业的管理者，让他们更有主人公意识。

（四）市民

市民，又称城市居民，通常是指具有城市有效户籍和常住在市区的合法公民。城市居民身份是有很多限制条件的，并不是说在城市工作，有房子就可以成为市民。在我国二元户籍结构下，市民和其他公民的区别，首先体现在户口上。必须拥有城市户口，才称得上市民。随着城镇化和市场经济改革的推进，我国城镇出现了很多的外来务工者。为了适应这些社会变革，一些地区在户籍制度上进行了变通，比如户籍分类管理，也就是说，把城市户籍分为红印户口（常住居民）、蓝印户口（准常住居民）、暂住户口（临时居民），根据外来务工者对城市的贡献、在城市工作的时间以及自身条件等，将其分为不同的等级，让他们逐步融入城市。

从地域上来看，市民是指长期居住和生活在市区的居民。从这个条件上来看，市民和外来务工者的区别不是很明显。外来务工者也居住在市内，只是有些是租住，有些相对富裕的购置房产居住，还有些在安置房内居住。这些持有农村户口、居住在城市的“新市民”是传统的居民概念无法包含的，需要通过户籍制度改革才行。

从职业上来看，市民是指从事非农业生产劳动的人群，这和外来务工者也是一样的。外来务工者都是从农村来到城市，从事非农业活动。但是，外来务工者从事的一般都是技术含量低、相对比较辛苦的第三产业和其他服务业，并且他们的收入和社会保障也是比较低的。

第二节　土地价值观的嬗变

一、土地价值观的内涵

农民自古都和土地有着极其紧密的关系，农民的土地价值观不是一个独立的概念，而是由一系列的相关概念组成的一个综合体，包括价值的概念、价值观的概念和土地的价值观的概念等。一个人的行为是在其价值观的支配下进行的，有什么样的价值观就会有与之相对应的行为，因此人的经济行为、行为的方式方法以及这些行为所产生的结果等都包含着人的价值观。随着城镇化建设的蒸蒸日上，农村、农业和农民正发生着翻天覆地的变化，我国农民的土地价值观也正在发生着巨大的变化。为了更好地了解我国农民在城镇化建设中土地价值观的变迁，了解我国农民内心深处真正需要什么以及追求什么，下面将对一些相关概念进行系统的介绍。

（一）价值观

人们在日常生活中总是要对一些人和事情做一些评价、理解或者选择等，那么很显然，每个人对同一个事物所做的评价、理解以及选择都是不一样的,甚至大相径庭,这是因为我们每个人的思维或者价值取向是不同的。价值观是一种潜意识,我们并不是刻意为之,它深藏于我们每个人的内心深处,由每个人不同的生活环境、文化背景以及不同的社会背景所决定。价值观对我们每一个人的行为特征、感情、内心和理想产生着重要的作用。

我们可以从动态和静态两个方面来理解。从静态角度来看,在特定的社会背景和条件下,每个人的价值观具有相对的稳定性和持久性,我们对某一件事物的看法和想法在外部条件不变的情况下基本上是一致的。从动态角度来看,在不同的历史背景和生活环境不断发生变化的时候,我们的价值观也会发生一些变化。当然,有时候外部因素比如网络宣传、报纸杂志等有意宣传的一些价值导向,也会对我们的价值观产生一定的影响。因此,价值观具有一定的主观性。

(二)土地价值

土地是农民赖以生活和生存的最基本的条件,也是养育整个国家的命脉。从历史发展中看,土地是传统农民最重要的生产资料之一,他们深信土地能够给他们带来保障。对于农民而言,土地的价值主要体现在三个方面:一是能够带来一定的社会保障,即保障价值;二是能够带来一定的经济收益,即经济价值;三是能够带来一定的精神寄托,即感情价值。

保障价值主要体现在长期以来传统农民都需要依赖于土地才能够生存,土地可以给他们提供生活的重要资源。即便是随着城镇化的发展,大量农民去城市打工,土地依然能够给他们带来保障。经济价值主要体现在随着国家土地政策的变化,我们允许土地进行流转,鼓励土地集中化,这样一些种植能手、种田能手可以利用集中起来的土地进行规模化大生产,不仅提高了土地的利用价值,还为农民带来了一定的经济收益,扩大他们的财富收入。情感价值主要体现在农民对土地的依赖会让他们觉得土地对于他们而言是安全的,农民天然地对土地有一种亲切感和归属感,土地寄托了他们太多的情感,并将这种感情一代一代地传递下去。

二、农民土地价值观

所谓农民的土地价值观,就是农民与土地的关系,农民对土地的看法以及依赖性。学术界对农民土地价值观的研究大致分为以下几类:一是从土地和农民的关系来看,认为农民土地价值观指的是农民在农业生产、生活的具体环境中形成的对土地价值的看法和信念,他们认为土地对于农民而言具有一定的经济价值、社会价值、政治价值以及情感价值;二是从土地对农民的意义来看,认为土地价值观是指在农民看来,土地能够给他们带来一些好处,农民对于土地的意义、作用和重要性的一种综合的认识和情感就形成了农民的土地价值观;三是以上两种观点的综合,认为农民的土地价值观是指农民对土地价值、土地的作用以及重要性的一种总的认识和观点。

当代中国正在经历着历史性的社会变革,这些变革对于农业、农村和农民的生产、生活影响是巨大的,对农民的思想意识和价值观念亦产生重大影响。本研究以城镇化建设为背景,从农民对土地的需求以及依赖程度来阐述农民土地价值观。在这一社会变革中,我国农民对土地的价值观主要经历了土地崇拜、土地经济、土地政治以及土地生态的变化。

（一）土地崇拜

土地崇拜其实是将土地看作一种自然资源，看作生命之源、万物之本，人们的生活生存都与土地密不可分，息息相关。世界各个国家的人们都产生过土地崇拜，虽然各国的文化背景和风俗习惯不同，对土地崇拜的表现形式也不尽相同，但是人们对于土地的崇拜从根本源头上来看其核心思想具有相同之处。我国对土地的崇拜是从原始社会就开始的。在原始社会时期，土地是我们最早的也是几乎唯一的一种生产资料，我们的祖先依赖于土地而得以生存繁衍。在封建社会时期，上至皇家权贵，下至黎民百姓，都对土地产生崇拜。随着历史的发展，文明的进步，这种土地崇拜一直没有发生本质上的改变，并且随着物质水平的提高和文化信仰的需要，人民逐渐将对土地的崇拜演化为一套严格和神圣的仪式和制度。

新中国建立后，我国居民有了工人和农民之分。随着城市建设的进一步推进，城市人对土地的崇拜有所减轻，但是占我国人口绝大多数的农民对土地的崇拜依然存在，特别是在以农业生产为主要生产方式的地区。形成土地崇拜直接的原因是土地能够给经济主体带来一定的收益，能够给他们提供生存的保障。

（二）土地经济

当前，许多学者在研究土地问题时，已经不仅仅将土地看作一种自然资源，不仅仅是简单地从土地的物理、化学、生物的性质和特征来研究土地与劳动力及其他生产要素在时间、空间和数量上的相互关系，而是建立了一门新的学科——土地经济学，即从经济学范畴围绕土地的所有权、使用权、买卖权和出租、转让、抵押等进行研究。

土地经济是一个针对土地进行的生产、消费、交换和分配的系统，即土地经济系统。土地经济的核心是“土地”，主要是指在城镇化过程中，区域政府通过出让土地，大力发展房地产行业，从而推进城镇化的一种行为。在这个阶段，各级政府通过“土地出让金”这个核心指标来获得财政收入。从 2006 年起，全国土地出让金收入连续增长，有学者已经意识到了这种模式的不可持续性，提出了“后土地经济”。学者们认为在土地经济发展的黄金时期，产生了很多不利于社会发展和稳定的因素，“失地农民”和政府之间的关系越来越紧张，失地农民的补偿问题、经济收入问题也越来越突出，同时面临着环保、能源等方面的压力。

其实，土地、建筑、基础设施、管理、文化等都是城市的资产，应努力盘活区域的各项资产，从而实现城市的最优化运营，而不是只依赖土地。各级政府应充分发挥宏观调控的作用，充分发挥市场的作用，盘活各项城市资产，实现城市资产运营的可持续性发展。

（三）土地政治

从“土地崇拜”到“土地经济”再到“土地政治”，针对土地问题的相关研究越来越深入，越来越接近其深层次的结构。在近代，启蒙思想家对土地和社会关系的研究是针对土地问题进行研究的第一个高峰，也就是“土地政治”。霍布斯认为，在动荡的年代，一个人要想保卫自己的土地无非就是进行一场武力角逐。胜利的一方自然可以保护和继续持有自己的土地，这种方式显然是一种野蛮的缺乏社会秩序的状态。这不是土地的私有制，也不是土地的公有制。

在当代，有关土地的政治学分析，主要的关注点是社会生活中土地与乡村治理结构之间的关系。长期以来，人们一直认为“土地政治”是“土地经济”的“子课题”，认为“土地政治”是“土地经济”的派生。而事实上，从封建社会至今，土地与社会制度、政治体系以及社会关系是交织在一起的，土地与政治亦是难分难舍。由于长期以我国学者来对于土地的政治属性缺少研究和关注，因此学术界对于土地政治的研究尚未达成一致的观点。目前，学者们主要有两种观点：一种认为土地和乡村政治之间不存在直接的关系；另一种认为土地和乡村政治之间具有紧密的关系。我们认为土地和乡村政治之间是存在一定的关系的。在封建社会，统治者主要靠经济上有土地、政治上当官得以维持。这些都说明土地与社会关系具有一定联系。

随着城镇化的推进，土地政治危机也在逐渐暴露。虽然形成土地政治危机的原因有很多，但是最基本的是我国土地所有权的内在冲突。目前，我国农村土地归集体所有，然而土地的使用权却在个体农民手里，那么城镇化进程中农村土地的征用就会涉及利益分配问题。一旦分配不均，无法对农民失地进行有效合理的补偿，就会产生社会矛盾。这显然有悖于城镇化建设的初衷。

（四）土地生态

土地生态也就是土地生态系统，是指土地的组成要素（岩石、气候、土壤、水文、植被、动物等）之间以及与人类之间相互联系、相互作用、相互制约构成的统一体。土地生态系统可以分为两个部分，一是生物因子，主要指的是生活在土地上的动植物、微生物和人共同构成的食物链，在这个系统里人类只是各种生物中的一种，各种生物都是平等的，一起遵循客观规律，依自然而生；二是非生物因子，即环境系统，它主要包括大气环境、土壤环境、地质地貌环境等。生物因子和非生物因子通过大气循环、地质循环、水循环和生物循环相互依赖，从而形成了一个有机的整体，即土地生态系统。土地生态系统与土地经济系统一起组成了土地生态经济系统，系统中的任何一个因子发生变化，都会导致原有生态系统走向失衡，有些是可以自动恢复的，但是更多的是不能自动修复的，就会对整个系统产生恶劣的影响。

长期以来，人类通过生产劳动向土地资源输入能量和物质，经过土地的生物因子系统获得了生产和生活的必需品，从而满足了人类的最基本的需求。但是，人类的很多活动对土地系统有或多或少的破坏，并随着时间的推移，最终严重地破坏了我们的生存环境。目前，我国在大力推行城镇化建设的过程中，整体上出现以下几种破坏土地生态系统的情况：一是城镇化建设缺乏整体的规划，基础设施和城镇功能等配套跟不上，甚至一些城镇都没有较为完善的排污管道和污水处理设施。城镇的进一步扩大，产生了大量的生产生活代谢物，这些代谢物远远超出了城镇土壤能够承受的降解和载荷能力。二是在城镇化建设过程中产生了很多乡镇企业，这些乡镇企业大多技术相对落后，管理制度不健全，向周围的土地系统大量地排放着废气、废水和废渣，这些污染物很难通过土地生态系统的自然循环进行化解，远远超出了自然生态系统自身的净化能力。城镇化过程中对自然资源的大肆的、不合理的开发，过度消耗和浪费，造成了很多不可再生资源的枯竭，这些问题都将严重制约着经济的可持续发展。

第三节　家乡情结的嬗变

一、家乡情结的内涵

家乡是我们生命的摇篮，记载着我们的人生轨迹。想起家乡，我们就会想起家乡的人、事和物，想起我们开心快乐的童年。家乡已经深入人心，被我们注入了太多的情感内涵，家乡情结已经成了我们的一种情愫。在城镇化进程中，家乡情结不仅仅是一种对家乡的思念，更多的是对家乡的生活生产方式和文化习俗的怀念。我们会发现很多市民依然保留着家乡口音，保留着家乡的风俗以及家乡的一些生活习惯，这些就是具体化的家乡情结。随着城镇化的进展，很多农民来到了城市，却依然保留着家乡的一些东西。这种家乡情结可能要在农民的身份得以改变，真正被大城市所接受和在城市扎根成家立业后，才会慢慢地淡化。

二、城镇化进程中家乡情结的嬗变

在翻天覆地、波澜壮阔的历史发展中，个人生活领域的变化，诸如婚姻、家庭的变迁往往是最不经意、最深刻也是最重要的，它从微观层面反映了社会的进步，也是普通大众体会最深的历史过程。这些微观的变迁过程反过来又推动了宏观社会机构和制度的变迁。从家庭结构的变迁来重点了解一下家乡情结的变迁，对于推动新型城镇化建设具有重要意义。

（一）家国情怀

诗人艾青在诗歌《我爱这片土地》里写道："为什么我的眼里常含泪水，因为我对这土地爱得深沉。"诗人将土地比作祖国。家乡情结有时候更多地体现在对整个国家的热爱，对自己国家的一种情感依赖。从古至今，我们基于对家人、对家乡故土的热爱而产生对祖国和民族的认同感，乃至对人类命运共同体的关怀。家国情怀是中华民族的一种文化基因，从古至今，文人墨客无不表达出了浓烈的家国情怀。从"先天下之忧而忧，后天下之乐而乐"的忧国忧民，到"路漫漫其修远兮，吾将上下而求索"的爱国情怀，再到"修身、齐家、治国、平天下"的气概，家国情怀世代相传，是中国人的一种精神传承。在经济快速发展的今天，家国情怀更多地表现为一种时代责任，每一位中国人都应该厚积薄发、满怀激情地创造无悔于时代的业绩。

（二）家族意识

家族是以血统关系为基础而形成的社会群体，包括同一血统的几辈人或几十代人。生活相对集中，家族成员可以受到家族的保护，家族中的每个人都会尽全力保全家族的利益和声誉，家族的利益和每个人的个人利益都是息息相关的。中国古代社会是建立在家族的基础上的，不同朝代的家族观念会有一定的差异，但是总体来讲变化不大。在这样的大家庭里，家庭内部的管理和规范是不可忽视的，家族成员在这个大家庭里的言行举止都要受到家训、家规的约束。家族意识在某种程度上自觉地承担起了调和社会、维护社会稳定和和谐的作用。因此，在家族意识淡漠的今天，维护家族意识显得尤其重要。

（三）多代家庭

随着生产力的发展和社会化大生产以及社会分工的出现，建立在小农经济基础上的家族社会必然会受到一定的冲击。家族里的成员为了各自的职业和生计各处奔波，从居住的距离上来看也比以前要远得多。家族观念在我们国家已经日益淡化，家谱、祠堂、家风、家训、家规之类的象征家族社会的东西已经很少甚至没有了。随着家族观念的淡化以及计划生育国策的实施，我国逐渐形成了“四二一”模式的多代家庭结构，开始进入多代家庭模式。这种家庭模式最大的特点就是子女和父母在一起，他们回故乡的可能性很小。

（四）核心家庭

近40年来，在改革开放、现代化、城镇化和计划生育等一系列政策的影响下，核心家庭逐渐成为目前我国家庭结构的主要形式。核心家庭指的是夫妻和未婚子女居住在一起的家庭，核心家庭的增加也是现代社会发展的一种基本趋势。随着核心家庭子女的长大成人，夫妻核心家庭的比重也在增加。在农村，一些成年子女出去打工所形成的“空巢家庭”现在也很多。在大城市，“丁克家庭”在逐渐增加，出现了很多离婚或未婚生子所形成的“单亲家庭”。随着年轻人婚姻观念的改变，逐渐出现了“单人家庭”模式。这些社会现象都说明了中国家庭的概念和范围正在逐步缩小，家庭关系正在逐渐变得简单起来。

第四节　城镇化进程中乡土情结的嬗变

一、乡土情结对农民的重要性

（一）乡土情结体现了农民的生存本能意识

乡村是农民生活居住的地方，他们祖祖辈辈在乡村生活，形成了一套适合自己的社会习俗、文化底蕴和人际关系。土地一直以来是农民赖以生存的基本生活资料，对于农民来说，只要有最基本的土地，能够维持基本的生存，他们大多会固守现状，共同维护社会的稳定。此时，土地是一种可以获得基本生存的有效手段。农民的乡土情结也很单纯，是一种最为朴实的情感寄托。为人们提供基本的生存保障是土地基本的功能，即便是急速的社会变革和城镇化快速发展的阶段，土地依然是农民较为可靠和稳定的生活资料。

（二）乡土情结为农村社会的正常运转提供伦理规范和心理文化素养

这集中体现在家族意识上，在古代，一个村子可能会有几个家族组成。这些家族内部都是有血缘关系的亲戚，他们住在一起，将“血缘”和“地缘”结合起来，使得一些大的家族在基层社会发挥着极强的稳定社会和促进社会进步的作用。

（三）乡土情结凝聚着离乡农民的愁思

乡土情结不仅存在于对土地依赖性极强和家族意识非常强的自给自足的生产方式中，还在城镇化快速推进的现代发挥着重要的作用。农民在身份上发生了巨大的变化，工作和生活的环境也发生了很大的变化。他们正经历着走出农村来到城市的变化，不管是“盲流”还是“流动”，他们都将离开那片土地，离开那个祖祖辈辈生活的村落。如今的城镇化正在逐渐改变着古老而宁静的村庄和羊肠小道，取而代之的是一座座光鲜亮丽的现代城市和宽敞明亮的柏油马路，钢筋水泥代替了青砖红瓦，水泥灌注的高楼大厦将人们放在一个又一个“鸟笼里”，割断了族亲之间的联系。当他们有了城市人的称呼，却没有城市人的社会保障和工作单位，享受不了相应的社会福利时，他们的乡土情结会更加浓厚，逐渐演变成为一种集体记忆甚至是集体焦虑。这种乡土情结的表达更多的是对以前生活的怀念，映衬着对现在生活的不满和焦虑。

二、乡土情结对城镇化的作用机制

(一)乡土情结为城镇化提供发展动力

农村地区经过长期的发展已经烙上了很深的区域特色，这些区域特色是农村地区实现可持续深度发展的内部动力。城镇化建设全盘复制式的发展虽然速度很快，但带来了一系列的问题。因此，农村地区的发展除了借助外部力量诸如资金、技术等方面的带动，还应该从内部着手进行深入挖掘，始终萦绕在人们心中的乡土情结能为农村城镇化建设带来内在发展动力和新鲜活力。比如，江浙的一些乡村充分利用当地的区域特色优势，大力发展纺织、五金、塑胶玩具等行业，带动当地经济的发展。随着经济的不断发展和收入的不断增加，当地政府不断增加对基础设施和公共配套服务的投入，乡村生产环境和生活环境不断得到改善。在此生活的居民，不仅能享受城镇的基础社会和配套服务，还能感受乡村社区居住的青山绿水，体验互动的邻里关系和特有的乡村风土人情，幸福感油然而生。

现代化的发展并不是要摒弃过去优良的传统，而是对传统的传承和创新。城镇化建设融合乡土情结，是对深植入人们内心浪漫愁绪的尊重，充分体现以人为本的思想，也能为新时代的城镇化建设和乡村振兴带来增长活力。城镇化建设融入乡土情结，重视乡村居民的传统节日，增加生产和生活的仪式感，将传统和现代充分结合，提升居民的幸福感；将特定的民俗活动、传统艺术融入新型农村社区，彰显区域的特色和丰富居民的文化生活，增加人们对新型农村社区的凝聚力；重视家的感觉，建立文化生活广场，方便社区居民进行交流和文化活动，有利于社会的团结稳定和充分感受城镇化带给人们的美好生活；保护古城古镇古村，让古老文明得以传承；尊重农村居民的生活方式和意愿，新建社区进行低密度建设，庭前屋后留有特定的区域，供人们养花种草以及种植蔬菜瓜果，延续过去旧有的生活方式和对“乡土”的依恋，让城镇化建设充分融入乡土情结；结合区域特有资源让产业就地化，提高人们的就业率和人们的收入，感受新时代社会发展带来的物质享受。总之，城镇化建设充分结合农村当地的区域资源和融入乡土情结，能有力解决新型城镇化建设带来的一系列问题，让城镇化建设焕发活力和提高发展质量。乡土情结为城镇化建设注入内部发展动力，让新时代城乡发展更加均衡，乡村发展更加充分。

(二)乡土情结推动城镇化发展方式的转变

传统的城镇化仅仅追求短期的、局部的经济效益，与整个社会的经济发展与文明进步相违背，已经暴露出越来越多的问题。城镇空气污染严重，交通堵塞，住房拥挤，基础设施和配套远远跟不上“造城”的速度，这些都导致生活在城镇的居民毫无幸福感可言。农村基础设施和公共服务配套缺乏，产业发展落后，使得大量农村居民为了生活不得不进城务工，流落他乡。而城镇化没有实现真正的人的城镇化，进城务工人员没有获得均等化的社会服务，处于候鸟式的迁徙生活状态。城镇化建设暴露出越来越多的问题和乡土社会没有得到充分的重视有着密切的关系，很多人认为农村是落后的，是和现代化的城镇化建设根本对立的，进而对农村社会的一切进行全盘否定，包括一些优秀的传统文化，这就造成了乡土社会根基的断裂，必然会影响城镇化建设的质量和整个社会的稳定和谐。

要解决城镇化建设出现的一系列问题，就应该充分重视乡土情结的作用。新型城镇化建设应改变过去那种要素资源单项流动的方式，实现要素资源的双向流动。城市和农村在发展上实现要素自由流动，切实改善农村地区的基础设施和公共服务，加大对农村地区的资金投入和人才供给。这样一方面能缓解城镇化建设带来的"大城市病"，另一方面有利于给乡村社会带来发展活力，实现乡村振兴，让农村实现真正意义上的就地城镇化。同时，结合乡村地域特色，大力发展特色产业和传承具有区域特色的乡俗文化，提高农村居民的区域自豪感和文化自信。城镇化建设中注重乡土情结，注重物和人的和谐发展，满足人们对美好生活的幸福追求，进而实现城镇和农村的均衡一体化发展，是真正意义上的以人为核心的城镇化。古往今来的城镇化都不仅仅是实现某一片区的发展，而是实现整个社会的协调一体化发展。城镇化建设中融入乡土情结，有助于改变过去城镇化建设的粗放单一发展方式。

（三）乡土情结使得城镇化建设具有地方特色

当前，有些地方城市建设标准仅仅依据国家标准，没有出台地方规划细则，标准低。尤其是近年来房地产市场迅猛发展，地方政府受土地财政的刺激，大量发展房地产产业，没有从社会需要和历史负责的态度对城市建设提出高标准的规划，形成了"拆掉一个城中村，又建设一个城中村"的恶性发展格局。城市化速度太快，人口流入没有门槛，给社会管理带来了巨大的压力。个别大城市在近年来的城市化进程中快速发展，城市首位度不断提升，在一定区域内形成了"巨无霸"的大城市规模，大量人口流入城市，出现了治安困难、环境污染、就业就学就医难等"城市病"，给城市管理带来了巨大的压力。城镇化建设速度过快过猛，没有把城市文脉和历史古迹的保护与提质工程结合起来，一味地大拆大建，使厚重的历史文化无以为继，城市发展出现千城一面的局面，毫无地方特色可言。

城镇化建设要突出以人为核心的思想，满足人们对美好生活的基本需求，打破城乡二元分割的发展机制，让广大的贫穷落后的农村区域得到平衡和充分的发展。在城镇化的推进中，要把过去建设遗留的不足进行修补修复，把过去建设的短板补起来，提高综合承载能力，提高新型城镇化建设的质量和水平。城镇化传统的建设模式所带来的"千城一面"实际上是对中国古老乡土社会文明的致命性的破坏，是粗放式、低质量的发展模式。注重城镇化建设中的乡土情结实际上是对古老乡土风俗、价值观、地域特色等优秀传统文化的传承，有助于传承乡土社会的地域特色，是对乡土社会的民族根基和精神信仰的保护，有助于整个社会的协调稳定发展。城镇化建设中注重乡土情结，注重对各地地域文化的传承和保护，体现了以人为核心和多元化发展的城镇化主旨，对建设宜居宜业现代化社区、实现全面实现小康社会目标、加快城乡一体化发展、构建多极支撑的现代城镇体系和促进新型城镇化提质工程具有重要意义。

三、城镇化进程中乡土情结的寄托

在以往粗放的城镇化进程中，那个曾经给无数中国人以精神寄托的乡村，那个曾经青山绿水环绕、邻里关系和睦、丰收喜庆的乡土中国已经被无情地摧残，取而代之的是到处污染，在城市里充斥着大量的边缘人，治安不稳定，人情关系淡漠。在这样的社会中，失地农民、进城打工的农民工以及真正的城市人都需要在喧嚣的都市中寻找一片内心的宁静，需要去寻找可以获取物质的底线保障，以及传统的精神、伦理和价值观念上回归。而这些东西往往只能从“乡土、故乡”情结中获取，用以安慰他们无处安放的乡愁和不被城市所接纳的焦虑。因此，我们需要将乡土中国和现代中国、农村和城市以及农民和市民之间那本应该有的物质和文化传承继续发扬，将他们之间的纽带重新连接。在这样的背景下，党的十八大明确提出了“新型城镇化”概念，指出新型城镇化应该是以人为核心的城镇化，应该是包括农村在内的涉及多个方面的、多元化的协调融合发展。

在新型城镇化建设的道路上，我们不再是简单、粗暴地拆迁、征地，而是因地制宜、顺势而为、和谐包容的城乡一体化建设；不再是盲目地将农民赶进高楼，而是通过打破原有的阻碍城乡流动的户籍制度，建立一套适合城镇化发展，适合农村人口流动的新的户籍管理制度，打破农民和市民的身份歧视，让农民有着平等的机会向上流动；城市要积极配合农村人口的理性流动，为他们提供适宜的生活环境，提供合理的社会保障、平等的就业机会以及给予农村劳动力适当的职业技术知识培训，让他们享受均等化的医疗、教育和社保待遇。我国在新型城镇化改革中提出了“让人望得见山、看得到水，记得住乡愁”，新型城镇化发展中要实现“物的城镇化”向“人的城镇化”的转变，将是中国人重新构筑心灵故乡和精神家园的过程，国家用制度和实践来保障和支撑我们的乡土情结。让农民能够看到在城市生活的光明和希望，让他们在这片向往已久的土地上疏解乡愁，让他们的乡土情结得以释放，让他们能够在陌生的城市找到一个可以寄托乡愁的精神家园，让他们的精神不再漂泊，这关系着城镇化的成功与否，关系着社会稳定，关系着乡土文化的传承。

四、结论

“土地”和“乡村”是乡土中国的典型元素，中国的农民在那里生活了一代又一代，那里寄托了他们的乡土情结。随着社会的改革变迁和城镇化的推进，原来固守土地的乡村人开始走出那片养育他们的土地，来到一座高楼林立的陌生的大城市，为了生计在城市里打拼。农村人开始大量变成“城市人”，曾经嬉戏打闹、走亲访友的村庄也变得萧条，取而代之的是分散地居住在各个城市或者同一座城市的不同地区的一个个小家庭。大家都各自过着自己的生活，彼此之间的联系也被钢筋水泥所隔断。

没有了泥泞小路，没有了青砖黛瓦，没有了小桥流水和人家，人们的乡土情怀又该如何安放？于是，人们开始在城市中寻找“乡土”元素。在我国城镇化建设的进程中，乡土情结从浓厚到淡漠到趋于模糊再到浓厚，体现了人们在满足物质需求后会追求灵魂上的需求。

这个时候，乡土情结已经不是离乡者对家乡、对故土的眷恋，而是当代中国人对于那种原生态的生活方式和乡村文化的追忆和怀念，更是隐藏在物欲横流、人情淡漠、环境污染严重等一系列社会问题下，我们所追求的一种真善美的体现。

随着城镇化建设到一定程度，人们开始在大城市边缘自然风景优美、人居环境质朴的地方寻找“乡土”气息，寻找最自然、最原始的生活状态。党的十八大明确提出了“新型城镇化”概念。在 2014 年中央城镇化工作会议上，国家正式提出新型城镇化综合试点，提出“让居民望得见山、看得见水、记得住乡愁”。新型城镇化的核心是不以牺牲农业和粮食、生态和环境为代价，着眼农民，涵盖农村，实现城乡基础设施一体化和公共服务均等化，促进经济社会发展，实现共同富裕。我们需要更好地处理好“城镇化”和“留住乡愁”之间的关系，对青山绿水和传统村庄文化的保护，对农村文化遗产的挖掘和坚守，这些都是乡愁得以附着的根基。让我们能望得见山、看得见水、记得住乡愁，重现乡音、乡土、乡情、乡村以及田园生活这些人们心灵慰籍的载体。在新型城镇化建设进程中，做好城乡统筹融合发展规划，实现山清水秀的城乡发展，重建乡土情结，重现家乡情结载体，不仅保留城市的物质文明，还要将乡土情结中的优良传统文化发扬光大，重建亲情伦理，将物质财富和精神慰藉结合起来发展，使得城镇化更加人性化，更加具有可持续性。

第三章　城镇化进程中的城乡融合发展悖论

我国的城镇化建设过去一直强调经济的增长速度和城镇规模的扩大，把城镇化等同于造城运动，是粗放式的低效率的发展模式。这种发展方式尽管使经济发展速度增长了，规模扩大了，城镇的框架拉大了，但社会发展所需的基础设施、公共服务配套、生存环境等没有得到同步改善，严重影响城镇化建设的整体质量。随着城镇化的不断推进，经济发展作为整个系统的快变量获得了快速的发展，但在实践中也面临一系列深层次的问题。我国社会发展没有形成全面融合发展的模式，过分注重城镇经济指标，忽视了反映城镇化建设质量和效率的农村区域发展。长期以来，我国农村区域发展滞后，城乡发展不均衡，对整个经济社会的高质量全面发展构成重大的影响。

第一节　我国城乡融合发展的总体进展

随着改革开放的不断推进，我国的城乡政策在不断地调整和完善，城乡关系总体呈现由分割走向融合的发展趋势，城乡之间的联系也越来越频繁。城乡融合发展是实现城乡可持续发展的重要途径，也是新形势下城乡社会实现高质量发展的重要目标。

一、城乡政策的演进进程

改革开放以来，随着我国市场机制的建立，随着城乡互动的频繁，城乡关系也日益引起关注，城乡发展的不均衡逐渐显现。我国是农业大国，农业、农村、农民问题一直以来受到党和各级政府的高度重视。20 世纪 80 年代初，中央连续发布中央一号文件关注农业、农村和农民问题，对“三农”问题提出指导方向。进入 21 世纪，从 2004 年起连续 15 年发布中央一号文件对农村改革和农业发展做出具体部署，彰显党中央对“三农”问题的重视。中央一号文件的主题从农村改革、农民增收，到新农村建设、农业基础设施、农业科技创新、现代农业发展、农业现代化和乡村振兴等，不仅涵盖了农村制度层面，还直接涉及农业、农村的发展。

21 世纪以来，我国开始解决城乡均衡性问题，城乡发展政策经历城乡统筹到城乡一体化再到城乡融合的演进过程。2003 年 10 月，党的十六届三中全会明确提出统筹城乡发展，核心是要解决城乡收入差距加大、城乡之间发展不平衡、城乡居民享受公共服务不均等问题，政策更侧重于政府行为，由政府指导资源配置。2012 年 11 月，党的十八大报告明确提出推动城乡一体化，形成以城带乡、城乡一体的新型城乡关系，政策中心依然侧重于城市，以城市带动乡村的发展。党的十九大报告指出，推动实施乡村振兴战略，按照“产业兴旺、生态宜居、乡风文明、治理有效、生活富裕”的总要求，建立健全城乡融合发展体制机制和政策体系，加快推进农业农村现代化。把乡村作为与城市具有同等地位的有机整体，注重从乡村内部激活乡村发展的活力，加强农村和城镇的深度融合，实现经济社会文化共存共荣，表明我国城乡关系发生了历史性变革,城乡发展进入了新的发展阶段。从统筹城乡发展到城乡发展一体化,再到城乡融合发展,既反映了中央政策的一脉相承,又符合新时代的阶段特征和具体要求,有利于解决我国当前社会存在的主要矛盾。

二、城乡关系由城乡分割逐步走向城乡融合

改革开放以来,随着我国对城乡关系发展不平衡的日益重视,城乡政策逐步推进,从通过价格剪刀差实现农村、农业支持城市、工业发展,到"以城带乡、以工促农",再到城乡一体化、城乡融合发展,我国城乡关系发生着翻天覆地的变化。概括起来,我国关系呈现由城乡分割到城乡逐步融合的趋势。城乡收入比是衡量城乡收入差距的一个重要指标,某种程度上表征城乡融合程度。改革开放以来,我国城乡关系的发展大致经历以下三个阶段。

1978—1984 年为第一个阶段,即城乡分割走向低水平城乡融合阶段。这一阶段,城乡收入差距呈下降趋势,城乡收入比从 1978 年的 2.56 下降到 1983 年的 1.82。这是改革开放以来我国城乡收入差距的最低点,主要是由于改革开放以后农村的率先改革,使农村要素得以释放,农村活力得以激发。

1985—2002 年为第二个阶段,即城乡分割向高水平城乡融合的准备阶段。这一阶段,城乡收入差距日益扩大,城乡收入比从 1985 年的 1.86 上升到 2002 年的 3.11,突破国际警戒线,城乡差距成为我国区域差距的主要特征。无论是廉价原材料的供应,还是农村市场的支持,农业、农村在支撑城市工业经济的发展上发挥着巨大的作用,为更高水平城乡融合发展作了充分准备。

2003 年以来为第三个阶段,即向高水平城乡融合迈进阶段。这一阶段城乡收入比在显著下降,前阶段的城乡收入差距持续扩大,引起党中央、国务院的高度重视,农村工作受到广泛关注,特别是对城乡关系的重新定位,为向高水平城乡融合发展迈进提供了政策支撑。

三、城乡融合的主要特征

(一)人口在城乡间自由流动加快

户籍制度松动以来,"进城""农转非"成为一代人的记忆。农业转移人口市民化加快推进,越来越多的农村人口进入城市,城镇化率显著提升。1978 年,我国城镇人口仅 1.7 亿人,占常住人口比重为 17.9%。2018 年,我国城镇人口数量达到 8.3 亿人,城镇化率达到 59.58%。2010 年城镇人口首次超过农村人口。《新型城镇化规划》明确提出我国常住人口城镇化率到 2020 年达到 60% 的目标,这意味着将有更多的农村人口转入城市。此外,2015 年以来,国务院先后印发《关于支持农民工等人员返乡创业的意见》和《关于支持返乡下乡人员创业创新促进农村一二三产业融合发展的意见》。2016 年开始,在全国组织 341 个县市区开展支持农民工等人员返乡创业的试点工作,返乡创业蓬勃发展。据初步统计,全国返乡创业的人数约为 740 万人,对带动农村产业发展、增加就业发挥了积极作用。

(二)城乡资金流动密切

改革开放以来,我国城乡资金流动密切,特别是农村资金在较长时间内源源不断地流入

城市，对城市经济的发展作了突出贡献。总体而言，主要途径是价格渠道、财税渠道和金融渠道。从价格渠道看，“剪刀差”将资本从农业转移到工业，推动了工业化的迅速发展。据统计，“剪刀差”占农民总负担的比重一般在40%左右，最高时曾达到70%。1991—1997年，农村资本通过价格渠道向城市输送了12666亿元。从财税渠道看，国家一直加大财政对农业的投入，支农资金不断增加，从1981年的150.7亿元增加到2012年的12387.6亿元。同时，农业各税和乡镇企业税是国家财政从农村地区的主要收入来源，是农村资金通过财政渠道流出的主要方式。农业各税从1981年的28.4亿元增长到2011年3932.6亿元，乡镇企业税也从1981年的34.28亿元激增到2012年的12457.62亿元，加剧农村资本通过税收方式外流的现象。从金融渠道看，城乡资金流动主要以吸收农村存款和向农村发放贷款方式实现。总体而言，金融渠道像市场机制的“抽水机”，将农村资金源源不断地抽向城市。农村信贷资金净流出呈现不断加剧的趋势，2013年，农村净流出额已达到50.1万亿元，农村存款余额占社会存款余额的比重始终高于农村贷款余额占社会贷款余额的比重，2013年分别占12.03%和9.85%。城乡资本通过信贷渠道的主要特征是农村资本持续流向城镇部门。2014年开始，这一趋势有所缓解，农村贷款余额占各项贷款余额的比重开始上升，中央更加重视农村金融发展，农村存贷款余额占比之差由负转正。

经过几十年的发展，我国城乡融合发展取得了历史性进展，突出表现在城镇化水平稳步提高。2018年，城镇化率达到59.58%、城乡差距显著缩小，城乡收入比近10年实现平稳下降，逐步实现高水平融合；城乡面貌和综合服务功能显著提升，市政基础设施建设逐步延伸，农村道路实现村村通。城乡基本公共服务均等化取得重大突破，城乡居民基本养老保险、新型农村合作医疗等保障群体日益增加。

改革开放以来，我国城乡融合经历了从最初的城乡分割走向低水平城乡融合，再以城乡分割为代价向高水平城乡融合做准备，最后向高水平城乡融合迈进，体现了鲜明的阶段性。不难发现，城乡融合始终是大势所趋。但是，我国现阶段城乡融合区域性差异明显，西部等欠发达地区城乡融合状况在区域板块中较差，但城市群地区、超大城市、特大城市等周边由于辐射带动作用较强，城乡融合状况较好，城乡融合水平也较高。

第二节　人与土地剥离，农村社会碎片化

一、缺乏相关配套机制，农村空心化、劳动力老龄化严重

（一）城镇化建设缺乏全域协调发展的城镇建设规划

推进新型城镇化建设必须规划先行。规划是新型城镇化建设的蓝图，是推进建设、调控进度、把握方向、依法管理的法律依据，是避免无序开发和盲目建设的重要手段。但长期以来，我国城镇化建设缺乏涉及中心城市、县域城镇、新市镇和新型农村社区的全域协调发展的总体规划，存在不同程度的盲目性，给新型城镇化建设带来了一系列问题。一些大城市没有合理规划，出现交通拥堵、房价上涨、空气污染等“大城市病”。一些县域城镇因为没有很

好的规划，大搞房地产，而相应产业规划没有跟上，致使一些地方出现“空城”。一些农村区域因为没有做好规划，新型城镇化在推进时没有和农业现代化有机结合，出现一些“空心村”和相应的“农村病”。由于缺少总体规划，城镇化建设进程中没有处理好开发建设与生态保护的关系，没有融入生态理念，没有把生态保护放在首位和合理利用资源，使得人口、资源和环境出现不协调的局面。这给我国当前的环境带来巨大威胁，如在各大城镇出现的雾霾现象，严重影响居民在城镇的生活质量和幸福指数。因此，制订科学合理、涉及全域协调发展的城镇化发展规划势在必行。

农村建设需要事先统一的、具有高瞻远瞩的发展规划，这样才能保证农村获得协调统一、可持续高效率发展。但是，长期以来广大农村地区分散的农业生产方式，缺乏合理的政策规划和市场引导，农业没有形成优质化、特色化和品牌化，没有形成地区品牌和地区优势产业。在发展规划方面，农村建设缺乏统一的协调发展规划，没有体现规划先行的发展理念。由于没有事先统一的发展规划，农村区域存在盲目建设现象，乱建滥用土地资源，给环境带来一定的压力，而有些农地又没得到合理利用，资源空置化严重，效率和效益低下。农业生产没有实现规模化和现代化，广大农村区域依然处于落后的生产方式和生活方式中，居民在整个社会发展过程中的幸福感没有得到有效提升。

（二）城乡发展缺乏相应的配套机制

相关的配套机制是城乡发展的保障和润滑剂，配套机制的缺乏将会阻碍城乡区域的协调发展。随着城镇化的推进，在户籍政策、土地保障、人才发展等方面越来越凸显一些深刻的问题。因为户籍制度的限制，广大进城务工人员不能真正融入城镇而变成城镇居民，没有享受均等化的城镇公共服务，使得城镇化在很大程度上存在“半城镇化”“伪城镇化”现象，没有真正实现人的城镇化。“融不进的城市，回不去的农村”现象的存在，大大降低了人的幸福系数，也在一定程度上使得社会不稳定因素增加，影响社会和谐发展。在土地政策方面，缺乏相应土地流转机制和收益分配方案，不利于土地的有效流转和规模化经营，土地利用率和收益低下，不能最大限度地调动广大农民融入城镇生活，农业经济发展缓慢。在农村人才保障方面，没有建立全面的农村人才发展机制。由于城镇化进程加快，农村人口向城镇转移，特别是有文化的青年人向城镇转移，让农业人才渐趋缺乏。由于大量农民向非农产业转移，农业生产经营变成了很多人的兼职职业，限制农业生产经济经营的规模和速度。同时，农村真正留下来的劳动人口大多是年龄偏大、观念落后的原生农民和年幼的小孩，农业劳动能力弱，科技知识欠缺，文化素质不高，在经营管理、市场分析、政策导向、技术管理等方面缺乏相关的经验和能力，农村经济发展缺乏有技能的实干型人才。

（三）城乡要素自由流动机制尚未建立

我国要素市场改革明显滞后，要素在城乡之间的流动受到诸多限制，要素价格扭曲和市场分割现象仍然存在，严重制约城乡融合发展水平的提升。一是农民进城的门槛依然较高。虽然 21 世纪以来，户籍以及城市就业、社会保障等制度改革改善了农民向城市流动的环境，也降低了农民在城市就业和居住的成本，但是，促使农民家庭整体迁入城市的制度环境依然没有建立，特别是城市的住房、子女教育等制度成为农民在城市定居的重要限制因素。二是城乡金融市场存在严重的藩篱，资金缺乏有效的双向流动。特别是商业化改革以来，随着国有银行城乡金融规模的不断扩大，城乡金融机构分布更加失衡，现存农村金融机构有效供给不足，农村资金外流严重，对农业农村发展造成负面影响。与此同时，由于现行土地制度的缺陷，城市资本适度合理进入农村土地市场的机制也未建立起来。三是土地财政以及城乡二元土地市场刺激了城市蔓延扩张，土地城镇化速度显著快于人口城镇化速度。这样的结果一方面造成了土地利用的低效率，另一方面使得农民无法同等分享城镇化发展的好处，加剧城乡发展不平衡程度。

二、区域发展不均衡，农村地区发展缺乏凝聚力

（一）城乡收入差距依然较大

随着我国农业现代化进程加快，农民收入显著提升。2013 年以来，农村居民人均可支配收入增长速度均超过城镇居民人均可支配收入。2018 年，农村居民人均可支配收入名义增长率为 8.8%，城镇居民人均可支配收入名义增长率为 7.8%。尽管如此，农村居民人均可支配收入与城市居民收入差距依然较大。2018 年，农村居民人均可支配收入为 14617 元，城镇居民人均可支配收入为 39251 元，城乡收入比为 2.69。2017 年，城乡经营净收入比为 0.81，城镇居民的财产净收入、工资性收入、转移净收入分别是农村居民的 11.9 倍、4.04 倍、2.51 倍。

（二）城乡融合存在显著的区域差异

受区域发展差异的影响，各大区域板块城镇化推进程度差异明显，各种类型城市以及离城市不同距离的地区城乡融合状况迥异。总体上，城市群地区城乡间基础设施实现了互联互通、公共服务初步实现均等化，处于向高水平城乡融合迈进阶段，基本具备城乡高度融合发展的基础条件。除去城市群地区的区域性中心城市（大城市、中等城市）周边近郊区，主要指的是省级、地市级中心城市及周边，处在城乡分割向高水平城乡融合发展的准备阶段，区域性中心城市对周边的辐射带动能力强，以城带乡作用明显。小县城及镇周边城乡差距相对较小，发展较为均衡，处于城乡分割走向低水平城乡融合发展阶段。发展模式更多体现为农村提供原材料和劳动力，小县城及城镇发展农产品加工业，城镇工业产品服务农村市场，城乡要素流动相对频繁，县城及城镇极大地发挥了联系城乡的纽带作用。我国偏远农村地区幅员辽阔，距离城市较远，受到城市辐射带动作用较小，从城乡融合发展的角度看，不具优势，但土地制度改革潜力亟待释放，并应以此增加偏远农村村民的财产性收入。

（三）城市内部二元结构凸显

一方面，涌向城市的农民工、新就业的大学生在城市里收入低微，受政策因素制约在医疗、教育、社会保障等诸方面与城市原有居民存在较大差异，迫于城市生活的压力，这类群体常常工作不稳定，对城市没有归属感；另一方面，人口过度向城市集中，带来了城市基础设施和公共服务设施短缺的现象，出现诸如交通拥堵、住房紧张、环境恶化等“大城市病”，大大增加了城市管理的难度。部分城镇的功能分区不合理，比如有的城镇建成区分布不集中，有的城镇建成区的生产与生活功能分区不明确，有的地区存在紧靠公路建城镇的现象。部分

城镇的基础设施建设不完善，排水、污水治理不到位，垃圾无害化处理不完善。特别是在乡镇，生活垃圾的处理方式还是采取简单地就地掩埋的处理方式，抗震、抗洪、消防等综合防灾配套设施缺乏。除此之外，部分城镇居民生活服务设施不健全。居民文化生活、休闲娱乐设施配套不足，缺少大型商贸或专业市场等设施。

（四）城市与乡村的经济二元结构加剧

随着新型城镇化的推进，劳动力、资金、土地等生产要素大量向城镇靠拢，呈现要素非农业化的不均衡发展局面。城镇的基础设施、公共服务配套、产业等获得快速发展，而广大农村区域却没有得到明显发展，和整个社会的发展和进步不协调。省级城市和区域中心城市的首位度不断提升，各种优势资源不断集中到中心城市，城乡差距越来越大，城乡发展不同步，尤其是近年来农村富余劳动力涌向中心城市，推动中心城市发展的同时也使得欠发达的农村和乡镇越来越落后，城市的繁华与农村的衰败形成了鲜明的对比，城乡经济二元结构加剧。城乡差距拉大越来越凸显出来，农村的落后影响整个社会的进步和稳定。因此，党的十九大报告提出我国社会主要矛盾的转变和乡村振兴战略，提出当前要优先发展农村区域和农业，以改变当前的这种不均衡的发展局面，解决我国当前的主要矛盾。

（五）农村基础设施和公共服务配套落后，区域发展缺乏凝聚力

推动城镇基础设施和公共服务向农村延伸，实现城乡基本公共服务均等化，是城乡融合发展的核心内容之一。近年来，我国城乡基础设施和公共服务均等化取得了显著成效，城乡居民在医疗保障、义务教育以及基本养老保险方面均实现了制度全覆盖。但是，城乡基础设施和公共服务标准差距依然较大。在我国广大的农村，道路、水、电、暖以及公共服务配套等方面与城镇之间的差距不断拉大。很多农村地区都是乡村小路，交通不便；农村没有实现统一的自来水，很多还是依赖打井的方式获取水资源，质量堪忧；农村许多地区没有通燃气、暖气，取火方式主要依赖于落后的柴火和煤等方式。2016 年，农村集中供水的行政村比例和村内自建集中供水设施的行政村比例分别为 68.72% 和 15.39%，整个城市地区比农村地区供水普及率高 33.19 个百分点。能源设施、信息基础设施方面，农村地区仅有 22.52% 的村落开通了燃气，远远落后于城市地区 95.75% 的燃气普及率，农村地区互联网宽带接入用户约为城市地区的 1/3。广大农村没有实现与城镇均等化的公共服务，在住房、教育、社会保障、医疗保险和就业等方面发展滞后。在农村医疗、教育方面，近几年来城市每千人医疗卫生机构床位数为农村的 2.2 倍，城市每万人拥有卫生技术人员数是农村的 2.7 倍，城市幼儿园专任教育人数为农村的 2.8 倍，农村在享有医疗、教育方面远远落后于城市。

（六）农村产业发展落后，缺乏凝聚力

广大农村没有相应的产业经济支撑，农业没有实现规模化和现代化经营，很多还是采取传统的耕种方式，效率低下；农村养殖业、特色旅游业等方面没有取得相应的效果，没有体现出特色，同时缺乏相应的资金支持；经济发展落后与广大农村居民外出务工形成恶性循环，没有经济发展支撑，迫使农民不得不外出务工。随着农村居民的大量外流，农村地区的经济发展更加落后。当前的实际国情是落后的农村与快速发展的城市形成鲜明的对比，社会贫富差距拉大，势必会影响整体经济的持续健康发展和社会稳定。

第三节　人与乡分离，村落共同体分散化

一、农村衰落化严重，农业转移人口没有享受均等化的公共服务

发达国家的发展经验表明，城镇化的快速推进必然会带来整个社会中乡村的减少，但这并不意味着广大农村地区经济发展停滞、土地荒芜和生产生活方式的落后。当前，我国城镇化获得了快速的发展，这使得一些要素资源单方面流向城镇，用于支持城镇经济的快速增长。这种发展模式导致用于农业生产和农村经济发展的要素越来越少，大量农村青壮年人口流向城镇，农村留守的大多是老人、妇女和儿童，进行规模化、现代化的农业生产的根基受到动摇。大量的农田空置荒芜，产业萎缩，留守人口的收入降低，农村基础设施和公共服务配套落后。一些地区特别是交通不便的偏远农村，由于农村人口数量的持续减少而带来了农村全面的衰落，人口稀少、产业缺乏和生产生活方式落后等现象交叠发生，严重影响了我国全面进入社会主义现代化的进程。

在我国的城镇化进程中，存在半城镇化、伪城镇化现象，农业转移人口没有获得城镇化建设带来的社会成果，享受不到和城镇居民均等化的城镇公共服务配套，这背离了城镇化的本质内涵。在社会保险方面，与规范的普及率高的城镇职工参加社会保险相比，农业的转移人口参与社会保险的比例并不高。另外一个突出问题就是农村转移人口子女的受教育问题，一部分农业转移人口是非城镇户口，其子女在城镇进入教学质量较好的公办学校难度较大。转移人口的居住问题也成为农村转移人口进入城镇的绊脚石，农民工公积金缴存率也很低。除此之外，即使在农民工的居住聚集区，政府也缺乏基础设施和公共服务投入。农民工住房支付能力弱，在城镇居住条件差，这些情况严重影响了农民工的生活质量。

进城务工人员作为城镇的建设者，为城镇化的推进作了巨大贡献，却享受不到城镇化带来的福利，最终还是要回到农村，这不利于城镇化率的提高和广大农村地区的全面发展。

当然，造成上述问题的原因是多方面的。公共服务是一项复杂的系统，内容丰富而繁杂，公共服务政策的制定有难度，政策的执行也需要相关部门的协同推进，在时间上具有一定的滞后性。同时，享有均等化的配套服务势必会影响一些既得利益者，教育资源、资金、医疗保险等公共资源是有限的，资源的再分配会损害原有城镇居民的眼前利益。因此，推行均等化的服务配套势必会遭到既得利益者的心理排斥和阻挠，影响城镇化中资源公平共享的推进进度。综上所述，实现人的城镇化是城镇化系统中的慢变量，是城镇化建设的一项重要而艰巨的任务。

二、人与乡分离，造成村落共同体日益分散化

（一）村落共同体边界趋向模糊，共同体意识趋于淡漠

传统的村落是由血缘关系相近、土地归属统一、行政关系相同的自然村落组成的共同体，在自然形成的过程中与外界村落利益划分得较为清晰，村落共同体自然成为一个独立的社会单元。但是，随着改革开放和市场经济的发展，城镇化脚步加快，城市中的城中村和城

市周边的近郊村首先出现了村庄边界模糊、共同体意识趋于淡漠的情况。一是近年来自上而下的大规模新型城镇建设,在城市近郊按照“合村并城”等模式进行村落拆迁改造合并,使得原有的村落人口由分散到集中,土地整合起来高效利用,原有的村落共同体被完全打破,在行政区划和行政管理上形成以居委会为主要形式的基层组织形式。二是在广大农村,由于市场经济的发展出现优胜劣汰的格局,少量村庄出现工业兴起、经济繁荣、人口不断增加的局面,逐渐形成了吸引周边人口到此就业谋生的局面,而周边的大量村庄则出现人口越来越少、经济社会活动越来越少的现象,甚至有一些村庄出现了“空心村”现象,使得原有的村落共同体的特点不复存在,村落共同体的边界越来越模糊。

(二)村落共同体在结构和功能方面发生改变

村落共同体的结构和功能在一定意义上是指生活习性、传统习惯、社会观念、价值取向等的总和。在传统的村落里,人们的生活习性相近,传统习惯一致,社会观念趋同,价值取向相同,但是,随着经济的发展和社会分工的细化,传统的村落也在逐渐受到影响。人们在追求利益的同时,生活习性、传统习惯、社会观念等村落共同体的结构和功能也在发生着变化。一是过于追求私利导致观念转变。改革开放以来,人们在市场经济的鼓舞下挣脱了故土的牵绊,投入到经济建设的大潮中,村落共同体的结构和功能分化首先表现在人们纷纷到各条战线上追求个人利益,远离了村落的生活、传统和观念。农民作为具有主观意志的能动群体,当农业经济效益无法满足其发展与消费需求时,自然会越来越倾向于选择具有更高经济收益的进城务工。进城务工在一定程度上解决了农民经济贫困问题,但也因此滋生了不少的弊病,乡村社会的凋敝从经济表象转向更深层的结构。村落空心化或过疏化、老年人空巢化、妇女儿童留守化、熟人社会陌生化、无主体熟人社会等直指农民工进城造成的乡村问题。二是观念的转变导致社会治理越来越困难。近年来,城镇化进程加快,原有的村落根据地域不同出现了两种不同的境地,一种是临近城市,一种是远离城市。不管是哪一种,无一例外都出现了与过去村落共同体相去甚远的社会管理瓶颈,在社会治理、公共服务、村民团结等方面与传统的村落共同体相比,差距越来越大。各种思潮涌动,各自盘算着各自的私利,人们之间的信任度远不如以前,村规民俗的规范作用越来越弱化,村民共同抵御风险的能力降低。

第四节 人与自然隔离,生态环境污染不断蔓延

新型城镇化进程中,我国生态文明建设进入转型新阶段,自然环境优越、交通便捷、文化底蕴深厚、环保理念深入人心、环保节约的新能源和新型材料得以大力推广应用,为我国未来的发展提供了坚实的基础。同时,必须清醒地看到,生态文明建设仍存在不少瓶颈制约和突出问题,改革攻坚任务更加艰巨。

一、经济发展与生态保护矛盾显现

改革开放以来,我国经济发展取得的成果举世瞩目。但是,在经济增长的同时,粗放的

生产经营方式和相对落后的技术管理水平，导致对自然资源和社会资源的过度开发，环境对经济发展的压力越来越严重，资源开发利用方式粗放与资源短缺的矛盾，水、土地等资源开发与保护的矛盾日益突出。主要表现在交通道路、污水处理和垃圾处理等基础设施建设不断占用土地资源，经济发展用地与生态环境持续改善用地之间的矛盾日益突出；生态城市建设对水资源的需求量不断增加，对水环境承载力的要求也不断增大，但我国目前一些河流水质较差；随着经济社会发展和人口的不断增长，工业废水和生活污水排放量不断增多，水环境保护压力增加；城镇空气质量越来越差，我国近年来北方城市冬季持续出现的雾霾天气，是经济无节制发展和不注重生态环保的结果，已严重影响人们的基本生活。

过去的发展没有处理好开发建设与生态保护的关系，没有融入生态理念，没有把生态保护放在首位和合理利用资源，使得人口、资源和环境出现了不协调的局面，这给我国当前的环境带来了巨大威胁。经济发展与生态保护矛盾显现，经济发展面临的环境问题严峻，过去粗放的生产方式如果不尽快改变，必然导致有限的资源枯竭，环境会越来越糟糕，最终会影响社会经济的发展和人民生活水平的提高。因此，党的十八大把生态文明上升为国家战略，把生态文明建设融入经济建设、政治建设、文化建设、社会建设各方面和全过程。党的十九大报告强调，必须树立和践行绿水青山就是金山银山的理念，坚持节约资源和保护环境的基本国策，像对待生命一样对待生态环境，形成绿色发展方式和生活方式，坚定走生产发展、生活富裕、生态良好的文明发展道路，建设美丽中国。这是坚持和贯彻新发展理念、推动发展转型的必然要求。

二、城镇化对生态环境的压力增大

对自然环境的保护是关乎人类生存的重大问题，是居民幸福生活的基本保障。随着城镇化进程的加快，人口、要素和产业加速集聚，以城镇为中心的人口聚集带来持续的资源消耗、环境污染等问题，使得生态环境的压力越来越大。在推进新型城镇化建设进程中，一些区域过度追求眼前利益，而忽视生态环境保护效益。房地产开发通过调整规划不断占压规划绿地，没有很好地保护城乡林地草地、湖泊湿地、水源地等，生态平衡遭到破坏。生态环境未能满足广大居民的基本需求，新型城镇化建设进程中产生的建筑垃圾等“三废”没有得到很好处置，对环境造成污染，占用了土地资源。城镇化建设往往只追求眼前利益，没有全面引进新材料、新能源等低碳节能的开发方式，浪费了社会资源。城镇应该让广大居民生活得清净、卫生和美好，但是嘈杂的环境、污浊的空气和被污染的水资源等远远不能满足人们生存的基本需求，降低了我国城镇发展的凝聚力，影响城镇化建设的进程和城镇发展的质量。

一些新建的城区规划建筑容积率过高，人居环境改善不够。城区建设寸土寸金，一些房地产开发商为了追求最大的利益，只注重房地产的开发效益，在现有的土地上建更多的房子，导致住宅过分密集。过高的容积率不仅使楼房越盖越高，楼间距越来越小，建筑自身的采光、通风受到极大的影响，而且规划人口过度密集，人均占有的绿地、享受的阳光减少，大大降低了居民的幸福指数。

三、农村综合环境整治成效不明显

长期以来,农村的环境保护工作并未受到充分的重视。很多村镇未设置环保机构,监测、监管网络很难延伸到乡镇,难以适应日益繁重的农村环境监管工作需求。广大农村的环境防治没有获得与城镇均衡的地位和待遇,这和人民日益增长的美好生活需要产生矛盾。一是废弃物带来的污染。长期以来,我国农业生产用的薄膜的回收率很低,也没有得到很好的处置,对土壤结构造成严重的破坏。同时,大量出现的规模化养殖场带来严重的农业面源污染,而且由于缺乏统一的规划,这些养殖场通常临近居住区,给农村居民的身心健康和生活质量带来直接的危害。二是居民生活垃圾带来的污染。由于观念的落后和相关设施的缺乏,我国广大农村地区居民大量使用的一次性碗筷、塑料袋等生活垃圾随处扔,给环境带来沉重的负担,已经严重危及农村居民的生产生活质量。三是化肥、农药等投入品带来的污染。农药、化肥等在农业发展中的大量使用,给水和土壤资源带来严重的污染,也直接影响农产品的品质。农产品的质量问题已严重影响居民的身心健康和幸福生活,越来越受到居民的关切和国家的重视。总之,农村人居环境落后是城乡发展不平衡的重要表征,直接影响农村居民对现代化成果的分享。

随着社会经济的不断发展,生态环境面临更多的新的挑战和压力。比如,煤烟等传统的大气污染还在持续,又不断涌现出诸如 PM2.5 等新的污染物;持续存在的水资源短缺问题依然没有得到有效解决,又接着涌现出严重的水质问题;生产领域持续面临严重的污染问题,生活领域产生的污染物给生态环境带来的压力又凸显。加上居民对优质产品的需求和环境问题的关注迅速上升,生态环保问题日益突出。另外,城镇化的推进使原来的"碎片式污染"转为"连片式污染",这将加大环境污染治理的难度。由此可见,生态环境问题目前是农村区域发展的又一短板。要保持社会的长久可持续发展,应突出人的权益,为人类生存提供一个和谐、有序、绿色、生态的健康环境。

我国农村区域面积大、范围广,涉及的人口也多。长期以来,我国广大的农村区域基础设施较差,公共服务资源紧张,城镇化进程中实施均等化的基础设施和公共配套服务非常困难,生态环境建设面临挑战。同时,旧城改造、城中村拆迁、合村并城等极易引发社会矛盾,维护社会稳定的难度增大,城镇化与新型农村社区建设任务繁重。另外,很多农村居民在观念上没有更新,没有认同城镇化的发展模式,更没有形成保护生态环境的意识,甚至一些日常生产生活方面的行为直接造成了对环境的破坏,如我国一些农村地区,逢年过节或操办婚嫁等大事时往往大量使用一次性碗筷、一次性塑料桌布等,用过之后不加任何处理,随处乱扔。因此,基于我国新型城镇化建设和广大农村区域的实际情况,城镇化建设和新型农村社区建设任务繁重,农村区域的生态环境建设进程缓慢。

第五节　人与自我异化，乡土社会精神根基出现动摇

一、城镇化进程中乡土情结的困境

城镇化发展到现在，呈现给我们的，一面是如火如荼、大兴土木的红火场面，一面是日渐萧条、土地荒芜的村庄；一面是青年劳动力大规模地流入城市，一面是老弱病幼妇人留守在农村。来到城市的青壮年发现他们在新的环境中并不能落户，没有自己的家园，而家乡的村落、祠堂也越来越萧条，老房子也在逐渐被推土机所摧毁，取而代之的是一排排现代化建筑。这些都在逐渐磨灭人们对以往乡土的记忆，尤其是我们的后代，他们一出生就面对着生活环境的改变，基本上已经没有了对乡村的概念和对土地的依赖。

这些失地农民来到城市，住进高楼，拿着土地补偿金，却很难保障他们生活的可持续性。在这个新的生存环境中很难找到和自己文化水平、技术水平相对应的工作的时候，他们才发现其实很难真正融入这座城市，无法享受与城市人一样的同等的待遇，甚至他们的第二代、第三代依然很难改变现状。他们也无法回到昔日的故乡，昔日的故乡早已面目全非，他们也失去了最后的生活保障——土地。因此，他们在夜深人静的时候将这些情绪凝聚成一种生活在高楼里、却像浮萍飘泊一样的“乡土情结”，这其中承载着太多的无奈。

一些进城打工的农民工受城市光鲜亮丽表象的吸引，决定走出村庄，离开土地来到大城市想创造一番新天地。可是来了之后却发现，他们只能从事一些社会底层的工作，拿着很微薄的收入，还要受着背井离乡、和亲人分离的煎熬。在高房价的大城市，他们没有地方住，大都是租住在拥挤的都市村庄，住宿环境极差。喧闹了一天的城市在夜幕降临的时候就会发现，在天桥下、在建筑工地上、在街道的隐蔽处等都会有他们散落的身影，这可以说是繁华城市的另一面。在涌入城市的人群中有一些经过自己的努力，很快融入城市的所谓的城市人，他们天天生活在污浊的空气中，交通堵塞，食品安全也存在严重问题。邻居之间都是关着门，互不搭理，工作中人情冷漠，在外遇到困难时很难找到援助之手，每日感受到的都是令人窒息的吃穿住行压力，以及光怪陆离的社会伦理乱象和日渐累积的社会戾气。随着城市生活节奏的加快，人们很难感受到城市带给他们的快乐和享受。这个时候，居住在城市的人们又开始怀念儿时的记忆和农田生活的惬意，他们有的会在周末带着孩子去郊外农场感受田野生活，有的会在城郊租种几分地，种上自己爱吃的水果和蔬菜，体会着农家生活的休闲和宁静。在这样的小型农庄里，他们体会着以前的那种慢节奏，体会着农耕的快乐，借着这些复制的小农场来让自己浮躁的内心得以稳定，以期获得一份内心的安全和畅快。这种人为塑造的、悬空的“乡土情结”其实从一个侧面反映了现在大城市快速发展所带来的城市病，反射了城市发展的光鲜背后隐藏着浮躁、空虚和焦虑的内心世界。

二、人与自我逐渐异化，乡土社会的精神根基开始动摇

近年来，自上而下强力推进新型城镇化建设，在全国范围内大规模进行拆迁旧村庄、建设新城区，中国社会步入了快速发展的道路，各地政府紧紧把握这一轮发展大潮，积极开展

新型城镇建设工作。但是,究竟什么是新型城镇,我们需要建设什么样的城镇,我们需要什么样的生活,乡土社会的村民如何转化为幸福感较强的市民,这些根本性问题并没有得到很好的解答。一些区域没有深入调查研究,就盲目开展"造城运动"。这种快节奏的"造城运动"或者是村民"被上楼"现象,带给人们的是精神的迷失,找不到生活的重心,突然感觉茫然失措,乡土社会的精神根基受到了巨大的冲击,导致农村社会各个方面都出现了危机。

出现人与自我的异化和乡土社会精神根基动摇的现象,究其原因是社会发展的结果。作为政府,可以在制度设计、宏观调控等方面做一些工作,但是无法避免这种传统思想对现代社会的冲击。首先,传统的村规民约和精神信仰受到冲击,在市场经济大潮的冲击下其原有的乡土社会功能显得微乎其微,不堪一击,而现代经济体制和社会秩序又没有被村民接纳掌握,进而导致行为失范,社会失序。其次,原有村民的自我认知出现偏差,不能准确找到自我在社会中的位置,不能实现自我价值。原有的村落村民习惯于固有的生产生活方式,循环运作,自成体系,人们都在自己的轨道上日复一日地运行着。但是,突如其来的城镇化,使得拆迁村民获得了大量的拆迁补偿款,分得了环境较好的安置房,一夜暴富后却不知道如何对待财富,如何使用财富,突然觉得人生如此夫复何求,劳动就显得多余了。于是,部分村民终日无所事事,成为城镇里的寄生虫。最后,还有一部分偏远农村的剩余劳动力进入城市谋生,逐渐习惯了城市生活,安居乐业,娶妻生子,过上了城里的生活,而作为出生地的偏远农村,则成了故乡,因为父母亲戚在,所以每年都会回去几趟,日常的牵挂也仅仅是乡村里生活的年迈的父母。这一部分人作为城市的新生力量,为城市建设和社会发展作出了巨大贡献,主动适应了现代经济体制和社会体制,对于原有村落的那一套乡土社会精神,早已淡化得无处可寻。

第四章　我国城乡融合发展体系演化机理

根据我国经济发展的实际情况以及新型城镇化建设中逐渐暴露出来的问题，基于人类向往美好幸福生活、追求发展机会的天性，党的十九大明确了实施乡村振兴战略，全面重塑城乡关系。我国的城镇与乡村社会应该坚持全面融合发展的总体原则，加快推进农业农村现代化的顶层设计。走城乡融合发展之路，在布局规划、产业发展、城乡统筹和生态资源等方面实现全面协调一体化发展，让广大人民在共商、共建、共享城乡发展的过程中有更多的获得感、安全感和幸福感。

第一节　城镇化进程中城乡融合发展的参与主体

如果将城乡融合发展看作一个经济社会发展输出的最终产品，那么是谁参与了生产呢？本研究认为，参与城乡融合发展的主体有四个：政府、企业、个人和社会组织，其中政府是城乡融合发展的指挥者，企业是推动者，个人是建设者，社会组织是补缺者。

一、政府——指挥者

城镇化建设过去主要依赖于政府推动而不断获得发展，随着市场机制的确立，市场在城乡融合发展中扮演着重要的角色。但纵观历史，政府在城乡建设中的指导地位在短时间内无法被市场取代，政府仍是城乡建设的统领者。政府不仅制定城乡发展的总体战略，还生产公共产品。其原因有二：一是政府因其特殊的功能而能站在更高的角度来制定城乡长远的发展战略，合理平衡各方面的因素和各方利益，使整个社会得到更加平衡和充分的发展，以避免重复建设和无序发展；二是在城乡建设的初级阶段，基础设施、公共服务具有外部经济性，仅仅依靠企业家精神是无法被充分开发的，在这种情况下，政府仍是公共产品的主要供给者。

传统的城乡建设强调单一的政府主导，主要依靠行政手段推进土地和人口的流动，即政府的政策在城乡建设中起决定性作用。以政府为主导固然有快速、协调等一定优势，但政府对社会经济复杂系统了解的局限性和滞后性会导致其在遵循客观经济社会发展规律及公众的良性互动方面存在欠缺。如果政府在城乡建设中一味地占主导和控制地位，仅仅单纯地用行政手段去征用大量的土地，而不去充分考虑市场的作用和机制，居民成为被动接受者，势必会削弱人们参与城乡建设中的积极性，也会带来一系列的经济问题和社会问题。

二、企业——推动者

企业是经济运行的微观主体、市场的主要角色，城乡建设离不开企业，城乡发展的主要推动力就是企业及其经济活动。企业对城乡建设的推动作用主要来自两个方面：一是作为生产性组织,城乡具备企业发展所需的优良条件,如完善的基础设施和公共服务配套、先进的技术、发达的信息网络以及大量的人才储备等,这些优势吸引企业聚集到一定的区域。而大量企业聚集到城乡特定的区域也引导劳动力、资本、技术等要素的聚集,带动就业,这种聚集进一步推动区域发展数量和规模的扩大,带动城乡经济实现连片、聚集式发展,对城乡经济起支撑作用。二是企业执行其经济功能时也会部分发挥社会功能,参与公共服务产品的供给。企业会展现其社会性企业家精神,为了树立企业形象和构建良好的社区关系,主动利用自身力量和影响力回报社会。企业会部分参与社会公共服务产品的供给,比如自建教育机构和医疗机构、部分提供社会保障等,通过这些方式推动经济社会向更高层次发展。

三、个人——建设者

人是城乡发展的创造者和建设者,创造了城乡这样的实体系统,同时不断推动城乡区域向更高级别发展。全面理解人在城乡发展中所扮演的角色,可以从两个方面来理解。

(一)从经济学方面来理解

人是社会的生产者,也是消费者。在历史发展的长河中,人们通过充分发挥主观能动性,发明创造和生产多种多样的产品,以满足自身多方面、全方位的需求。同时,人本身也是消费者,通过购买已经生产出来的最终产品来满足自身的需求。人既是供应者又是需求者,以交换的方式通过供需带动城乡产业发展,拉动城乡经济繁荣,成为城乡发展重要的不可或缺的力量。

(二)从社会学方面来理解

按照所在不同的区域和生产生活方式的不同,可以把人分为城镇居民和农村居民。随着社会经济的发展,居民消费对扩大内需有着重要的影响。城镇化的不断推进使得社会有更多的农村居民转变成为城镇居民,进一步拉动城镇经济的发展。个人是创新的主体,是新思维、新观念、新生活的创造者和推动者,个人是社会不断向更高级别发展的推动力。人具有多种多样的属性,概括起来可分为两大类,即自然属性和社会属性,社会属性是人的最主要、最根本的属性。人类社会生活是由各行各业的活动构成的有机整体,任何个人的活动对社会的发展总会产生这样或那样的影响。个人活动与社会发展存在着相互联系、相互制约的关系,个人活动对社会发展产生能动的作用。一切正常的个人总要在社会生活中担负一定的工作,在自己的岗位上从事这样那样的、有意识、有目的的活动,从而在社会历史发展的进程中留下自己的印记,社会的发展要靠全体社会成员自觉努力才能实现。个人也是文化的传播者,他们既继承了传统的文化,也接纳现代文化,并通过在城镇与乡村之间的流动促使这两种文化的流动和传播,为推进城乡的融合提供了保障。

四、社会组织——补缺者

城乡系统是涵盖多个方面、有着丰富内涵的复杂系统,其发展离不开包含政府、市场和其他各种组织多方面的相互协调和融合。政府属于国家或政府系统,企业属于市场系统,同时也存在非政府或非企业组织,包括民间组织、互助组织、社区组织、社团组织、研究团体等公民自发组织。这些组织的作用不容忽视。

一方面，这些社会组织可以为居民提供部分的公共服务，满足居民在教育、医疗、和社会保障等多方面的需求，弥补公共服务配套不足的缺陷。另一方面，城乡在建设的过程中，逐渐暴露出一些不和谐的因素，社会组织也会通过与政府部门的合作参与社会治理，这样有利于弥补政府管理的不到位。也由于其不属于利益群体，是公众自发组织形成，因此，公众对其行为更容易接受。同时，城乡发展集聚了大量的教育机构和研究机构，这些机构不仅能为城镇输出大量的人才，还能通过科研工作研究经济发展所需的最新成果。这些成果对推动社会生产力发展具有重大的作用，也能为解决城乡建设中存在的问题诸如生态破坏、资源浪费、效率低下等提供有力支持。

新型城镇化进程中倡导城乡融合发展的思路，除了政府外，市场（企业）和个人也应该作为城乡建设的参与主体。"正确处理政府与市场的关系"正是对城镇化进程中城乡融合多元建设主体特征的明确表达。政府、企业和个人分别发挥各自不同的作用，政府在城乡建设中主要发挥宏观指导、政策制度制定等作用；企业在城乡建设中主要在推动经济发展、带动就业、投资等方面发挥作用；个人是城乡发展的建设者，为城乡建设的各方面贡献力量，应充分发挥人在城乡建设中的主力军作用和主观能动性。同时，要鼓励社会组织积极参与，为城乡建设查漏补缺，共同助力城乡实现全面融合发展。

第二节　影响城镇化进程中城乡融合发展的因素

一个良好的发展区域必须具有吸引人、留住人、发展人的特点，既能够满足人的物质需求，又能够满足人的精神需求。因此，如果把城乡融合发展看作一个内生的经济社会系统，那么影响城乡融合发展的因素可分为外部影响因素和内部影响因素两个方面。

一、外部影响因素

（一）城乡协调

新型城镇化应让城乡居民充分享受城镇化带来的福利。进城务工的农村人口转变为城镇居民，表面上看推进了农民的市民化，客观上这种过程突出的表现便是身份的转变。但是，如果从长期以来的城乡之间纷繁复杂的关系来看，这种转变具有极其深远的社会意义——它试图从权利上解决市民与农民的制度分层，建立一个"市民化的均等社会"，充分体现以人为核心，统筹城乡，使城乡居民共享城镇化建设的成果，保障人的基本权利和全面发展。在新型城镇化建设中实现城乡均衡发展，是将发展理念回归至"城乡关系本是人的关系"的"市民化"事实本质，而这个策略是解决城市与乡村中的"人"不平等的一个起点。实现城乡融合发展的协调关系将打破过去城乡二元分立的局面，城乡居民将实现身份上的真正对等，平等共享社会发展带来的福利和成果，充分体现以人为核心的发展理念，全面保障每位居民的权益，让每位居民都充分体会到社会发展和均等对待的获得感和幸福感。

（二）政策引导

在推进城乡融合发展的过程中，如果单靠市场和企业容易使城乡建设关注短期效应而忽视长期效应。由于存在对利益最大化追求的本性，市场往往只注重某些和眼前利益相关的发展指标，如快速收回成本和获取收益、注重单纯的市场增长等，而没有全面均衡综合衡量社会的发展，在经济某些指标增长的同时也造成对环境的破坏，忽视了人的生产和生活环境的改善，不注重人的全面发展和满足人的获得感和幸福感，使得城乡社会的持续发展受到越来越多的挑战。

城镇化进程中，城乡融合发展需要市场主导和政府调控相互结合，全面保障城乡建设取得一定的经济效益、社会效益和生态效益。同时，需要创新政策供给，推动“人、地、钱、房”等领域改革，优化资源配置，提高全要素生产率。政府要发挥引导作用，制定城乡发展的全面规划，以一定的政策机制科学推动城乡区域有条不紊地获得全面融合、健康可持续发展。政府政策的引导包括产业政策引导、财政政策引导、金融政策引导、人口政策引导和土地政策引导等。

二、内部影响因素

（一）要素资源

促进公共资源在城乡之间更加均衡合理配置。现阶段，城乡差距大直观的表现依然是基础设施差距大，城乡发展不平衡突出的表现依然是公共服务不平衡。要坚持农业农村优先发展这个总方针，把基础设施和公共服务建设的重点放在乡村，统筹公共资源在城乡间的均衡配置，建立全民覆盖、普惠共享、城乡一体、均等服务的基本公共服务体系。让公共财政的阳光更多普照广大农村老百姓，让他们共享改革开放发展的伟大成果，让他们的获得感、幸福感、安全感更加充实、更有保障、更可持续。

要促进城乡要素双向流动，加快形成城乡要素均衡配置格局。长期以来，农村各种要素单向流入城市，造成农村严重“失血”，这个问题不解决，乡村振兴、城乡融合发展就无从谈起。当前，城乡之间要素合理流动机制还存在缺陷。必须围绕强化要素供给，抓住关键环节，坚决破除一切不合时宜的体制机制障碍，推动城乡要素有序自由流动、平等交换，积极引导城市人才、资本、技术下乡，激活乡村一池春水，汇聚乡村建设强大合力。

城镇化进程中，城乡融合发展要注重经济发展对提升居民社会水平的巨大帮助，特别要注重城乡均衡发展和带动农村地区的产业发展，充分利用农村区域资源，带动当地经济的繁荣，为乡村精神生活的提升提供基础保障。

（二）社会进步

城乡建设应该突出以人为核心，在吸引人的同时能够留住人和实现人的发展。推进城乡融合发展，要做好乡村人力资源开发这篇大文章，坚持乡村振兴与新型城镇化一起抓，两个轮子一起转，处理好“走出去”“留下来”和“引回来”的关系。应该让新转移城镇居民实现身份和待遇的均等化，享受到城镇化带来的实惠，不只有房子住，也要有养老金和社会保障，他们才能安居乐业，这才是真正意义上的新型城镇化。

要建立有效激励机制，把有志于农业农村发展的各类人才“引回来”，让城里想为振兴乡村出钱出力的人在农村有为有位、成就事业，让那些想为家乡作贡献的各界人士能够找到参与乡村建设的渠道和平台，在振兴乡村中大展身手。

要实现社会的进步和公平。一方面，可以通过相应的机制配套改革，比如户籍制度改革、医疗改革、社会保障制度改革等，从机制上保障城乡居民共享一体化的公共配套服务，实现区域发展的均衡和谐；另一方面，通过对农村人口提供全面系统的职业培训，全面提升农村人口自身综合素质，提高其适应城镇和新型农村职业的能力，使其尽快融入城镇和新型农村社区的生产和生活。因此，综合来看，做到社会的平等和文明进步需要从教育、医疗、户籍、社保等公共服务入手，不分常住人口和流动人口，实现“发展机会的平等化”。

（三）生态友好

城镇化建设追求生活质量的改善，这里的生活质量最终体现在生活空间的优化和生活品质的提高。严重的雾霾，污染的河流，繁杂的噪音，匮乏的能源只会让人逃离城市，近年来流行起来的“逆城市化”和“回归自然”就是这种现象的集中表现。城镇化进程中城乡融合发展应考虑城镇的承载力，在资源利用方面应节约、集约、高效利用，注重城镇和新型农村社区的生态绿化建设，打造宜人的生产生活环境；城镇化进程中城乡融合发展应站在更高更长远的角度，注重将城乡建设和自然密切结合，顺应自然发展规律，不打破自然生态平衡，形成天人合一、与自然和谐发展的良好局面。实现生态友好，既要实现现有资源的集约高效利用、资源的可重复使用，还要注重环境保护，确保在集约利用现有有限资源的基础上实现经济的发展，并在推进经济社会全面进步的同时注意环境的保护。

综合来看，在城镇化进程中，城乡融合发展所需的因素包括外部影响因素和内部影响因素，其中外部影响因素包括城乡一体化的协调发展和政策的引导支持（产业政策、财政政策、金融政策、人口政策、土地政策），内部影响因素包括要素资源（基础设施、要素合理流动机制）、社会的平等和谐（教育、医疗、户籍、社保的平等）、生态的改善与友好（资源节约、重复利用、环境保护）。

第三节　城乡融合发展影响因素间的协同分析

表面上看，作为一个庞大的内生系统，城镇化进程中城乡融合发展所需的因子纷繁复杂，如果单独研究某个影响因子，工程量势必非常巨大，加之作为一个系统的整体，经济社会内部本来就存在着相互联系、相互影响的作用，因此，要以一个系统的眼光去看各因子之间的关系。我们选用系统科学中的协同理论作为研究工具，从影响城镇化进程中城乡融合发展的内部因子出发寻找推动城乡融合发展的内部动因。协同论主要是研究开放系统如何通过系统内部各因子之间的相互作用和微观规律，通过发挥自我内部的协同作用，引导系统自发地出现时间、空间和功能的有序结构，利用各因子的合作效应和组织现象解决系统的复杂性问题，从内部推动系统的健康和良性发展。

一、城乡融合发展各因子的协同效应

（一）经济发展与社会进步的协同

科学发展观的重要内容就是实现经济与社会的协调发展，实现经济与社会的协调发展是社会整体持续发展和不断进步的基本动力。经济与社会在系统中的基本功能有所区别，经济主要注重发展的速度，而社会突出发展的稳定，二者实际上是解决效率与公平的问题。系统得以科学稳定运营的关键是要处理好经济和社会的关系问题，既要追求社会效率和实现经济效益，又要兼顾社会公平和实现社会整体进步，尽力实现二者的协调融合发展，让各自发挥其最大的功效。

具体到城乡融合发展上来，城镇化进程中城乡融合发展不同于传统城镇化的一个根本点就是不仅注重各项经济指标的增长，也关注相关社会指标与经济的同步融合发展。这一观点的提出源于经济与社会发展本身是紧密结合、相互联系的，共同推进系统的发展和升级。首先，经济发展是基础，能为社会发展提供基础的物质保障，经济发展到一定程度，社会文明才能取得进步。马克思理论认为，生产力决定生产关系，经济基础决定上层建筑，这在城镇化建设方面也得到很好的体现。社会经济的发展使得企业、资本、人员、资源等要素得以聚集在一定的区域，促使城镇的形成和规模不断扩大，经济发展为城镇化的可持续发展提供基础支撑作用。同时，城镇化的不断推进也带动经济向产业化、规模化和现代化方向不断发展。城镇的繁荣发展不仅带来了生产力的发展，也带动了生产关系的转变、生活方式的改变和社会文明的进步。城镇基础设施和公共服务配套不断完善，越来越多的人转移到城镇，共享社会发展带来的福利。如果不是城镇化的不断发展，整个社会的产业包括农业、工业和服务业等，都还将是过去的落后的生产状态，不可能得到更进一步质的发展和提升。同时，社会的文明进步也要求城镇化应该是可持续的、平衡各种要素的协调式发展，不仅要考虑经济指标的增长，还要考虑基础设施、公共服务、环境保护、人的权益、城乡统筹等各方面的要素获得均衡式协调发展，这样才能实现城镇化的可持续健康发展和社会的和谐稳定。城镇化进程中城乡融合发展应该是既能让人们充分享受因为城镇经济发展带来的物质成果，也能保障居民享受到均等化的公共服务配套、优美的自然环境、和谐的人文环境，实现大中小城镇和农村地区统筹协调发展，让每一位居民充分感受到经济与社会融合协调发展所带来的各种福利，提升居民的整体幸福感。

（二）经济、社会与生态的三方协同

人类的经济社会系统与自然界是相互联系的，人类社会为了维持自身的发展，就必须从自然界汲取营养，运用自然界的资源，与周围的环境建立积极的联系。同时，人类社会和环境之间存在着作用和反作用的关系，这种关系一旦失衡，人类社会的经济与社会活动就会受到严重影响。与人类活动相关的环境就是它的生态环境，人类的经济社会活动必须与周围的自然环境在供求上相互取得平衡，才能持续地保持活力。

经济与生态环境密不可分，生态环境系统是经济发展的基础。恩格斯曾经指出，“人类劳动和自然界相互结合才能最终创造财富，自然界为人类积累财富提供必需的物质资源”。

自然环境为人类从事生产和生活提供基本的物质资料，是人类进行社会活动的基本保障，在发展经济的同时注重生态环境的保护和整个社会文明的进步，才能获得人类社会的长久稳定发展。因此，生态自然环境是人类经济发展、社会进步的基础和支撑，人类社会要想获得长久可持续的发展必须要保护生态自然环境。

经济社会发展又反作用于自然生态环境，富饶繁荣的社会经济发展对生态环境有着一定的反作用。一方面，人类可以利用经济社会发展的财富、先进的科学技术对自然环境条件进行改造和改善，提高自然生态系统的循环再生能力，维护社会、经济和自然生态环境的均衡发展，使人类赖以生存的环境更加美好。另一方面，人类在追求经济发展的过程中极易出现过度追求利益而干扰生态系统的正常运行，出现破坏生态环境的现象。反过来，生态环境系统的破坏又会导致生产效率低下，使人类的生产生存环境面临巨大的威胁，从而影响经济、社会和人类生活的可持续发展。

城镇化进程中城乡融合发展应能有效避免过分追求经济发展而带来的一系列社会性问题，应是一个人与自然和谐共生的整体，应该按照生产资源利用的集约高效、社会环境氛围的公平和谐、生产生活条件的生态宜居的原则，构建生产、生活和生态环境的和谐有序结构，充分尊重自然生态规律。城乡建设要形成以人为核心的发展理念，充分尊重人的全面发展，让城乡与大自然充分全面融合，形成水天一色、山清水秀的发展态势，提高城乡融合发展的品质，进而全面提高人类生产和生活的品质。城镇化进程中城乡融合发展应注重保护环境，形成经济、社会与生态的和谐有序发展，最终实现人的因素与物的因素的同步融合式发展。

（三）城乡发展的协同

研究世界发展历史可以发现，城镇与乡村的发展由一开始的对立正逐步转向融合的状态。在早期，学者们偏向于描述城乡的不同和对立。20世纪中晚期，由于城镇工商业的资本一直以扩张姿态侵入乡村并占有农业生产资料，因此出现了社会分层和对立，这一阶段更强调市民权的对立，这也使得人们竞相去争取市民权中的经济权和社会权。到了后资本主义时期，随着城镇发展暴露出越来越多的问题，人们的注意力又转向乡村社会，努力发现乡村的增长潜力。到了现代，随着逆城市化和乡村城镇化的推进，城镇和乡村的人口相互转移融合，城镇和乡村逐步实现相互合作式发展。

恩格斯提出，“在未来将形成的共产主义社会形态里，城市和农村将不再是对立的关系，城乡差距消失，城乡将实现相互融合式协调发展，新的社会形态里既具有现代化高度发展的都市特征，又保留传统经典的乡村气息”。城市规划理论的奠基人霍华德也在其著作《明日：一条通向真正改革的和平道路》指出，“城乡实现一体化发展代替过去的城乡对立的状态，能有效避免城市和乡村各自的缺点和发挥其各自的优点，实现利益最大化”。世界发展的轨迹充分表明了城乡发展的关系应从最初的单项发展转变为城乡相互融合发展，城镇先于农村发展只是城乡发展历史长河中的一个阶段，并不是最终的状态。随着城镇的快速发展，城镇发展子系统以及整个社会系统中相继出现一系列的问题充分凸显了单一发展城镇的弊端，社会发展总系统迫切要求实现整个社会的交融并进发展，农村作为一个子系统是带动社会总系统整体持续向前推进的重要组成部分。

新型城镇化发展的根本落脚点是为人民谋福利，充分体现以人为核心，保障城乡居民的平等权益，实现人的全面自由发展。实现这一目标的关键在于实现城乡融合发展，打破城乡发展二元机制，打破城乡发展对立的局面，让城乡全体居民共享城乡融合发展带来的福利和成果。在新型城镇化进程中推动城乡融合发展，加大对农村经济发展的支持力度，增强农村经济的发展活力，实现工业、农业和现代服务业全面协调发展，从而促进城镇和农村的共同繁荣和整个社会的进步。

二、城乡融合发展系统的伺服关系

协同学的伺服原理旨在说明系统中的各个子变量存在快变量和慢变量之分，而快变量服从于慢变量，整个系统运行的效果受慢变量的影响。我国在城镇化建设初期，各地注重经济的发展，无论是在经济发展水平、规模扩张还是在经济增长速度上都有明显提高。数据显示，京津冀、长江三角洲、珠江三角洲三大城市群，以 2.8% 的国土面积集聚了 18% 的人口，创造了 36% 的国内生产总值，成为带动我国经济快速增长和参与国际经济合作与竞争的主要平台。因此，经济的发展属于新型城镇化系统中的快变量，这一变量很容易通过政策的干预和引导来实现，但盲目和过度的政策干涉也导致了一些负面影响。

在城镇化进程中，进城务工人员虽然主动或被动地进入城镇，但由于受户籍制度的限制，他们无法真正融入城镇成为"城市人"。同时，由于在医疗、教育、社保等方面的不公平待遇，他们虽然进入城镇，但无法享受这些城镇的基本社会公共服务，这使他们离土不离乡，不能实现人的"身份的城镇化"。例如，作为全国农村转移人口输入大省的广东，有 2000 多万的外省流动人口，如何通过户籍等相关的制度改革使这些外省流动人口逐步有序地转化为真正的城镇居民，使其能够在广东安居乐业，分享发展红利，将成为首先需要考虑的问题。当然，其原因是多方面的，一方面是因为社会公共服务内容繁杂，要形成一个完美配合的公共服务政策需要更深入和全面的考量，这就势必使一个新的公共服务政策的推出具有时间上的滞后性；另一方面，社会公共服务共享意味着原有城镇居民在部分利益上的损失，如教育资源的再分配、社会医疗资源的短缺化、社会保险资金压力的增加等，这些势必会受到既得利益群体的阻挠，这也是近年来社会公平共享一直得不到很好推行的原因之一。因此，从上面的分析可以看到，目前的城镇化过程中社会公平问题成为城镇化进一步发展的瓶颈，是这一系统中的慢变量。

根据以上分析可以看到，在城乡融合发展系统中，城镇经济发展是快变量，社会公平共享是慢变量，这也是导致目前我国虽然城镇经济发展了，规模扩大了，城镇化率提高了，仍然出现了诸多"城市病"的主因。

三、城乡融合发展的组织运行

协同学的自组织原理认为，系统存在自组织和他组织，其中他组织来源于系统外部的组织指令和组织能力，自组织是系统在没有外部指令的情况下，内部子因素之间能够按照某种规则自动形成一定的结构和功能，具有内生性和自主性特点。系统会通过子因子之间的作用而形成新的时间、空间或功能的有序结构。

随着城乡交流的深入，城乡依存度加大，城镇化系统本身变得开放、自由，城镇的经济社会系统成为一个复杂性的开放系统。协同论的自组织原理提醒我们，任何系统如果缺乏与外界环境的物质、能量和信息的交流，其本身就会处于孤立和封闭状态，而在这种封闭状态下，系统的自组织将逐渐失去发展空间和活力，最终制约系统的进一步发展，这也是我国目前城镇化的发展出现瓶颈的原因。

基于此，城镇发展只有与乡村发展融合进行，实现工业化、信息化、农业现代化的同步推进，积极与外界进行人才、资源、信息、资金的交流，才能确保系统具有可持续的生存和发展活力，在减少内耗的基础上，充分发挥各自的功能效应。在城镇化过程中，通过对涉及城乡关系的各个关系主体进行诱致性调节和强制性变迁，逐步缩小城乡差距、化解城乡矛盾、调节城乡关系，从而实现乡村和城镇的统筹、协调、平衡、融合发展，实现全体人的共同发展。在统筹城乡发展机制时，既要合理配置城乡资源要素、提高资源要素使用效率，还要促进农业发展、农村繁荣和农民富裕，推进农业和工业同步发展、乡村和城镇的共同进步、农民和市民共享文明。在城镇化区域协调发展过程中，要处理好农业和工业、农民和市民、乡村和城镇这三对对立统一的关系，从而实现效率和公平的统一。

第四节　城乡融合发展的互动机制研究

一、城乡融合发展影响因子的时序逻辑分析

（一）城乡发展的时序关系

城镇化最初起源于人的自然聚集，原始社会初期，人们主要从事采集和狩猎工作，居无定所，人口的聚集程度不高。随着第一次社会大分工的出现，农业与畜牧业开始分离，从事农业对土地的依赖促使农耕者们固定下来，农村开始出现。到了原始社会末期，手工业与农业进一步分离，伴随着剩余产品和剩余劳动力的增多，商业开始出现，商业的出现需要商品交换的场所——集市，最初的集市是流动的，但随着商业的逐步发展，固定的集市开始逐渐增多，商业的聚集和人口的聚集带来最初城镇的出现。因此，城镇最初的出现就是基于人口的自然和稳定的聚集而产生的。

纵观世界文明城乡之间的时序关系，鲜明地反映了经济发展的自然规律，即“乡村发展——乡村支撑城镇——城镇发展——城镇反哺乡村——城乡一体化”的过程。从这个意义上讲，我国城镇化过程中出现的城镇发展优于乡村只是城镇化过程中的一个必然阶段。随着城镇化的深入和城镇化率的提高，我国目前的城镇化水平已经达到了一定高度，现在需要转变思想，促进城镇化迈入新的阶段，即城乡一体化发展，通过合理的政策引导，使城乡之间形成优势互补、良性互动的发展格局。

（二）经济与社会发展的时序关系

经济基础决定上层建筑，生产关系受制于生产力，经济的增长是社会生产力水平提升的重要体现，而社会的文明进步又是生产关系的重要内容。社会经济的持续发展推动社会文明向更高层次发展，而社会文明的进步又使得经济得到可持续健康良性发展。因此，经济发

展是推动社会进步的重要基础，在此基础上实现社会文明的全面提升。

城镇化发展的过程是人口不断向城镇聚集的过程，各种资源、资本等要素在城镇聚集，实现城镇经济的快速发展，并进一步强化城镇的集聚效应。因此，经济发展是基础，没有城镇经济的发展，也就不会形成各种要素向城镇的集聚。随着城镇化的不断推进，逐渐培育和形成了稳定的产业结构和城乡社会结构；同时，随着农村人口不断向城镇聚集和新型农村社区的建立，农村人口实现聚集，农村耕地实现连片式、规模化和产业化经营，农村经济的经营效率不断提升，农村居民收入得以大大提高，农村区域将逐步实现和城镇均等化的基础设施和公共配套服务。因此，城镇化进程中有效实现工业化、信息化和农业现代化的全面融合发展，能够有效拉动社会需求和带动就业。城乡经济发展为社会获得全面协调发展提供了良好的物质条件和环境氛围，是社会获得发展的有效手段，为最终实现人的全面发展和社会的整体和谐贡献力量。

城镇化进程中城乡融合发展，应注重城乡经济的增长，从而为城乡融合发展提供基础支撑和注入活力，带动城乡的繁荣，在此基础上，融合各城乡指标的增长发展，真正实现“物”的因素与“人”的因素的同步协调发展。

二、城乡融合发展的主要驱动力

城乡系统是一个庞大的系统，其中涉及的因素十分庞杂，影响因素众多，各因素对城乡建设的作用也有所不同，分析城乡融合发展的动力机制有必要对这些因素进行抽丝剥茧，寻找其中重要的驱动力。本研究认为，在城乡融合发展中重要的驱动力有四项，分别是制度的保障力、经济的驱动力、资源的支持力和环境的约束力。

（一）制度的保障力

制度是推动经济不断增长的驱动力，制度设计的有效与否直接影响对经济发展推动的效率，通过提高制度设计的准确程度和创新程度，助推社会经济不断向更高水平发展，推动整个社会的进步。城乡发展的推进离不开经济的发展和有效的制度保障，城乡融合发展需要政府在发展规划、土地、户籍、产业体系和公共配套设施等方面出台相应的政策制度，这些要素的制度设计能有效保障城乡融合发展按照正确的方向保持高效推进。按照市场化的要求，城乡发展水平的提高需要要素的自由流动作为保障，而要素的自由流动需要制度的保障，制度的设计应尊重市场规律，确保各生产要素的自由流动和创新协作，以发挥各要素的最大功效。

纵观中国城镇化历史，在计划经济时期，工业化发展得到极大支持，但城镇化进程缓慢，这与制度实行的“剪刀差”与限制农民的自由流动密切相关。随着 1978 年改革开放对土地、户籍、产业发展等制度的改革，土地、人口和资金的流动性得到释放，有效带动了城乡经济的迅速增长，城镇化因此获得了大发展。改革开放以来，我国城镇化获得突飞猛进的发展，从中可以看出制度在其中所发挥的重要作用。但是，当前我国的城镇化发展依然存在很多问题，城乡发展不均衡，其中有效制度设计的滞后或缺乏是造成这种局面的重要原因，在户籍、土地、产业发展等方面没有获得有效的制度供给，大大限制了城乡融合发展的高质量推进。

（二）经济的驱动力

研究世界不同国家的城乡发展进程可以发现，经济发展是城乡发展的根本驱动力，城乡发展进程往往伴随着产业的发展和结构的调整。其中农业的发展是城乡发展的驱动源，农业为城乡发展的推进提供农产品、劳动力和资本剩余，为城乡的发展夯实基础。工业的发展为城乡发展提供劳动产品，其依托较高的规模经济和较强的聚集经济成为城乡发展的主要推动力，加之工业化对技术创新的不断追求和推动，使得技术因素对产业发展和生产力提高的作用大大增强。农业是城乡发展初级阶段的主要推动力，随着城乡发展的不断推进，工业发挥着越来越重要的作用。到了城乡发展的后期阶段，第三产业对城乡发展的推动力逐步显现出来。随着城镇化率的不断提升，第三产业在整个产业体系中的比重不断加大，为更多转移到城镇的人口提供就业和更加全面的服务，诸如提供金融、交通服务、信息、休闲娱乐和就业等方面的服务，不断完善区域的功能和提升区域的承载力。

由此可见，经济对城乡发展的不断向前推进起着重要的驱动力作用，农业、工业和第三产业分别在城乡发展的不同阶段发挥着自身的驱动作用。农业发挥基础力量，工业为城乡发展提供支持和动力，第三产业带领城乡区域获得高质发展，产业联合发展助推城乡融合发展不断向更高层次迈进。

（三）资源的支持力

城乡是一个开放系统，其发展必须同内外部开展资源利用的能量交换，同时，资源禀赋的多少和类型也决定了城乡发展的速度和类型。城乡建设需要的资源既包括自然资源也包括非自然资源（经济社会资源）。自然资源主要指土地、水、矿产、气候等，它为城乡建设提供基本的物质基础，决定了城乡的发展潜力。从整体上看，我国的人均自然资源匮乏，这就需要我们提高自然资源的利用效率，从高效、集约、节约入手，缓解因为资源缺少所带来的资源对城乡发展的支持力小的问题。非自然资源主要包括人口、资本、技术、公共设施等要素，这些因素为城乡经济社会提供重要的支撑。劳动力资本是城乡发展的必要因素，资本资源为城乡发展提供资金支持，技术为城乡发展的创新转型提供支撑，公共设施能够为城乡社会的生产生活提供优质的软环境。

（四）环境的约束力

城镇化进程中，城乡融合发展要求在人与自然的物质与能量交换过程中实现和谐共处，自然环境是城乡赖以生存的基础，自然环境的承载力和容纳力应该受到重视。传统的城乡发展一味强调规模和数量的扩大而忽视了自然环境的承载力，带来了严重的环境污染和生态压力，大气污染、噪音污染、土地污染严重，不断加剧人与自然环境的矛盾，而环境问题也进一步制约着城乡的进一步发展。环境的约束力要求我们在建设城乡融合发展的过程中，既要考虑经济效益、社会效益，也要考虑生态效益，以实现城乡经济社会的可持续发展。

三、动力机制分析

城镇化进程中，城乡融合发展的四大驱动力并非简单的作用叠加，而是通过互相作用、互相协调的方式综合影响城乡融合发展的结果。制度保障力对城乡融合发展尤为重要,它可以通过对其他三大动力产生影响而最终影响城乡融合发展的方向。首先,合理的制度安排可以降低交易费用,提高交易效率,强化激励机制,推动经济的发展和技术的进步,通过降低信息的不确定性来推动社会分工合作的顺利进行,引导产业结构的升级。其次,合理的制度安排站在整体的角度通过引导人、才、物、技术等生产要素的有序和高效流动,最大限度地发挥要素资源的优化配置,推动城乡的紧凑发展,提高城乡发展的运行效率。最后,合理的制度安排能够避免城镇的蔓延式扩张,通过制定法律政策推动微观主体减少污染排放,降低对生态环境的破坏,从而提高城乡融合发展的生态效益。同时,有效的制度安排能够实现人的全面发展和城镇化的有机统一,通过提供完善的就业、创业、户籍、医疗、教育制度让进入城镇的农业转移人口享有均等化的公共配套服务,适应城镇的生活方式,获得城镇生活的基本生活权利和能力。

经济的发展带来产业的进步和结构的调整,是城乡发展的基本动力,并推动相关制度、资源、环境对城乡建设发挥带动作用。在市场经济中,各资源逐渐向城镇集中,以获得规模效益并推动城镇的发展,但没有约束的盲目集中往往导致资源的浪费及环境承载力的下降。而资源支持力和环境承载力的下降也推动新技术、新设备、新管理方式的研发和推广,从而倒逼产业结构调整。

资源为城乡融合发展提供支持,其中自然资源为经济的发展提供原材料,非自然资源为经济的发展提供经济与社会支持。但不可再生的自然资源是稀缺的,这就促使企业寻找可再生能源,并推动企业进行持续创新,不断进行技术改革,在城乡经济发展中转变观念,利用先进的智能发展模式,提高资源要素的使用效率。采用先进的生产方式和发展模式,高效利用各种资源要素,可以使人类的生存环境得到大大改善,使城乡融合发展在获得经济发展的同时兼顾生态效益。

城镇化进程中城乡融合发展必须考虑环境的约束力,重视经济发展带来的环境污染问题。打造清幽、美丽的生态环境是城乡建设质量的体现,能带动城乡建设的良性循环;反之,自然环境的破坏会增加城乡社会的建设成本。粗放的城乡发展模式会造成环境的污染,导致生产生活环境日益恶化,这将倒逼企业进行产业结构升级,优化资源利用效率,改善城乡区域的生态系统。

总之,以上四种机制构成了城镇化进程中城乡融合发展的动力机制,制度体系的保障、经济发展的推动、社会资源的支撑和环境的约束相互影响、协同交错,只有它们协调推进才能真正实现经济、社会和生态等的全面可持续发展。

第五节　城乡融合发展的实践探索与运行机制

城市的快速发展,使得原来的城乡差距变得更大,城乡矛盾更加突出;如何缩小城乡差距,构建和谐社会,成为我国社会进一步发展的重要任务。统筹城乡经济社会发展,推进城乡融合发展,是当前我国经济社会发展的重要工作。党的十九大报告明确提出的乡村振兴战略，旨在推动城乡融合发展，为农村发展指明了方向。

一、规划理念的变革

规划是调控市场要素、实现资源合理高效配置的有效手段。规划是城乡建设和发展的“蓝图”，是指导和管理各项城乡建设活动的基本依据。由城市规划到城乡规划，虽只有一字之差，但它是打破城乡分割、注重城乡融合发展的思维定式的主要内容，城乡融合发展直接催生了规划的理念变革，科学编制覆盖整个全域范围内城乡一体的空间发展规划成为一种共识。

（一）以科学规划为基础和先导推动城乡融合发展

坚持以科学规划统筹城乡经济社会发展，大力强化城乡规划的龙头和基础地位，充分发挥城乡规划全局性、战略性、前瞻性、综合性的宏观调控作用，科学制定城乡统筹、相互衔接、覆盖全域的城乡规划体系。将实现城乡融合发展的各项路线、方针、政策以及具体要求都融入规划之中，通过规划予以体现和落实，将各方面推进城乡融合发展的措施通过规划来统筹和协调。同时，强化规划的监督，严格执行规划，确保城乡融合发展工作在科学规划的引导下持续健康地扎实推进。

（二）以“集中的理念”为指导科学制定城乡规划

让一部分农民到城里面来，这是一般城镇化的路径，而农村总要留一部分人，留下的这部分人就必须形成新型农村，新型农村的标志应该是城乡的公共服务水平基本一致。围绕城乡融合发展目标，通过统筹城乡的基本方略，探索施行“工业向园区集中、农民向城镇集中、土地向集约集中”的根本方法。工业向集中发展区集中，走集约、集群发展道路，以工业化作为城乡发展的基本推动力量，带动城镇和第二、三产业发展，创造转移农村富余劳动力的条件。农民向城镇集中，聚集人气和创造商机，农村富余劳动力向第二、三产业转移，为土地规模经营创造条件。土地向规模经营集中，进一步转变农业生产方式，推动现代农业发展。探索以“集中的理念”为指导，联动推进新型城镇化和农业现代化融合发展。通过政府的大力投入，加快农村公共服务体系建设，促进城乡公共服务均衡发展。通过政府体制改革，构建城乡一体的政府管理体制。同时，伴随着改革的推进，探索建立新型基层治理结构。

城乡规划工作探索以“集中的理念”为指导，按照“集中的理念”来考虑规划制造业、旅游业、商贸业，业态清晰，层次分明；上下游、上下风、生态敏感区、城市发展区等因素都被统一安排；推动城市基础设施向农村延伸、城市公共服务向农村覆盖。把“集中的理念”思想贯穿于规划工作的全过程，同时不断深入研究和完善规划，形成符合区域发展实际、覆盖全域的城乡规划体系，确定空间集中发展战略。

（三）加强全域整体规划

按照“全域”理念，消除规划区内和规划区外的差异，科学制定城乡融合发展规划，推动城乡整体协调发展。完善规划框架体系，建立和完善定位清晰、功能互补、统一衔接的城乡规划框架体系，基本实现城乡规划全覆盖。一是明确“全域”功能定位和城镇体系，二是明确“全域”功能区划和规划体系，三是明确“全域”空间形态和各级各类规划。

作为政府指导、调控城乡建设和发展的基本手段，一张规划图在推进城乡融合发展进程中充当“先行官”。规划管理工作不限于城市核心区，不再仅限于中心城区，也不仅限于城市规划区，而是扩大到全域范围。

二、市场配置资源

（一）建立农村土地承包经营权流转的体制机制

把改革的重点锁定在开展农村集体土地和房屋确权登记、创新耕地保护机制、推动土地承包经营流转、推动农村建设用地使用权流转和开展农村房屋产权使用权流转试点等目标。在改革农村产权的基础上，探索林权、土地承包经营权、集体建设用地使用权及农房产权等农村资产跨入市场经济体系大门的机制。依法完善农村土地管理制度，搞好土地确权、登记、颁证工作，规划流转行为。建立土地流转有形市场，扶持培育土地专业合作社、土地交易市场、土地评估机构等中介组织。建立农民依法、自愿、有偿流转土地的制度体系，鼓励引导农民以转包、出租、互换、转让、股份合作等形式流转土地承包经营权。建立和完善纠纷调处机制，开展土地纠纷仲裁试点，完善仲裁程序、方法和制度。完善被征地农民补偿制度，建立被征地农民社会保障体系和土地承包经营权退出机制，探索以土地换住房、换就业、换稳定收益的具体办法。深化林权制度改革，促进林地流转。

（二）促进要素流动

城乡要素的自由流动是城乡融合发展的本质要求和重要体现。就目前来看，主要是要打破要素从城市向农村流动的体制和机制障碍。积极创新城乡在人才、土地、资金、技术方面的制度安排，推动优质要素向农村流动。

一要加快构建城乡统一的要素市场，完善生产要素和资源价格形成机制，使其真正反映市场供求关系、资源稀缺程度和环境损害成本，畅通城乡融合发展的渠道。

二要积极优化城乡资源要素顺畅流动的政策环境。一方面持续推进新型城镇化，加快农业转移人口市民化进程，另一方面鼓励和引导工商资本到农村投资兴业，积极扶持农民返乡创业，吸引各类主体以智力、技术、管理等多种方式下乡，全面提高城乡资源要素配置效率。

三要探索建立城乡资源要素流动失衡熔断机制，加强风险防控，明确政策边界，设置必要的“防火墙”，严厉打击投机取巧、投机倒把行为，切实保护好农民利益、农业资源和农村环境。

四要探索集体建设用地使用权的流转。通过农村产权市场化取向的改革，让农民脚下的土地从资源变成资本，进而推动各种要素流动，为破解城乡二元结构寻求持续动力。在符合国家产业政策和供地政策、不改变土地集体所有性质、不用于房地产开发的前提下，探索农村集体建设用地流转制度。比如，四川省都江堰市向城乡建设集中居住区，节省了大量宅基地，将用地指标流转到土地价格较高的锦江区，锦江区每亩支付给城乡一定费用。这笔流转收益加上财政给农民的建房补贴，向城乡给农民提供免费住房。都江堰市向峨乡尝试由集体经济组织直接整理土地，把节约的建设用地复垦后形成指标，由成都市政府收购，而村集体利用这笔钱为村民免费提供住宅。

（三）拓宽融资渠道为农业农村提供金融支持

运用市场化手段，聚集民间资本、信贷资本、政府资源，共同投向事关城乡融合发展的引擎项目，改变过去农村发展“资本倒流”“资金失血”的现象。探索组建农业投资公司、小城镇建设投资公司和工业集中发展建设投资公司，形成由政府单一投资到撬动、集聚信贷资金、国债资金和社会资金的多元化投资渠道，满足城乡融合发展所需的大量资金。大力推进农村金融创新，完善农村金融体系，适当增加农业政策性银行。农村金融服务机构要加大对农民工返乡创业的信贷支持力度，要明确将“取之于农”的存款按照一定投放比例“用之于农”。不断增设或升级改造营业网点，加大乡镇及以下网点的布设力度；促进金融机构间的合作，不断创新金融产品；大力拓展资金来源，发展互联网金融，规范发展农村合作金融。拓展农村信用卡业务，解决农民短期资金周转需求。建立农民信用体系，将农民就业生活的微观行为转化成可计量的信用程度，为农民贷款申请和发放提供可靠的依据，进而降低门槛并提高授信额度。

三、强化产业支撑

（一）推进城乡融合发展，必须建立在不断做大做强的产业支撑的基础之上

着力培育一批有竞争力、带动性强的龙头企业和企业集群。创新龙头企业信贷担保方式，增加扶持农业产业化发展资金，支持龙头企业发展。强调城市各区和各（市）县政府所在地，结合优势，发展支撑产业，形成产业聚集，配套大力发展第三产业，注重业态转换和结构的升级。在中心城区范围内的农村，围绕休闲城市和旅游主导产业定位，将新型社区与旅游项目捆绑建设。在近郊农村，转变农业的生产方式及其配置机制，全力打造观光休闲农业、体验旅游、乡村文化旅游产业，成功地把第一产业和第三产业结合起来，实现生产生活方式的根本转变和农民增收。

（二）探索农村一二三产业融合发展新模式，提高城乡经济融合度

农村一二三产业融合发展，能够为城乡融合发展提供广阔的产业空间，为农民就业创业开辟更多渠道。

一是鼓励各地因地制宜、因业制宜探索多种融合方式，发展大田托管、农产品加工、仓储物流等市场化服务，促进农业与旅游、健康养老等产业深度融合，培育农村电商、农产品定制等“互联网 +”新业态，鼓励社会力量利用互联网发展各种亲农惠农新业态、新模式，满足“三农”发展多样化需求。

二是通过农村第一、第二、第三产业融合发展引导资源和要素从城市流向农村，大力开发农业多种功能，延长产业链，提升价值链，完善利益链。

三是深入挖掘家庭联产承包责任制的制度优势，积极探索土地流转和适度规模经营新模式，逐步建立适应城乡融合发展的现代农业产业体系、生产体系、经营体系，提高城乡经济融合度。

（三）壮大多元经营主体，增添城乡融合发展新活力

发展壮大多元经营主体，通过多元经营主体带动城乡资金、技术、信息等要素互通互融，是实现城乡融合发展的重要途径。应引导鼓励大中专毕业生、返乡人员等领办合作社和家庭农场，支持龙头企业通过直接投资、参股经营、签订长期合同等方式，带动农民发展多种形式的适度规模经营。积极培育农业龙头企业、农民专业合作社、家庭农场、乡村创客等城乡融合发展新主体，带动城市资源和要素向农村流动，实现城市人才、资本、技术、信息等要素与农村闲置、低效利用资源的有效对接，为城乡融合发展注入强大活力。

四、完善创新驱动机制

为使经济效益得以产生，和谐社会得以构建，需要通过完善创新驱动机制来打破计划经济形成的城乡分治、部门歧视的制度性障碍。探索围绕建立城乡统一开放的劳动力市场，就失地无业农民安置和再就业、农村劳动力培训和就业、农转非人员社保和低保、一元化户籍管理等城乡融合发展工作要点探索出台系列配套政策，并鼓励各区（县）大胆地创新。

一是推进农业转移人口市民化，进一步放宽落户条件，允许农业转移人口在就业地落户，制定实施推动非户籍人口在城市落户方案。国际经验表明，只有城镇化进入稳定期以后，农村人口大量减少，城市反哺农村的能力显著加强，城镇基础设施和公共服务在农村的普及率明显提高，才能逐步迈向全面的城乡融合发展。全面实行居住证制度，提升城市公共服务水平，推进城镇基本公共服务常住人口全覆盖。建立农业转移人口市民化激励机制，维护进城落户农民在农村的合法权益，实施财政转移支付同农业转移人口市民化挂钩政策。

二是大力推进科技创新和发展模式创新，积极实施数字乡村战略，推进信息共享，打破数字垄断、信息隔绝、信息孤岛等现象，大力发展数字农业和智慧农业，加强信息化及农业农村科技进步与推广，积极发展新产业、新业态、新模式。

三是推进土地使用权的流转，一方面在土地集中经营中获得规模效益，另一方面使农民获取土地租金的同时转变为规模经营大户或农业产业公司的农业工人，这种由生产方式和经济制度转变所引起的农民身份乃至思维方式的转变，正是得益于制度的创新。

四是深入推进农业农村“放管服”改革，加快政府职能转变，推进简政放权放管结合优化服务，破除一切束缚农民手脚的不合理限制和歧视，完善城乡融合的考核评价机制，促进城乡资源要素顺畅流动。

五是积极创新乡村治理，积极创新现代乡村治理方式，优化现代乡村治理主体，创新现代乡村治理手段，运用大数据等先进科技手段，建设现代乡村治理信息系统，提高乡村治理体系的现代化水平。

五、连结城乡发展

在打破城乡分治状态，实现城乡同发展、共繁荣，推进城乡融合发展的过程中，最大限度并且没有歧视地提供城乡融合发展的公共产品，是经济社会向更高形态发展的体现。提升城乡基础设施水平，加强城乡基础设施和公共服务设施建设，加快特色乡镇发展，带动农业现代化和农民就近城镇化。探索采取政策资源组合配套、系列推出的方式，针对乡村社会，

卓有成效地用“看得见的手”来聚集和供给公共产品。

推动城乡教育改革和发展，优化教育布局。按照就近入学的原则，进一步完善以常住人口为准的教育服务体系，按照人口动态监测情况布局教育资源，并通过财政拨款、设备添置和教师配置等向农村学校倾斜。积极推动优质教师资源在城乡的合理流动。针对农村劳动力素质继续恶化的趋势，国家应该继续加大农村基础教育投入，并且对农村留守人员进行继续教育和职业教育培训。可以考虑将职业农民教育纳入现行教育体系，并从人、财、物等方面给予大力支持，尤其在办学用地场所、创业基地建设、办学设备购置和税收等方面给予政策支持，推动职业农民教育顺利、健康发展。推行农村低保、救助、农村医疗救助和建立新型农村合作医疗制度，以建立更加公平和可持续的社会保障制度为总体目标，巩固和提高城乡社会保障并轨成果。建立健全更加公平可持续发展的社会保障体系，注重统筹各类社会群体和各类保障待遇；建立健全覆盖全民的社会保障体系，加快社会保障向外来落户人口覆盖。推行市、县、乡财政管理体制改革，建立公共财政体系；推进农村村组管理和集体资产管理改革；推进县、乡、村民主政治体系建设；实施中心城镇农民新居工程等。通过聚集公共产品，使城乡更加紧密地融合在一起。

六、农民安居乐业

推进城乡融合发展，应十分重视改善农民的居住环境，并将产业发展作为解决农村问题的重要工作，将农民新居作为促使农民变市民的有效办法。要继续推进新型农村建设，使之与新型城镇化协调发展、互惠一体，形成双轮驱动。

（一）分类推进农民新居建设

主城区内的农村按“城中村”规划，制定相关政策推进“城中村”改造。本轮新增城市建设用地规划区内的农村按“新居工程”规划，建设城市社区，土地征收为国有。城市规划区外、城市生态保护区规划内按新型社区规划，根据城乡集体建设用地增减挂钩政策，整合各种资源，开展新型社区建设。其他按“宜聚则聚、宜散则散”原则规划和建设。

通过科学规划造“巢”，并围绕这个“巢”提供优质的公共产品和设施，以此作为引导农村人口聚居的推力。这样，有规划作推力，有产业作引力，就有了农民的安居乐业。从全域总体规划到分区规划，从城市规划到重点镇规划，乃至将规划细化到村一级，蓝图一经确定，推进城乡融合发展也就有了明确的发展方向和政策环境。

（二）强力推进新型社区建设

一是政府推动。探索成立建设投资公司，在全域范围内选择试点村，以公司作为投资主体建设新型社区。

二是制定优惠政策吸引社会资本参与。对中心城区范围内参与新型社区建设的企业，必须满足群众安置和发展旅游项目要求，并在城市规划区内配置一定量的房地产用地；对在中心城区范围以外建设新型社区的，采取更加灵活的政策推进。

第五章 融合发展视域下的新型城镇化

作为我国经济社会发展的重要引擎,城镇化一直被高度重视,近年来城镇化建设一直在加速。但伴随着逐年加快的城镇化步伐,一些深层次矛盾渐渐暴露出来。城镇发展初期,征地、造城运动过快,导致土地和人口向城镇聚集的速度快于城镇社会结构、社会管理改进的速度,经济结构的优化先于社会结构的优化,经济水平的发展高于社会水平的发展,市场环境的有序优于社会管理的无序。一方面,城市的承载力受到挑战;另一方面,转移人口并未充分享受到城镇化带来的社会红利,经济、社会、生态发展不协调,城乡发展不均衡。2019年4月8日,国家发改委公布《2019年新型城镇化建设重点任务》,提出加快实施以促进人的城镇化为核心、提高质量为导向的新型城镇化战略,突出抓好在城镇就业的农业转移人口落户工作,培育发展现代化都市圈,推进大城市精细化管理,支持特色小镇有序发展,加快推动城乡融合发展。新型城镇化的提出是对"以人为本"这一城镇化本质的理性回归,也是未来真正实现释放城镇化潜力的方向,其政策设计的根本目的是要推进人的发展,指导城镇化由偏重物质城市形态的扩张提升到促进人的全面发展和全社会公平共享的状态上来。

第一节 融合发展的新型城镇化研究综述

城镇化强调经济、社会、文化和生态的共同进步。针对城镇化融合发展的研究主要包括三个方面:一是城镇化与外部环境的融合问题。李刚通过构建完美市场和不完美市场条件下的融合发展模型,分析了中国工业化与城镇化的融合程度和形成机理。伍国勇依据区域发展的基本情况,综合考察了人类社会发展的现实需求和生态环境面临的压力,强调在城镇化进程中应重视工业产业与现代农业产业的融合发展,将先进技术综合运用到发展现代高效农业方面,同时注重对生态环境的保护。夏春萍运用VAR模型分析农业现代化与城镇化、工业化的融合发展程度。二是城镇化内部融合发展问题研究。曹文莉归纳总结了城镇化的概念和内涵,把人口、土地和经济作为研究城镇化的切入点,从三个方面衡量城镇化水平的变化过程,研究不同时间和空间城市在人口、土地和产业三方面融合发展的状态。杨丽霞从人口和土地两个角度深入探讨城镇化融合发展的时间演变规律以及空间差异,研究采用重心转移模型以及人口城镇与土地城镇化融合性指数的方法。三是大中小城镇地域空间一体化发展问题。城市不仅仅包括一个行政区的范围,更是一个城市系统。城镇化不仅仅是大城市的发展,还包括中小城市(镇)的发展,大中小城市(镇)共同组成完整的城镇结构。应努力探索农村人口和农村区域就地就近城镇化的模式,接纳和采用城镇的先进生产方式和生活方式,使农民能够就近集聚,从而能有效集中相关生产要素,提高资源的利用效率。

融合发展的新型城镇化的目标是经济发展、社会和谐、环境改善、文化全面转变的城乡一体的发展,这是和传统城镇化最根本的区别。传统的城镇化重点强调经济的发展、城市的发展;融合发展的新型城镇化是追求软环境和硬环境、物质和精神的综合发展和转化,它的目标是城乡一体。传统城镇化强调土地的城镇化和城镇人口数量的增加;融合发展的新型城镇化则特别强调以人为本,或者以人为核心,追求人的全面发展和公平共享。对比而言,传统城镇化以物为本,强调规模扩张而忽视产业品质的提升,强调人口密度而忽视城市与环境的承载吸收能力,强调城镇扩张速度而忽视城镇消化转换能力,强调大、新、洋的经济表象而忽视空间生态的优化,因此导致了"城市病"、城市新居民"水土不服"等诸多弊端。传统的城镇化建设主要依靠外向型的工业化的带动,鼓励沿海地区率先发展,推动城市率先发展,但这样容易导致内地相对滞后,农村更加落后,城乡的差距越来越大。而融合发展的新型城镇化特别强调城镇化、信息化、农业现代化与工业化的互动,并依靠信息、工业和农业三大力量和城镇化本身相互作用共同推动城镇化向前发展。融合发展的新型城镇化要做到的是全社会的可持续发展。全社会的可持续发展强调城镇环境的承载力,强调社会的均衡与和谐,也强调经济的转型,只有经济、社会和环境相互之间协调有度,才有可能做到可持续发展。

第二节 国外城镇化建设的实践及经验总结

城镇化建设与国家经济、政治的发展状况紧密结合,具有一定的区域特征。纵观国外城镇化建设的实践过程,相关经验模式可以概括为三种,分别是以西欧国家为代表的城镇化建设,以美国为代表的城镇化建设和以拉美国家、非洲国家为代表的城镇化建设。

一、以西欧国家为代表的城镇化建设:市场主导、政府调控、规划引领、可持续发展

西欧国家在城镇化建设的实践中,充分注重发挥市场机制的主导作用,以与工业化的良性互动为支撑,实现城镇经济的产业化发展。以英国为例,强制性的圈地运动使大量农业人口向城镇人口转化,但没有产业发展作为支撑,城镇化进程缓慢。到了18世纪中期,工业革命使得英国的城镇化和产业化紧密结合,城镇化建设有了产业支撑,城镇化建设的进程因此加快了。1950年,欧洲各国的城镇化率已达到50%,这与欧洲各国运用市场机制发展产业经济有着密切的关系。

在遵循市场规律的基础上,西欧国家非常注重发挥政府的宏观调控作用,引导城镇化的健康有序发展。例如,政府运用行政和法律等手段编制统一的城镇规划,对交通、环境、住房等方面进行有效指引。以德国为例,在城镇化的进程中,德国非常注重编制城镇发展规划,在工业布局、就业、交通和环境保护等方面进行宏观指引,注重对城市土地和开放空间的利用。注重城镇的可持续发展和对城镇环境的保护,编制公共交通规划,配备城镇发展所需要的交通设施,鼓励使用公共交通出行,减少空气污染。政府实施的宏观调控有效地推动了西欧各国城镇化的健康、有序、稳妥、持续发展。

二、以美国为代表的城镇化建设:市场主导、产城融合、全域发展,但缺少政府调控

美国的城镇化重视工业和农业、中心镇和中小城市的同步发展,消除城乡差别和缩小城

乡差距，推进城乡一体化协调发展。在工农业的发展过程中，美国强调政府应较少进行行政干预，而应充分遵循市场经济的发展规律。在美国的城镇化进程中，没有一味孤立地进行城镇化建设，而是注重产业与城镇化的融合协调发展。在1820年以前，美国的城镇化水平很低，主要发展农业经济，城市人口增长缓慢。1820—1860年，美国通过对中西部地区的区域融合发展，促进了工业的快速高效发展，为城镇化的良性发展注入了增长活力。在工业快速发展的同时，美国的农业也获得了巨大的发展，实现了高度现代化。随着工农业经济的发展，美国构建了大都市、中心城市、小城市和中心镇等不同层次的城镇体系。工业经济的快速发展和农业生产率的提高，使得美国出现了对整个经济发展以及城镇化建设发挥龙头辐射作用的大都市和中心城市，也使得农村区域的大批农业劳动力转移到城镇，为城镇化、工业化提供了一定的生产要素和资源，从而促进了小城市和中心镇的形成。据美国人口调查局的最新数据统计，人口在10万~20万的城市有131个，在3万~10万的有878个，在3万以下的小城镇达34 000多个。由此可见，美国的城镇化是大、中、小城镇全域协调同步发展的结果。

美国已经基本实现城乡一体化，城镇化率高达85%。然而，美国的城镇化建设也存在一些问题。快速发展的城镇化缺乏政府及时、有效的引导，造成城镇化呈现自由放任的发展态势，并给社会经济发展带来一系列的问题。比如，城镇不断低密度地向外扩张，城镇过度郊区化发展，社会资源浪费严重，自然环境遭到严重破坏，从而也导致了日益突出的空间和社会性结构问题。

三、以拉美国家、非洲国家为代表的城镇化建设：过度城镇化，社会问题严重

拉美、非洲的一些国家的城镇化表现出一定的独特性，属于典型的与经济发展不协调的、过度发展的城镇化。由于长期受到西方国家的殖民统治，这些国家在城镇化的进程中，以外来资本为主导带来工业的快速发展，大量的村民集中到城镇，城镇化得以快速发展。例如，1950年，拉美国家的城镇化率高达41.4%，排名世界第四位，比世界平均的城镇化率高了12.6个百分点。到1990年，这些国家的城镇化率超过70%，2013年高达80%。从城镇化的发展历史来看，拉美、非洲等地区的城镇化的发展速度快于其经济发展的速度，城镇化率与西方国家接近，但其经济发展远远落后于西方国家。例如，在2013年，拉美最大的经济体巴西和墨西哥经济发展增速缓慢，分别只有2.4%和1.3%。

一方面，城镇化建设缺乏政府的有效宏观调控，缺乏相应的城镇建设规划和产业支撑，和城镇化快速发展相配套的基础设施和公共服务也没及时跟上。另一方面，这些国家没有建立城乡协调一体化的发展机制，存在城镇和农村不协调发展的问题，外来资本的流入带来城镇工业的发展，吸引大量农村人口向城镇集中，而农村发展落后，城乡差距加大。城镇人口的集聚膨胀，使得城镇不堪重负。2013年，拉美地区的墨西哥城1平方千米的城市面积约有0.99万人，属于典型的人口过度膨胀的区域。墨西哥城在住房、交通、水电等公共基础设施方面落后，相应配套服务如医疗卫生、学校等也没有跟上，城市出现大量的“贫民窟”，其环境脏乱差，其社会稳定问题相对突出。2013年，拉美地区爆发了一系列高强度的游行

示威活动，暴露出拉美地区快速发展的城镇化过程中存在一些被掩盖和忽视的社会问题。

第三节　融合发展视角下我国新型城镇化的建设路径

依据我国区域发展的基本情况，分析制约我国新型城镇化区域融合发展的因素，在新型城镇化建设中按照“融合发展”的原则，在城镇规划、人口分布、产业分布和就业结构等方面形成合理的新型城镇化建设格局，逐步实现居民在居住环境、公共服务、就业结构和消费方式等方面的城镇化，推进中心城市、小城镇和新型农村社区区域融合发展的新型城镇化建设。

一、制定新型城镇化区域融合发展的空间布局规划

（一）科学编制建设规划

理念决定思路，思路决定出路。要把理念、思路和出路体现在各类规划中，十分重视和支持规划工作。规划是发展的龙头，是区域发展的灵魂。在全面把握发展历史、现状、群众需求和城镇发展导向等情况的基础上，坚持高起点、高标准、大手笔，用历史的眼光、发展的思维，做好区域空间发展规划；规划编制必须切合实际，因地制宜，具有可操作性，避免“假大空”、泛泛而谈、堆砌概念，并与经济社会发展规划、土地利用总体规划相结合，实现“三规合一”；规划审核要收紧权限，以对历史负责的态度，对区域总规、片区控规、项目修规，乃至城镇重点区域的城镇设计、城镇色彩、天际轮廓线、单体设计、夜景照明等都要严格把关。精确谋定产业发展规划，合理布局产业发展，进一步明确片区组团发展的理念，不同产业摆布在不同片区组团，各个片区发展什么产业，承担什么功能，做到一目了然。特别是在编制城中村改造、合村并城、新型农村社区建设项目规划时，必须为村集体留够充足的产业发展空间。

（二）严格维护规划的刚性

新加坡的城镇规划建设是全世界的典范，很重要的原因是尊重规划，执行严格。我国九江市城市规划展示馆建筑精美、气势宏伟，既是对外展示九江市发展历程的重要窗口，也是向社会各界作出城市未来发展方向承诺的公共载体，客观上还可以起到监督政府“一届接着一届干，一张蓝图绘到底”的作用。因此，规划在调研、编制、征求意见、优化完善等阶段要充分征求并吸纳各方意见，形成规划建设共识。规划一旦确定并获得批准，进入实施阶段就要尊重规划，一以贯之，不轻易改变规划，不轻易另起炉灶。

科学合理、涉及城乡的空间布局规划为新型城镇化区域融合发展提供了发展方向，是避免城镇化建设过程中出现一系列问题的有效途径。坚持科学规划，找准定位，合理设置城镇开发强度，优化生产、生活、生态空间，充分体现尊重自然、顺应自然、天人合一的理念，依托山水脉络，让城镇融入大自然，让居民望得见山、看得见水、记得住乡愁。规划要由扩张性规划逐步向限定城镇边界、优化空间结构的规划转变，形成布局合理、功能互补、协同发展的规划体系。依据我国城镇化建设实际，着眼于最终实现工业化、城镇化进而实现现代化，围绕

产业、居住、环境等问题，对我国区域空间规划进行整合，确定“旧城改造—城中村改造—合村并镇—新型农村社区”的区域空间布局，建立带动我国城镇和农村融合发展的区域布局规划。

二、以产城互动建设推动新型城镇化全面融合发展

融合发展的新型城镇化应注重产业发展与新型城镇化建设相互促进、螺旋式上升的互动关系。产业发展繁荣城市经济，为居民提供就业岗位，方便群众生活，促进人口向城市转移，推动新型城镇化的发展。同时，融合发展的新型城镇化建设，通过完善城市基础设施和公共服务设施，搭建就业创业平台，营造较好的产业发展环境和群众生活环境，推动优化产业布局和构建现代产业体系。以产业互动和就业来支撑城镇化建设，能有效解决我国城镇化建设过程出现的社会稳定问题，避免出现房地产泡沫、城市空心化等问题。

（一）制定新型城镇化产业发展规划，形成区域融合发展的产业布局

按照统一规划、区域融合发展的原则，发挥中心城市的辐射带动作用和城镇体系的产业支撑作用。

对于中心城市建设来讲，发展高端制造业和高端服务业，坚持产业集群发展和工业专业园区建设，集中力量培育特色产业集群，打造竞争力强、成长性好、关联度高的优势产业，比如培育电子信息产业集群、装备制造产业集群、汽车及零部件产业集群和食品加工产业集群等，充分发挥中心城区优势产业集群的辐射带动作用。

对于县域城镇建设来讲，制定产业发展规划，依托区位优势和区域资源特色，创建产业集聚区和专业园区，促使发达地区和城市优势产业向县域城镇转移，促成生产要素的合理流动，搭建农民就近就业和自主创业的平台。

对于新型农村社区来讲，应充分利用其劳动力丰富和特色资源的优势，推动劳动密集型产业和特色资源型产业的发展，建立高效农业发展模式。结合区域资源特色，培育各具特色的农业示范园区，引用现代高科技大力发展种植业、养殖业等特色农业产业，做强做大一批农产品加工企业，注重农产品品牌建设，创建一批休闲农业与乡村旅游示范企业。

（二）第一产业必须与第三产业融合发展

一是设立专项基金，捆绑涉农资金，加快土地流转，出台扶持政策，加大特色宣传，引导休闲观光、花卉产业、蔬菜果品等城镇农业形成特色和品牌。比如，2012年，江西省南昌市湾里区梅岭特色旅游小镇的综合改造工程仅用了2 600万元，体现了明清风韵，古香古色，实现了生态环境与人文环境的全面提升，效果非常明显。河南省郑州市以陈砦（双桥）花卉基地为龙头，打造集研发、信息、种植、销售、物流为一体的花卉产业集散地。

二是第二产业发展要创新思路。第二产业在发展地方经济、加快人口聚集、促进第三产业发展等方面具有不可替代的作用。比如，江西省南昌市青山湖区拥有1个省级工业园和30多个镇村工业组团，其中2个镇年财政收入超10亿元，2011年村集体收入超500万元的有10个，吸引了大量的就业人口，并衍生出商务楼宇等各种形态的服务业。政府应研究出台“集体建设用地管理办法”，大胆探索在集体建设用地上摆放工业项目的路子，壮大村镇

实力，服务区域经济发展。

三是第三产业发展重点实现人、财、物、信息的大汇聚。一方面，坚持实施“引大引强引品牌”战略，力争谋划、引进和落地一批大的、好的项目，通过其特有的引领作用，促进周边人气和商机的汇聚。比如，江西省南昌市青山湖区通过引进东方银座、达观国际广场等项目，直接在周边形成了超百万平方米的商圈。推动新型城镇化的发展必须引进一些知名的第三产业。比如，郑州市惠济区政府紧盯名企，瞄准世界500强、国内200强和行业100强，比如万达集团、万豪酒店、丹尼斯百货等，成立队伍，上门招商，有力地推动了新型城镇化的进展。另一方面，注重出台扶持政策，促使尽快形成集聚效应。比如，对楼宇经济给予房产税奖励，对大型商超、市场物流项目给予税收和一次性奖励，对文化创意项目给予租房补贴等政策，进而鼓舞投资者的信心和热情，吸引其投资兴业。

（三）城镇化与产业化密切相连，相辅相成

城镇化需要产业支撑，产业发展能带动城镇经济的良性高质发展，实现居民就业和社会的和谐稳定。同时，产业发展也需要城镇化为其提供良好的发展平台。产城联动建设有利于形成产业与城镇融合发展的和谐局面。

一是着力构建现代产业体系，推动工业主导产业和服务业支柱产业规模壮大。充分发挥产业集聚区的比较优势，集中力量培育特色产业集群，打造竞争力强、成长性好、关联度高的优势产业。比如，河南省荥阳市崔庙镇郑庄社区流转土地1 600亩，用来发展核桃等小杂果种植基地和旅游观光休闲产业，培育特色产业。

二是加强集约节约发展。加强产业集聚区产业、土地、环境等准入门槛，开展产业集聚区循环化改造试点示范，提高产业可持续发展能力。通过新型农村社区建设、合村并镇等方式实现土地的节约集约利用，加强土地的收储流转能力。

三是积极推进基础设施和公共服务设施建设，为产业集聚区的良性发展提供公共资源支撑。比如，河南省郑州市惠济区近年来加快新型城镇化建设步伐，对辖区31个行政村、78个自然村实施了拆迁改造，重点推进生态廊道工程和市政道路建设，规划建设了北郊热源厂、自来水厂、污水处理厂等，引入了郑州市实验高中等优质教育资源，为加快文化创意园区发展、建设滨河田园新区提供了有力保障。

四是建立健全政策引导、要素保障、配合联动等体制机制。建立完善的政策服务体系，在土地、财税、电力等方面给予政策扶持，推进和改善生产要素集中配置和营商环境，增强产业集聚区自我发展能力。

三、建立大、中、小城镇和农村地区的区域融合发展模式

（一）加快中心城区功能提升，增强中心城区辐射带动能力

按照德国城市地理学家克里斯塔勒（W.Christaller）的“中心地”理论，中心城区承担着向其周边地区（尤其是郊区和农村地区）居民提供各种生活生产物质和服务的功能。在融合发展的新型城镇化中，需要不断提升中心城区对周边地区的带动能力。一方面，在空间布局上通过拓展基础设施和公共服务设施，加强与周边县域市镇、卫星城市的对接，打造半小

时城市圈,形成区域城市群;另一方面,在产业布局上通过统筹融合形成中心城区与周边市镇既分工明确又密切协作的产业链,发挥中心城区的总部基地作用,带动周边区域融合有序发展。将中心城区的批发市场、工业企业、大专院校等传统组团外迁至卫星城市或者城市新区,抓好老旧片区改造和城中村改造,培育高端服务业和具有地域特色的行业集聚区,优化中心城区的产业结构体系,打造城市名片。通过提升优化中心城区的城市功能,进一步增强中心城区的辐射带动能力。

旧城改造是指局部或整体地、有步骤地改造和更新老城市的全部物质生活环境,以便从根本上改善其劳动、生活服务和休息等条件,既反映城市的发展过程、城市空间规划组织以及建筑和社会福利设施的完善过程,又表示物质成果,反映当时的建筑和福利设施状况。旧城改造应保持中心城市相对稳定,在向灵活分区过渡的基础上编制各种开敞式的城市结构。"城中村"在从乡村向城市转变的过程中,因土地、户籍、人口等多方面均属城乡二元管理体制,没有完全纳入城市统一规划、建设和管理,其发展有很大的自发性和盲目性,因而影响了城市基础设施布局,乃至城市整体规划的实施。为了推动新型城镇的优化发展,应积极对一些制约城市发展的"城中村"进行有计划、有系统的改造。

(二)大力推动县级城市和新市镇建设

与中心城市相比,县级城市具有其特定的优势,如落户较容易且成本低,人文环境与农村更接近等。因此,县级城市是吸引农村人口的重要阵地。县级城市要注重内涵建设,优化产业布局,推动产业发展,为城镇化建设提供更好的支撑作用。同时,完善城市功能,提供与城市发展相配套的基础设施和公共服务,提升城市的凝聚力和承载力。推动新市镇建设,提升建设质量,让人口达到一定规模的小城镇逐步融入城镇组团。充分发挥一些新市镇的区位优势,利用当地特色资源,建立科学合理的市镇发展规划,引入市场机制,打造专业特色镇。引导不具备产业和人口集聚条件的新市镇完善城镇公共服务功能,逐步发展成为区域综合服务中心。为了高效快速地推动新市镇建设,可以考虑给予一些人口众多、经济发展快、综合实力强的市镇一定的管理权。

(三)积极引导合村并城、合村并点项目建设

合村并城是对现有村庄进行统一分类引导布局,通过合村并城和合村并点建设城镇型社区,改善村民居住条件;社区路网和市政管网与城镇区对接,方便村民生活;社区建设中采取项目带动模式,即由相应的产业支撑,解决村民的就业,增加村民的收入;同时,农村地区统一纳入城市社会保障体系,与市民同等待遇,完成由农民向市民的角色转换,共享城市发展成果。例如,河南省郑州市惠济区目前正在开展合村并城试点工作,针对京水、大庙、祥云寺、新庄、铁炉寨、惠济桥、弓寨、宋庄、东赵、马庄、西黄刘(北四环以北)、岭军峪和张定邦等13个村庄、40个自然村进行合村并城,规划实施7个项目,涉及群众约5万人,占地567.2公顷,拆迁面积约859公顷,计划总投资170亿元,建筑面积约460公顷。建成后可节约土地300公顷,实现税收27.2亿元。

(四)推进社区村庄建设

依据农村区域发展的实际情况和资源条件,把握农村地区面临的新情况和发展的新趋势，突出产业支撑、分类指导、有序推进。对偏远贫困山区、煤矿塌陷区的村庄和重大基础设施及项目建设涉及的村庄，创建新型农村社区；对传统农业区的村庄，充分尊重群众的意愿，引导村民转移到产业集聚的新市镇和新型社区，同时改造和整治原有村庄；对具有历史文化和自然生态风貌特色的村庄，充分尊重自然原貌和历史习俗，做好保护提升工作。对已建成的新型农村社区，创建农村社区可持续发展机制；对已开工建设的项目或社区，进行深入论证和规范，切实保护农民的利益；对未开工建设的项目或社区，严格按照各类规划要求论证和报建，确保新型农村社区建设的规范有序。新型农村社区既保留了传统农村社区的温馨，又与城市社区对接，享受与城市市民同等的公共服务，同时使农村大量的土地得以集中起来，进行统一规划和调整产业布局。在建设新型农村社区的过程中，应加强农村社区的居民与城镇居民的相互转化，打破户籍限制，加快村民向城镇集中。同时，城市社区居民也可把积累的优势资源和生产要素带到新型农村社区，加快城乡一体化的步伐。新型农村社区建设是统筹城乡发展的重要驱动力，是实现城乡一体化发展的必然要求。

四、建立市场主导与政府调控有机融合的全面融合发展机制

根据国外城镇化的经验和教训，完全市场化和完全政府主导的城镇化都有自身的缺陷，都带来了一系列的问题。所以，在探索新型城镇化发展的道路上，我们应把市场机制和政府宏观调控相结合，发挥各自的功能，共同促进新型城镇化的发展。

（一）充分发挥市场的主导作用

根据市场经济的发展规律，融合发展的新型城镇化应以市场为主导，充分尊重市场。在全面推动新型城镇化建设进程中，以市场为指导，推动土地制度和户籍制度改革，促进土地资源的合理流动，打破城乡的二元体制，促进城市与农村人口的相互流动。运用市场机制研究探索通过稳步推行农村集体建设用地流转全域流通，确定流转土地收益资金流转分配办法和比例，根据各县（市）区、各乡（镇）、各行政村通过土地流转、新型农村社区及相关基础设施建设节约的耕地数量，确定土地收益资金返还、分配比例，按照一定比例将土地收益分配资金返还、分配至各县（市）区、各乡（镇）、各行政村，集中用于新型农村社区基础设施、公共服务、配套设施和社区房屋住宅建设，用于对农民的补偿和社会保障，用于发展壮大集体经济。

（二）充分发挥政府的政策引领作用

全面推进健康、有序、融合发展的新型城镇化建设需要政府有效的宏观调控，充分发挥政府的政策引领作用。具体体现在研究制定全面融合发展的城镇化发展机制、政府引导政策和奖励政策，研究编制覆盖城乡的城乡规划体系，研究制定新型城镇化建设配套的土地政策、社会管理制度和公共服务制度，创新全面融合发展的新型城镇化投融资措施等。比如在社会管理制度方面，围绕进城务工人员市民化出台一系列有关创业扶持和就业引导服务的政策，研究制定进城务工人员的劳动保障和住房保障政策，研究制定进城务工人员子女就近入学政策，使进城务工人员在城市里安居乐业；同时，要研究解决进城务工人员“心中的牵挂”，发挥市场主导作用，允许农民手中的“承包地”使用权自由流动。通过

转让承包地使用权，不仅可以使进城务工人员有一定的经济收益，放下心中的牵挂，完全融入城市，而且可以使耕地集中连片有效经营，发展集约生产和规模生产的新型现代化农业经济。

五、结论

我国新型城镇化建设实践中存在一些制约全域融合发展的因素，正视和梳理这些因素有利于及时调整发展策略和创建新型城镇化建设的长效发展机制。结合国内外城镇化建设的实践，我国新型城镇化建设实践中缺乏系统的城镇化规划，存在一些体制缺陷，区域发展不均衡，没有实现全面融合发展。城镇化建设如何与产业、环境、就业、基础设施和相关配套服务等全面融合发展，是涉及新型城镇化良性、有序、可持续发展的关键。新型城镇化是转变经济发展方式、进行结构调整的重要一环。在新型城镇化区域融合发展方面，按照“旧城改造—城中村改造—合村并镇—新型农村社区”的空间布局规划，依据“中心城区带动、县域城镇组团发展、产业项目支撑、城乡统筹建设”的发展思路，围绕基础设施建设、生态环境建设、产业集聚区建设、中心城区功能提升、城镇新组团、新市镇和新型农村社区建设及公共服务均等化等主要内容，统筹推进“物”的城镇化和“人”的城镇化全面融合发展；着力破解城市二元结构和城乡二元结构问题，推进农业转移人口“进得来”“落得住”“转得出”，推动新型城镇化区域融合一体化发展；推动新型城镇建设体制机制创新，深入挖掘城镇化建设潜力，走产城互动、就业优先、文明和谐、城乡统筹的区域融合发展的新型城镇化道路，建成自然之美、社会公正、城乡和谐的现代化新型城镇和农村社区。

第四节　以实现人的城镇化推动城乡融合发展

依靠工农产品剪刀差、廉价农村劳动力和廉价土地支撑的城镇化模式，已给我国经济社会带来一系列的发展问题。城乡二元结构体制没有得到根本改变，农民不能享受城镇基本的公共服务，长期以来形成“迁徙式”的流动局面给社会稳定带来了巨大威胁。城乡发展不均衡，城乡差距加大，农业、农村发展动力不足。改变旧的城镇化模式，加速推进以人的城镇化为核心的新型城镇化，才能逐步破解这些难题。党的十八大、十八届三中全会和中央城镇化工作会议分别从不同角度对新型城镇化工作给予安排部署，指出人的城镇化是新型城镇化的核心，突出的重点是从以往“造城运动”模式向“人的城镇化”模式进行转变。而实现人的城镇化需要彻底改变农民的身份，为进城农民提供均等化的就业、教育、住房、医疗和社会保障等基本公共服务，让农民真正融入城镇生活，缩小城乡差距，实现全面融合发展的新型城镇化建设。新型城镇化建设是一项长期工程，城镇化并不等同于“房地产化”和“半城镇化”，而是实现“人的城镇化”与“物的城镇化”同步均衡发展。

一、推动人的城镇化建设的现实意义

新型城镇化的核心是“人”的城镇化，而实现人的安居乐业、城乡和谐发展是这一核心的具体体现。近年来，我国在推进新型城镇化实践中出现了“土地城镇化”速度快于“人口

城镇化”的现象，很多地方把城镇化等同于“造城运动”。这种简单的“造城运动”过度扩大了城市框架，没有实现城镇化和工业化、农业现代化的良性互动，忽视了城市经济的稳步增长，没有解决真正的民生问题。这种规模扩张的粗放型发展模式，虽然带来了城市建设的迅速发展和城市经济数据的增长，但忽视了人的因素，迅速扩张的城镇化建设没有实现城镇在交通、住房和环境等方面的同步发展，给我国城镇长期可持续发展带来了巨大的压力。基础设施投入偏少，公共服务设施配置不足，城镇综合承载能力有限，导致城镇拥堵、环境恶劣等“大城市病”，影响了城镇的健康可持续发展。随着城镇化的不断推进，城镇农民工、新市民不断增加，成为城镇的生产者。但是，受户籍制度、社会保障制度等因素的影响，农民工、新市民等在社会基本公共服务方面并没有享受到真正的市民待遇，这对其生活质量造成很大影响，使他们难以真正融入城镇，从而给社会稳定发展带来不和谐因素，阻碍了新型城镇化建设。有的地方在推进新型城镇化建设过程中没有进行全域融合发展，出现“大跃进”式开发建设，工业和服务业落后，经济增长缓慢，导致“空城”频出，新型城镇化发展后劲不足，从而引起严重的社会问题。

在城镇化建设进程中，我国很多地方没有突出人的城镇化，不注重城镇经济的产业化发展，没有实现城镇产业、人口、资本等要素聚集发展和城镇产业结构调整，不能带动富余劳动力在城镇就业，城乡人力资源不能实现重组，城镇发展没有活力。一方面，城镇的高成本生活和无法享有均等的公共配套服务使得广大进城务工农民不愿意在城镇扎根落户，只是临时迁移，就业不稳定。另一方面，一些新建城区自身吸引力不足，凝聚力不够，产业项目少，不能为农民提供必要的就业岗位。我国长期以来的城乡二元结构，使得农村区域发展落后，农民收入低，综合素质不高，自身也不能胜任一些就业岗位。城镇化建设中的旧城改造、城中村改造、合村并镇以及新型农村社区建设，使得一些农民失去了土地，失去赖以劳作和生存的根基，而上述因素的存在又使得失去土地的农民无法实现就业，从而影响社会的和谐稳定。因此，在新型城镇化建设过程中，应注重城镇化建设与推动富余劳动力就业同步发展，实现社会良性、有序的可持续发展。

人的城镇化，是在城镇化进程中人口由农村向城镇集中，实现人的生产方式和生活方式的转变，是农民进入城镇乐业安居并融入城镇生活的过程，是新型城镇化的核心，是新型城镇化的出发点和落脚点。推进以人为核心的新型城镇化建设，关键是提高城镇化建设的质量，让广大居民享受到城镇化建设带来的福利。要着力提高城镇的内在承载力，注重城镇产业发展和基础设施的建设，给城镇广大居民提供基本的公共配套服务，而不是采取人为“造城”的粗放发展模式，盲目扩大城镇规模；真正的城镇化必须以人为本，打破城乡二元结构，真正改变农民的身份，让广大农民融入城镇生活，享受均等的公共教育、医疗、社会保障和公共服务；以人为核心的城镇化建设应走集约、生态、可持续和智能发展的道路，注重保护环境和节约资源，注重社会的长久发展和居民的身心健康；要注重社会的全面均衡发展，做好城镇总体发展规划，要覆盖广大城镇和农村，特别关注弱势群体的利益，降低贫富差距，实现城镇和农村的全域融合发展。

实现人的城镇化是促进经济持续发展的强大动力和加快城乡融合发展进程的有效途

径。城镇化建设突出人的城镇化,注重城镇经济的产业化发展,促进城镇实现产业、人口、资本等要素聚集,实现城镇第二、第三产业的发展和产业结构调整,带动农村富余劳动力向城镇产业转移,为居民提供更多就业岗位,重组城乡人力资源,为城镇发展注入活力;以人为核心的城镇化建设注重为居民提供城镇生活的基础设施和公共配套服务,带动城镇自来水、电力、燃气、交通和通信等基础设备的建设,同时为居民提供住房、就业、教育、医疗卫生和社会保障等公共配套服务,保障城镇人口的就业和生活方便。人的城镇化促进人口素质不断提高,城乡收入差距不断缩小,中等收入群体不断扩大,社会阶层发生重大变化,逐步破除城乡二元体制,化解城市内部二元结构矛盾,消除社会风险隐患,确保社会和谐稳定;有利于农业人口向城镇转移,农业实现连片规模生产,提高农村生产经营效率,从根本上解决"三农"问题,提高农业现代化水平和农民生活水平。

二、以人的城镇化推动城乡融合发展的路径选择

新型城镇化建设是一项长期的系统工程,推动以人的城镇化为核心的新型城镇化建设,需要在就业、教育、住房、医疗卫生和社会保障等公共服务方面为城镇居民提供均等化的基本保障,实现城镇化建设与社会的全面融合发展。

(一)推进农村配套制度改革

1. 深化户籍管理制度改革

坚持自愿、分类、有序原则,深入推进户籍管理制度改革,改革户籍登记管理制度,促进农业转移人口市民化。以城镇有合法住所或稳定工作为落户的基本条件,优先让在城镇有稳定工作、居住时间长、适应城镇生活的居民拥有城镇户籍。针对不同的区域实施有差异的落户政策,应适当控制中心城区城镇规模和城镇人口,放开小城镇和新市镇的户籍限制,促进农村转移人口选择和融入小城镇,带动城镇化的全面均衡发展。推动城中村、合村并镇以及新型农村社区的农村人口逐步转变为城镇户口。完善城镇居住证制度,积极探索居住证制度与户籍登记制度衔接机制,为持有城镇居住证的居民提供基本的住房、就业、教育、公共卫生和社会保障等公共配套服务,满足长期在城市居住生活的外来人员落户城市的需求。

2. 推进农村配套制度改革

实施农村土地承包经营权确权登记颁证制度,保障农村宅基地收益。遵循市场发展规律,探索建立农村房屋产权确权登记颁证制度,确保农村房屋能合法转让,并能通过抵押、担保等方式获得融资或交易,增加农民收入。推动农村土地流转,实现农村土地连片经营和规模经营,提高农民收入,缩小城乡居民收入差距。建立公平合理的宅基地有偿退出机制,对已退出的宅基地实施重新开发利用机制。对退出宅基地的农民给予一定的经济补偿,提高个人收益,以降低其在城镇的生活成本。探索农村集体企业组织采用股份合作制,鼓励农民通过入股的方式分享收益,并给予农民对获得的股份享有持有、转让、退出等权利。

3. 以人为本,确保群众利益

新型农村社区建设进程中,在农民放弃土地后,要让农民和城市市民享有同样的身份地位、城市政策和公共服务,切实保障群众的利益。在农民宅基地腾退后,要大幅提高农民在

土地指标收益中的分成比例，尽可能降低入住成本。对于在社区购房有困难的农民，积极融合金融机构，通过金融贷款、政府贴息，或者配建部分保障性住房，创造条件让农民能够住进新社区。多渠道增加农民收入，提高土地规模流转补助标准，让社区农民通过参加企业劳务而获得收入，通过出租承包土地而获得租金，通过以股东方式参与企业经营而获得股金，享受各种农村政策补贴，为入住社区农民提供来源广泛的、稳固的收入保障。加强社区服务管理，完善社区公共服务体系，加快社区综合服务中心建设，做好农民集中居住后的户籍、教育、医疗、就业、社会保险等社会保障工作，确保农民应有待遇，提高社区农民生活的幸福指数，保障社会稳定。

（二）积极促进转移农民工稳定就业

1. 实施多渠道就业的政策措施

首先，加快推进城镇产业发展，为进城务工农民和当地拆迁改造后的村民提供就业岗位。产业发展需要注重产业结构的优化与调整，结合区域资源特色，构建区域产业集聚发展的机制，实现区域产业融人流、物流、资金流和信息流于一体的区域融合发展模式。对于新兴城市或新建城镇新区，尤其需要结合城镇功能定位注重产业类型的谋划和布局。以郑州市为例，航空港经济综合实验区上升为中国首个航空港经济发展先行区后，以临空经济为重点，努力构建产业集群、公共配套服务、集约节约的产城互动发展局面。积极发展城镇服务业，打造城镇商业中心和特色商业区，完善城镇配套服务，带动城镇就业。

其次，在就业渠道方面进行创新，鼓励以创业带动就业，推进创业型城镇建设步伐。充分发挥民间资本和民营经济在城镇化建设中的作用，营造良好的创业环境，激发民众自我创业、自我发展的强烈欲望，发展民营经济和“草根经济”；加大创业扶持力度，通过减税、减费的财政政策和货币政策，降低经营成本，实现创业企业壮大发展；创新金融制度，尽快为社区农民核发房屋所有权证，使其房屋可以抵押、贷款和进入市场交易，或者让农民工能用土地使用权抵押融资，解决其创业和置业所需的资金。

再次，支持农民通过集体组织、合作经营等形式实现就业，鼓励发展农村社会化服务，扩大政府购买公共服务的规模，更多地向农民工提供就业岗位。推动以人的城镇化为核心的城镇体系建设，应为居民提供就业和创业的条件，实现居民的安居梦、创业梦和市民梦“三大梦想”。

2. 积极完善城乡就业公共服务体系

就业体系的供需矛盾当前主要集中体现在岗位需求和个人求职意愿的矛盾，要解决这一矛盾，除了提高岗位待遇，引导求职者做好个人职业生涯规划定位以外，还需要建设就业公共服务体系。调整完善应用职业教育，制订学科专业发展规划，根据需求发展应用型人才；实行城乡劳动者平等就业制度，消除就业歧视；推动建立健全全域联动就业服务工作机制，积极推进人力资源基层信息公共服务平台建设，搭建涉及全域范围和及时实用的就业公共服务体系。另外，推动人的城镇化不仅仅是吸纳农村富余劳动力涌向城镇，更重要的是引导和提升其生存能力，进而提高整个社会的生产力发展。创新职业技能培训模式，将各类培训资源进行整合，充分利用城镇的教育文化资源，进一步完善以应用学院和各类职业培训机构为主的技能人才培养体系，加快推动职业技能实训基地建设，做好创业培训、技能培训和岗前培训等职业技能培训工作，全面提升城乡劳动者技能素质。

（三）拓宽住房保障渠道

1. 拓宽住房保障建设渠道

建设保障房，是落实我国社会主义制度优越性的具体表现。重视保障性住房建设，一方面要发展经济，由开发企业开发建设品种丰富的各类商品房；另一方面要稳定经济，需要由政府主导建设价格低廉的保障性住房，使低收入人群安居乐业，居者有其屋。在拓宽保障房建设渠道方面，严格落实各级政府建设保障性住房的责任，完善保障性住房用地供应机制，推出廉租住房和公共租赁住房等多种住房保障机制，合理增加普通的商品性住房，坚持政府提供基本住房保障和以市场需求为主导相结合的方式，全方位满足居民的住房需求。转变住房保障方式，逐步实行住房保障货币化。比如，政府租赁城中村改造集中规划建设的带有租赁性质的安置房等社会房源，纳入公租房管理范围，重点解决新就业的大中专毕业生、外来进城务工人员、农业转移人口和低收入人群的住房保障问题。另外，在新建普通商品房项目供地时附加建设公租房的条件，通过返还土地出让金回购部分公租房作为政府资源向低收入人群提供住房保障。支持和鼓励进城农民工购买普通的商品住房，为在城镇稳定就业的农民工提供住房公积金，降低其购房成本。

2. 完善住房供给分配和运营管理制度

优化保障性住房供给结构，努力形成以政府投资为主，以商品房开发配建、用工企业自建等形式为补充的保障性住房供给体系。全面放开保障性住房准入门槛，取消户籍作为保障房分配的限制条件，在条件审核上，既要放低门槛，又要设置上限，严格杜绝出现高收入人群和机关干部借机炒作牟利的现象。对城镇中低收入和中等偏下收入的居民家庭采取灵活的住房供应方式，以租为主，租售并举，为中低收入居民提供保障性住房。加强对保障房的动态管理和监督，完善保障房制度设计，做到布局合理、配套完善、分配公平。有条件的城镇可以将住房信息等嵌入市民卡，实现网上动态管理，健全保障房退出机制，不断规范后期管理。

（四）促进城乡教育资源均衡配置

1. 积极促进城乡教育均衡发展

推进人的城镇化建设，要打破区域发展的不平衡，努力使城乡各种社会资源趋于均等化，加快统筹城乡教育规划，改善农村学校办学条件，提高办学水平，服务全域城镇化建设。优化落实学校教育发展规划布局，实现城乡中小学教育资源布局规划全覆盖，依法保障教育设施和教学用地。实现教育资源配置与城镇建设均衡发展，在城镇化建设模式方面进行有益的尝试，比如采用由开发企业代建、BT 模式建设等方式，确保教育资源配置与旧城改造、新区建设同步。同时，应考虑未来人口的集聚，要把每年新建、扩建以及改建的教育资源纳入当地的中长期教育规划和年度财政计划，解决“入学难”及“大班额”等社会问题。建立健全均衡发展的保障机制，各级财政保障义务教育全面实施，实行单列预算，在公用生均经费方面逐步实行城乡统一的基准定额。利用信息化手段扩大优质教育资源覆盖面，推进学校标准化建设，促进区域内学校办学条件、办学经费、师资等教育资源均衡配置，努力缩小校际差距。实现教育资源的均等化，加大教师队伍建设。按照要求落实学校编制标准，配齐配足教师，对接受进城务人员子女较多的市区教师编制进行动态管理。同时，加强教师培养培训，完善教师流动机制，鼓励优质教师在校际间流动，促进资源共享，努力实现师资力量均衡配置。

2. 完善进城务工人员子女就学的政策措施

城镇之所以比乡村更具有吸引力，一个重要的方面就是城镇比农村具备更优越的公共服务配套设施。这在房价方面表现得较为突出，公共服务配套完备的区域较之落后的区域房价明显要高，比如优质教育资源的所在地出现天价"学区房"，这与公平正义的社会秩序相违背。进城务工人员的子女入学问题，是涉及亿万家庭的大事。目前，我国进城务工子女就学情况主要分为两种：一种是留在农村，在乡村就近入学；另一种是随进城务工人员到城市就读。就第二种情况而言，虽然各地政府都在努力寻求解决随迁子女入学问题的办法，但是依然存在部分进城务工人员子女无法入学、入不了好学校的社会现实。不断完善政策措施，第一个层面就是要解决所有随迁子女"能入学的问题"，第二个层面就是要解决随迁子女"能入好学"，共享优质教育资源的问题。比如让进城务工人员随迁子女在义务教育阶段能就近划片入学，进入当地政府财政支持的公办学校，享有和城镇居民平等的教育资源，将进城务工人员子女的教育纳入当地的公共教育体系。

（五）提高农村转移人口健康水平

1. 努力实现公共卫生服务均等化

以人为核心的城镇化进程中，重点优化医疗资源布局和结构，加快完善以社区卫生服务中心、卫生院为主体的基层卫生服务网络，推动基层医疗卫生服务队伍建设，建立片医负责工作机制，加强区域合作交流，提高基层医疗卫生服务技术和水平。统筹省市医疗卫生资源，支持区域医疗联合体、医疗集团发展。推进基层医疗卫生信息化建设，重点建设涵盖城乡居民健康管理、电子病历、公共卫生服务、绩效考核等基本功能的基层医疗卫生机构管理信息系统，并与卫生、医保和医改监测等系统有效衔接。通过在拆迁改造的区域规划布局完善的卫生医疗设施，将拆迁村民的新农合医疗服务过渡转移为市民的医保服务，让拆迁村民享受更多的医疗优惠。努力让城乡居民享有更高水平、更多项目的公共卫生服务，提高城乡居民人均公共卫生服务的经费标准，并增加公共卫生服务项目。逐步建立按常住人口核拨基本公共卫生服务和重大公共卫生服务经费的政策机制，将农业转移人口纳入统一的社区医疗服务体系，提供和城镇市民均等的基本公共卫生服务。

2. 积极完善城镇公共卫生服务体系

在推进城镇化的过程中，城镇布局规划中应有相应区域卫生规划和医疗机构设置规划，按照人口分布、产业布局和城镇功能分区的要求，合理规划城镇基本的卫生医疗资源，推进资源优化布局，提升医疗卫生能力和水平。在公共卫生体系中，要努力抓薄弱环节，提高卫生监督、疾病防控以及妇女儿童保健能力，完善公共卫生服务体系。妇幼保健机构达到国家建设标准，疾控中心实验室能满足基本的功能要求。提高农业转移人口及其随迁家属就业扶持，以及和聚居地相关的居住环境和卫生医疗条件，加强对相关疾病的监测、预防和病情处理，提高对突发公共卫生事件的应急处置能力。研究完善政策，允许农业转移人口在一定过渡期内继续享有针对农民的重大公共卫生项目，比如继续享受新农合医疗服务等。

（六）扩大社会保障覆盖面

1. 加快完善统筹城乡的社会保险制度和政策

逐步建立涉及城乡的公平的统一社会保障体系，全面统筹，不断提高城乡居民的社会保险统筹水平。研究制定职工和城乡居民间养老保险转移接续政策，完善各项社会保险关系跨区域转移接续办法，实现各类参保人员在地区之间、制度之间的顺畅转移和衔接。统筹城乡医疗保障，努力实现医疗保险全覆盖，为城镇职工和居民提供基本的医疗保险，降低城镇居民的医疗成本；及时做好合村并镇、区划调整后参合农民相关手续对接，做到医疗保险全域化覆盖。将符合条件的各类人群纳入制度体系，重点推进非公单位员工、劳务派遣员工、灵活就业人员、城镇个体户等参加社会保险，尽量引导进城务工的农民工参加待遇水平较高的城镇社保体系，并通过各种政策方式引导其坚持长期参保。加强对企业缴费的监督，弘扬企业的责任意识，为进城务工农民和城镇职工提供均等的社会保险和失业待遇。

2. 推进城乡统筹的社会保障体系和社会救助体系建设

在以人为核心的城镇化建设中，应积极为城镇居民构建全方位、多层次、持续长久的社会保障体系，让城镇居民拥有基本的生活保障和养老保障。加快推进统筹城乡的社会保障体系建设，增加社会保障的公平性和适应流动性的需要，为广大进城务工人员和新型农村社区居民提供基本的社会保障服务，拓宽社会保障的覆盖面，并做好在城镇化进程中社会保险关系的转移对接工作，完善相应的移接政策。着力构建并完善城乡救助体系，积极推进社会救助工作城乡一体化建设，逐步缩小保障差距。继续提高社会救助对象重特大疾病医疗救助标准，最大限度地减轻困难群众的医疗压力。进一步做好农业转移人口低收入家庭的住房救助、教育救助等工作，建立健全临时救助制度，解决困难群众家庭的住房、教育、临时性困难等问题。

三、结论

以实现人的城镇化建设推动城乡融合发展，应从最广大人民群众的根本利益和基本需求出发，坚持以人为本，充分尊重广大民众的意愿。深化相关体制机制改革，完善政策保障体系建设，逐步破除城乡二元体制，着力保障城镇常住人口在就业、住房、教育、医疗卫生和社会保障等公共服务方面均等化的基本需求，有效避免进城农民工周期性、“钟摆式”、“候鸟型”流动，提高城镇居民的幸福生活指数；逐步消除城镇化发展体制机制障碍，强化政府提供基本公共服务的主体责任，加大公共支出力度，拓展投融资渠道，积极引进社会资本参与基本公共服务供给，满足城镇化建设的资金需求；推动城镇公共基础建设和产业同步发展，实现产城互动，提高城镇集聚力和凝聚力，避免“大城市病”的出现；积极推动城中村居民、农村转移劳动力均等享受城镇的基本公共服务，促进农业转移人口进得来、落得下、过得好，缩小城乡差距，实现新型城镇化建设与社会全面融合发展。

第五节 融合发展视域下的郑州市新型城镇化建设典型实例

《国务院关于支持河南省加快建设中原经济区的指导意见》把中原经济区建设上升为国家战略，其中明确提出，中原经济区建设要走一条不以牺牲农业和粮食、生态和环境为代价的新型城镇化、新型工业化和新型农业现代化“三化”协调科学发展的路子，中国共产党河南省第九次代表大会对此进行了深刻阐述。实现“三化”协调发展，符合粮食主产区经济社会发展的阶段特征，找准了河南省在全国区域发展中的定位，廓清了粮食安全责任与富民强省的关系，指明了中原经济区建设的发展方向。作为省会城市，郑州是中原经济区建设的受益者，也将是重要的责任担当者。在全省先行先试，率先走出一条实现新型城镇化、新型工业化和新型农业现代化“三化”协调科学发展的路子，是郑州能否在中原经济区建设中真正担当起“挑大梁、走前头”的关键所在。随着中原经济区和郑州航空港经济综合实验区上升为国家战略，党中央、国务院和河南省委、省政府对郑州的发展寄予了厚望。为此，近年来，郑州市历届市委、市政府坚持把推进城镇化进程作为事关郑州经济社会发展大局，事关郑州科学发展、长远发展的大事要事来抓，团结带领全市人民务实发展、拼搏进取，在全面构建城乡融合的新型工农、城乡关系上进行了一些探索和实践，取得了一些初步成效，走出了一条高效率、高质量的新路子。

一、郑州市推进融合发展视域下的新型城镇化的基本思路和主要举措

（一）基本思路

依托郑州市的综合优势、现实基础和条件，在推进新型城镇化建设的进程中，在加快信息化进程中，持续探索不以牺牲农业和粮食、生态和环境为代价的“三化”协调科学发展的路子，以郑州航空港经济综合实验区建设为统揽，以“产业集聚、人口集中、土地集约”为方向，按照“一个载体、三个体系”的要求和“政策引领、规划先行、产业为基、就业为本、群众自愿、有序推进”的原则，充分发挥中心城市的辐射带动作用、县域城镇的承接承载作用和新型农村社区的战略基点作用，大力推进以产业集聚区为支撑的大中小城市、小城镇和新型农村社区协调发展、互促共进的新型城镇化。

（二）主要举措

近年来，郑州市在推进新型城镇化建设方面进行了一些探索和实践。具体地讲，就是做好“一个规划”，把握“三个关键”，突出“五个重点”，推进“六个一体化”。

1. 做好“一个规划”

做好“一个规划”，就是做好全域“三化”协调发展战略空间布局规划。着眼于郑州最终实现工业化、城镇化进而实现现代化，围绕“产业在哪里布局、布局什么产业，人们在哪里居住、居住什么环境”两大问题，依据原有城镇和产业基础，对郑州市全域进行功能分区和产业定位，确定了“一主、三区、四组团、36 个产业集聚区、27 个新市镇、182 个新型农村社区和 56 个历史文化风貌特色村”的都市区空间布局。“一主”，即中心城区。“三区”，即东部新城

区、西部新城区、南部郑州航空港经济综合实验区。“四组团”，即巩义、登封、新郑、新密四个县域组团。36 个产业集聚区，即依托城区、镇区和原有产业基础规划布局 36 个产业集聚区（专业园区）。27 个新市镇，即依据乡镇产业基础和空间区位规划确定 27 个重点镇，按城市标准进行规划建设。郑州市的农村按照四类社区进行规划建设：一类是保留完善 56 个历史文化风貌特色村庄；二类是各类城区、开发区建成区内的城中村、棚户区，依据城市规划改造提升为城市社区；三类是各类城区、开发区规划区未建成区内的村庄，撤村并城向城镇社区集中；四类是各类城区、开发区规划区以外的村庄，依托镇区、产业集聚区和现有村庄基础、产业基础，在充分尊重群众意愿的基础上规划建设新型农村社区。除城区、镇区、各类园区、新型农村社区之外，其他区域全面开展水田林路综合整治。按照这一空间规划，未来郑州都市区将形成“中心城区—县城组团—新市镇（产业集聚区）—新型农村社区”的城乡框架结构，构建起空间布局合理、功能分工有序、资源配置优化、公共服务均等、环境优美舒适的城乡统筹发展新格局。

2. 把握“三个关键”

把握“三个关键”，一是坚持“一个主导、两个载体”的“三位一体”统筹发展理念。“一个主导”，即以中心城市（郑州中心城区和各县城组团城区）为主导，加快中心城市现代化，充分发挥其在统筹城乡、城乡融合中的辐射带动作用。“两个载体”，一是依托县城和镇区，依托原有产业布局和产业基础，规划建设产业集聚区和专业园区，将其打造成为农民就近就业和自主创业的载体、沿海发达地区和城市产业转移的载体、城市生产要素向农村流动的载体；二是把包括新型农村社区在内的各类新型社区打造成为实现城乡公共服务均等化的载体。“三位一体”，就是将中心城市、产业集聚区、新型农村社区统筹规划、统筹布局、统筹建设，综合发挥中心城市的辐射带动作用、县域城镇和产业集聚区的承接承载作用、新型农村社区的战略基点作用，以就业为带动，以公共服务均等化为保障，统筹解决好进城务工人员有序市民化转移和农民就地就近城镇化转换两大核心问题。

二是着力完成“四个合理”的工作任务，即合理的城镇体系、合理的产业布局、合理的人口分布和合理的就业结构。合理的城镇体系，就是形成中心城区、县城组团、镇区和产业集聚区、新型农村社区四个层级的城镇体系；合理的产业布局，就是依托城镇体系布局产业，形成中心城区发展高端制造业和高端服务业、开发区和县城组团发展先进制造业、县域以下发展劳动密集型产业和资源型产业的产业布局；合理的人口分布，就是在合理的城镇体系和产业布局引导下，形成 70%~80% 的人口居住在县城和中心城区，20%~30% 的人口居住在镇区和新型农村社区；合理的就业结构，就是 80% 以上的农村劳动力转移从事第二、三产业，即便是从事农业劳动的也是农业产业工人。

三是实现“四个城市化”的工作目标，即实现全市农民的居住环境城市化、公共服务城市化、就业结构城市化和消费方式城市化。

3. 突出“五个重点”

一是坚持以交通道路为先导，大力推进全域交通一体化，构筑以基础设施网络联结的紧凑型都市圈。依据综合交通规划和承载的人口流量进行产业、人口和公共设施空间布局，以交通路网带动各项基础设施向农村延伸,在空间上将中心城区、县城组团、镇区和产业集聚区、新型农村社区融为一体,带动生产要素向农村流动、公共服务向农村覆盖。

二是以郑州航空港经济综合实验区为统揽,坚持郑东新区建设和旧城改造并举,推进中心城市现代化,发挥好统筹城乡、城乡融合发展的主导作用。坚持把郑州航空港经济综合实验区作为全市一号工程,牢记主体责任,发挥主体作用,集全市之力加以推进。

三是坚持“产业为基、就业为本”理念,大力推进产业集聚区和专业园区建设,构筑农民就地就近就业创业、承接产业转移、城市生产要素向农村流动的载体。按照企业(项目)集中布局、产业集群发展、资源集约利用、功能集合构建、促进人口向城镇转移的“四集一转”原则,谋划推进“优化布局设置、理顺管理体制、优化产业定位和载体平台、强化班子建设、加大招商力度”五个方面的工作。

四是以新型农村社区为基点,以城中村改造和产业集聚区规划区内撤村并城社区建设为重点,构筑城乡公共服务均等化的载体。坚持把新型农村社区作为统筹城乡发展的结合点、推进城乡融合发展的切入点、促进农村发展的增长点纳入城镇体系末端,依托镇区和产业集聚区统筹规划建设。

五是强化政策引领,充分发挥政府的主导作用和群众的主体作用。制定新型城镇化建设政府引导政策、奖励政策、土地政策、投融资政策和城乡一体化的社会管理、公共服务等政策。围绕进城务工人员市民化,出台关于创业扶持和就业引导服务政策、务工人员劳动保障和住房保障政策、外来务工人员子女就近入学政策,开展“五险一金”市内统筹转移试点工作。围绕“一个主体、四个权益”(坚持农民主体,保障农民的土地承包经营权、农村宅基地集体所有权、农民集体收益分配权、社区房屋所有权),出台支持新型农村社区建设的相关意见和工作导则,调动基层干部群众参与社区建设的积极性。

4. 推进“六个一体化”

一是推进城乡发展规划一体化。依据全市“三化”协调战略空间布局规划,各县(市)区、新市镇分别编制完善了“三化”协调发展空间布局规划、产业布局规划、土地利用规划、生态环境保护规划、基础设施和公共服务规划等各项规划,实现了规划体系与城乡架构体系相衔接。

二是推进城乡产业布局一体化。立足现有产业基础和条件,遵循国家和河南省产业政策,按照“一区一主业”的原则,分层级明确了主导产业发展方向、功能分区和空间布局,确定了工业七大主导产业和服务业七大主导产业,着力打造汽车与装备制造、电子信息 2 个五千亿级产业基地和生物医药、新材料、铝精深加工、新型耐材、现代食品、家居及品牌服装 6 个千亿级产业基地,建设国家现代物流中心、现代商贸中心、文化动漫创意中心、旅游集散中心、专利审查河南协作中心、现代邮政通信枢纽中心和区域总部经济中心、金融中心、会展中心、医疗中心“十中心”。产业集聚区和城镇规划区以外区域,实行水田林路高标准农田综合整治,建成现代农业生产功能区,构筑城乡三次产业结构合理、特色突出、功能完善、互为支撑、竞争力和吸纳力强的现代产业体系。

三是推进城乡基础设施一体化。按照先公建后商业、先中心后周边的思路,统筹规划和建设城乡路、水、电、气、暖、排污等基础设施,计划五年内完成基础设施建设投资 5000 亿元。

四是推进城乡公共服务一体化。推动社会公共资源向农村倾斜、城市公共设施向农村延伸、城市公共服务向农村覆盖。新型农村社区建设严格落实“五通七有两集中”标准,每个社区通四级公路、自来水、电、有线电视、宽带,有社区综合服务中心、标准化卫生室、连锁超市、文化活动室、科技文化活动中心、幼儿园(5000 人以上的配建小学)、养老院,实现垃圾集中收集、污水集中处理。

五是推进城乡就业保障一体化。整合劳动和社会保障资源,优先向产业集聚区和新型农村社区倾斜,积极开展就业培训和创业培训,引导和扶持有创业愿望、有创业条件的城乡各类人员在产业集聚区和创业园创业,鼓励企业吸纳本地劳动力就业,形成市、县、乡、社区四级劳动保障和就业服务网络。坚持以就业为核心,以依附于就业的养老、医疗、失业、工伤、生育“五险”和住房公积金的自由转移为基础,以住房保障、教育等城镇公共服务覆盖常住人口为重点,着力探索解决进城务工人员有序市民化问题。外来务工人员子女义务教育阶段就近入学政策全面落实,市区中小学外来务工人员子女占到学生总数的 35%。

六是推进城乡社会管理一体化。自 2003 年起,郑州市就在全市范围内取消了农业、非农业户口的二元户口制度,实行一元制的户口管理模式,统称为“郑州居民户口”,并对原有的外省市公民迁郑户口政策进行了调整,降低了入市门槛。凡在郑州有住房的,凡外来务工人员参加社会统筹的,凡是直系亲属迁入的,均可办理郑州户口;凡在郑州市投资经商的外地公民,连续经营三年,纳税金额达到 3 万元以上的,或一年纳税达到 10 万元以上的,允许本人及其直系亲属户口迁郑。

近年来,郑州市又在城乡社区积极开展了村改居、产权制度改革“双改”试点工作,加快推进管理体制社区化、公共服务均等化、集体产权股份化步伐。在全市乡镇(街道)全面推行以网格为载体坚持依靠群众推进工作落实长效机制建设,建立了以基层党组织为核心,政府市场监管、社会管理、公共服务与群众自治有效衔接、互为支撑的治理结构,推进政府职责在基层的有效落实,实现党的群众路线制度化。

二、郑州市推进城乡融合发展视域下的新型城镇化的主要成效

在融合发展的新型城镇化推进过程中,郑州市按照“政府引导、规划先行、就业为本、群众自愿、因地制宜、先行先试”的指导方针,按照“中心城市现代化、县域镇村社区化”和“做强主城、做优县城、发展集(集聚区)镇、建设社区”的原则,以中心城市为主体,以产业集聚区和新型农村社区建设为载体,以构建合理的城镇体系、合理的人口分布、合理的产业布局和合理的就业结构为重要抓手,以实现居住环境城市化、公共服务城市化、就业结构城市化和消费方式城市化为目标,以交通道路建设、生态廊道建设、四类社区建设、城市组团起步区建设、中心城区功能提升和产业集聚区建设六个方面为切入点,以“五个一”工作体系建设(一个“三化”协调发展空间布局规划、一个三年工作行动计划、一个推进实施导则、一个政策支撑体系、一个领导组织体系)为主要推进措施,着力做好以下六个方面的工作。

（一）加快交通道路建设

以构筑“域外枢纽、域内畅通”的郑州都市区交通体系为目标，重点推进“两环十七放射”道路（“两环”，即三环路、四环路，全长137千米，绿化总面积1350万平方米；“十七放射”，即三环、四环之间17条放射状道路）、10条市域快速通道、16个环城高速出入口和“八横八纵”城市景观道路建设，以及连接县城（城市组团）和产业集聚区（镇区）乃至新型农村社区的路网建设。郑州市以“两环十七放射”、市域10条快速通道为重点，全面启动了中心城区到县城组团双向8车道、过境省道双向6车道、县城组团到产业集聚区（新市镇）双向4车道、产业集聚区（新市镇）到新型农村社区双向2车道的全域通达、廊道配套的路网体系建设。

（二）加快生态廊道建设

积极推进中心城区连接城市组团的快速通道建设，打造生态廊道和水系景观。自2012年以来，郑州市共建成绿道3558千米，绿道串联城市公园、绿地等开敞空间和城郊的自然保护区，初步形成“两环十七放射”绿化网络系统。在绿化廊道内，配建有公厕、小卖部、自行车驿站、公交港湾等附属设施，提高居民的舒适度和幸福感。除了道路廊道绿地，郑州市还建设有熊儿河、七里河等滨河绿道，京广、陇海等7条铁路绿化廊道。截至目前，郑州市生态廊道建设绿化累计完成3亿多平方米。10条市域快速通道绿化工作全力推进，部分县（市）区已全部完成绿化。一个崭新的、生态的、现代化的城市交通绿化体系已初步显现。

（三）加快四类社区建设

按照“政府主导、市场运作、群众自愿、规划引领、交通先导、双改同步”原则，加快推进城中村改造社区、旧城改造社区、合村并城社区和新型农村社区建设。2012年，优先推进了具有产业基础的各类城市区、产业集聚区建成区60个城中村、棚户区改造项目及其规划区和周边3千米内98个撤村并城社区项目，在尊重群众意愿的基础上启动新型农村社区项目68个，共建成安置房800多万平方米。

（四）加快城市组团起步区建设

城市组团起步区建设的重点是在规划的城市组团3~5平方千米起步区内，注重规划的设计和实施，完善起步区的路网、水电气暖、污水处理等基础设施建设，加强教育、医疗卫生、文化体育等公共配套设施建设。郑州市通过“三突出三提升二强化”，进一步提高组团新区建设水平。突出产业载体建设，计划新开和续建亿元以上重大产业项目140个以上；突出基础设施建设，全市12个组团新区完成基础设施投资170亿元；突出公共服务设施建设。提升生态环境品质，提升新区城市形象，提升城乡一体化水平，抓好合村并城。强化新区精细化管理，强化投融资体系建设。组团新区投资超千亿，新增建成区面积24平方千米，完成大幅推动各区域的联动发展，基础设施、公共服务投资的加大，将使各区域交通、生活更加完善。

（五）加快中心城区功能提升

重点围绕“六旧九新”15个重点片区的有机更新和开发建设，以市内各区为单位，加快推进三环以内批发市场、工业企业、仓储企业、行政事业单位外迁，加快推进城中村改造、棚户区改造,加快建设中央商务区和一批特色街区,优化中心城市布局和城市形态。按照适度超前原则,利用3年左右时间,每年投入200亿元建设资金,提升基础设施和公共服务设施承载能力。中央商务区和特色街区项目顺利推进,商城遗址文化特色街区已完成土地征迁134亩,遗址公园两侧20米的绿化工程已完工,德化步行街升级改造一期工程已完成投资2.6亿元。"六旧九新"片区建设深入实施,按照成片区、整街坊有机更新改造的原则,"六旧"片区38个项目中有30个已完成控规批复,21个完成修规批复,29个完成拆迁,19个项目已开工;"九新"片区264个项目已全部启动。

(六)加快产业集聚区建设

郑州市共有省级产业集聚区15个,市级产业集聚区25个,总规划面积936.06平方千米,已建成面积294.31平方千米。2017年,全市产业集聚区入驻的工业企业有3683家,同比增加358家。其中,规模以上工业企业达到731家,同比增加14家,占全市规模以上工业企业的25.1%。实现规模以上工业增加值1185亿元,同比增长11%,对全市规模以上工业增长的贡献率达到50.9%,拉动全市规模以上工业增长4个百分点。完成投资2657.7亿元,同比增长9.5%,对全市固定资产投资增长的贡献率达到40.2%,拉动全市固定资产投资增长3.3个百分点。郑州市将按照"四集一转"的要求提升产业集聚区载体功能,着力谋划引进在国际上有影响力、在国内有辐射力、对国内外资源有整合力的"三力"项目,加快培育一批超百亿元、超两百亿元甚至超千亿元的产业集聚区。

郑州市着力推进产业转型发展,围绕主导产业发展,创新集群产业链发展模式,做强做大战略支撑产业和战略新兴产业,加快传统产业现代化升级,推动产业集群提质增效。依托中铁装备、富士康、正威、汉威电子等优势企业,形成一批高附加值、高技术含量和市场潜力大的优势产品,促进主导产业集群规模壮大和水平提升。建立新兴产业培育推进机制,依托欧帕机器人、比克、国能新能源、遂成药业、中岳非晶等战略企业,重点围绕智能装备、新能源、生物医药、高端合金材料、智能传感器、节能环保等新兴制造业领域,加快引进龙头企业和重大项目,推动具有一定产业基础的产业集聚区,以"区中园"方式布局建设新兴产业园区,谋划实施一批创新型公共服务平台和引领型标志性重大项目,推动尽快形成集群优势。综合运用现代化科学技术,依托三全、思念、双汇、东风日产、宇通重工、郑煤机等重点企业,加快绿色化改造、智能化改造和新一轮技术改造,推广智能技术和智能装备应用,加快传统产业智能化改造,促进传统产业现代化。引导各集聚区把发展经济的着力点放在实体经济上,进一步提升电子信息、汽车及零部件、装备制造、新材料、铝及深加工和食品制造6个千亿级产业集群的发展。

第六章　城镇化进程中农业转移人口的职业教育

第一节　内涵界定

一、农业转移人口

对于“农业转移人口”这一概念该如何定义，众说纷纭，现在学术界主要流传3种说法。第一种是指不从事农产业的农民，他们从身份上来说依然属于农民，但是在职业上变成了按照一定周期来打工的工人。这是广义上的农业转移人口。第二种是次广义上的概念，学者们从制度、职业、劳动关系和地域等方面对农业转移人口的概念进行定义，认为农业转移人口是来自于农村，拥有着农村户口，从制度上来讲他们的身份依然是农民，但是从事的是非农职业，在劳动关系上属于被雇佣者。由此可以得出，雇佣农民务工的雇佣者并不是真正意义上的农业转移人口。第三种是从狭义上来定义农业转移人口，认为农业转移人口是指来自农村并就职于集体单位和国有单位的劳动力，显然这种定义过于简单和粗略。

综上，农业转移人口主要有两个主要特征：一是拥有农村户籍；二是从农村转移到城镇，从事的是非农业产业的工作。结合上述研究，可以把农业转移人口的内涵界定为拥有农业户籍但不从事农产业的劳动者。

二、就业能力

对于“就业能力”该如何定义，学者们于20世纪中期就开始研究，到20世纪90年代才开始引起学术界广泛的关注。学者们从不同的切入点、不同的角度进行探讨和研究，使得“就业能力”的涵义得到很大的发展。而正因为此，这一概念也呈现出多样化的特征，没有一个确切的定义。目前，广为流传的定义主要有3种：第一种，国际劳工组织将“就业能力”定义为个人获得所从事工作和维持其工作的能力表现，这种能力可以使他们工作中出现的问题都迎刃而解，从而不断进步和完善自己。美国就业委员会也对此持支持态度，认为“就业能力”是个人通过充分发挥自己的潜能而获得工作的能力。第二种，“就业能力”被定义为个体在社会中所拥有的人力资本。弗瑞尔（Furrier）认为这种个体拥有的人力资本可以决定个人的职业发展和成败，职业期望与个体能力是就业能力的组成因素。职业期望是一种个体对提高职业能力和寻求更好的工作机会的愿望，是个体内在的动力特征。个体能力主要由4个因素构成，即个体特性、个体行为、能力评价和人力资本市场行为。第三种，把“就业能力”看作涵盖多方面要素、多角度的定义，有着丰富的内涵。帕拉尔（Pallard）提出就业能力包含多个方面的因素，涉及个体人力资本、环境、市场、人力发展等多个方面。福盖特（Fugate）偏向于从个体特征的角度来定义就业能力，认为就业能力是个体积极适应社会的素养，具体表现为个体适应性、职业归属感、个体资源以及社会关系属性等多个方面。

三、职业教育

"职业教育"被《中国大百科全书·教育》定义为授予学生从事某一职业或在生产劳动过程中所需要的知识和技能的教育。从广义上来讲，职业教育应以普通教育为入门教育。另外，也应该包括为从事各项职业做出的准备教育以及从事职业后的职业培训。而随着经济的快速发展和社会的不断进步，职业教育有了更深层次、更加系统的内涵。在1999年4月的国际大会上，联合国教科文组织将职业技术教育的概念扩展为涵盖了终身教育、全民教育等相关内容。本研究不再拘泥于比较狭窄的定义，而是选择更加全面广泛的内涵，即职业教育不仅包括正规统一的校内培训，也包含校外非正规的职业教育培训。

职业教育所针对的对象主要有两种：一种是仍在接受教育的在校学生，另一种是已经走向社会从业或非农业的劳动者。由于农村教育条件匮乏，职业教育很大一部分的对象是农村的劳动力和青少年，对他们进行职业教育和培训，提高他们的就业能力、知识水平和整体个人素质，使得他们拥有除了农业以外从事其他各种职业的知识和技能，同时为社会发掘出更多的人才。近年来，随着城镇化的迅速发展，社会对人才的需求更是与日俱增，这种培训和教育可以培养出大量的管理人才、技术人才等各种高素质、高质量的人才。与此同时，又满足了农村剩余劳动力进行二次转移的条件，推动农村劳动力尽快融入城镇，从而完成农村劳动力由农民到市民的转化。

四、农村劳动力转移

在发达国家发展的过程中，随着城镇工业经济和服务业的不断快速增长，农村劳动力逐渐向城镇集聚，促使了农业经济实现规模化、现代化发展，产业结构和劳动力就业结构的变动也在理论上促进了农村劳动力的转移。库兹涅茨通过深入调查后，认为城镇产业发展到一定水平而产生的凝聚力会使得就业结构发生改变，从业人员会从农业劳动者逐步转变为工业和服务业劳动者。继而，钱纳里和塞尔昆联合发表《发展的格局》，更有力地印证了上述规律，并进一步阐述了人力资源发展的类别。

在发展经济学论述中，有关人口转移的著作较多，比较有名的如刘易斯模型、拉尼斯—费景汉模型和托达罗模型等，都为国外研究典型代表。在刘易斯模型中，表明了城乡二元结构的差异导致了人口流动，主要差异表现为农村部门的传统生产方式和工业部门的现代生产方式。要改变二元结构带来的差距，必须使得工业经济和农业经济带来的收益水平趋向于一致。刘易斯的理论被拉尼斯和费景汉继承，他们将该理论进一步拓展，认为农业必须和整个社会经济保持同步发展，进一步探讨科技在农业发展中的作用。他们的模型在一定程度上更加准确地论证了工农业平衡增长在二元经济发展中的重要性，以及农业劳动生产率提高决定劳动力转移等观点。而托达罗注意到了城镇失业率在同步增长的问题，农村人口流入城镇，也会导致城镇就业困难，同时农村经济发展缺乏必要的劳动力。在劳动力转移过程中,应重视城乡劳动力的均衡发展,因此,托达罗在模型中加入了就业概率要素,来修正传统的劳动力流动模型。

综上,一些国家在研究农业转移人口的职业教育方面积累了丰富的成果和经验,为我国进行农业转移人口的职业教育提供了借鉴。在我国新型城镇化建设的进程中,农业人口转移有着多方面的影响因素,应充分认识到职业教育因素在劳动力转移过程中发挥的重要作用。

第二节　发达国家农业转移人口的职业教育培训经验

随着工业革命的不断推进,很多发达国家,如英国、法国、德国、日本、美国等,在向工业化和现代化的过渡过程中都遇到了大量农村人口转向城镇并由此产生的城乡发展失衡问题,这些国家都制定了行之有效的应对措施,积累了丰富的经验,为我国新型城镇化进程中农业转移人口的职业教育提供了有益的借鉴。

一、制定全面的政策体系和法律法规

发达国家注重政府在农业转移人口的职业教育工作中的引领作用,通过制定一系列的相应法律法规和政策体系等措施来加强政府的宏观指导和控制。例如, 1601 年,英国制定了《济贫法案》来指导农业转移人口的职业教育培训,从法律上要求转入城镇的农村人口要进行相关的职业培训,提高职业技能和素养,并在就业创业方面为农村转移人口提供一些机会。早在 20 世纪中期之前,英国政府就已制定了一系列法律法规来保障农村转移人口的职业教育培训,比如《失业工人法》《产业培训法》等,并对失业人员提供就业计划和社会保障。与此同时,这些法规规定了有关教育机构设置、评估以及财政等方面的相关问题。1987 年,英国补充修改了《农业培训局法》,这项法规对英国农业转移人口的职业教育培训带来了巨大影响,并被广泛应用到职业教育培训中。

美国从 19 世纪开始就陆续颁布了数十条法案来对农业转移人口相关问题进行宏观调控,比如《劳动投资法案》《赠地法案》以及《职业教育法案》等,相继颁布的法案在农业转移人口的职业教育培训方面构成了比较全面的体系。这些法案规定了农业转移人口的系列问题,如规定培训与高校合作,构建培养计划,还为农业转移人口提供均等化的公共服务,而且每项法案都划拨了一笔足以保证计划能够实施的经费,以对法案的施行给予物质支持。

自从明治维新之后,日本就有大量农村人口转移到城镇就业和生活。在 20 世纪 60 年代,日本政府就已非常重视对农业转移人口的职业教育培训。日本政府积极推动对转移人口的职业培训工作,加大宣传,提供一些免费的培训项目,充分调动社会各阶层人员寻求职业技能和素养提高的积极性和主动性。同时,日本政府通过颁布系列法律条文来规范职业教育培训,为职业教育培训提供方向指引和具体的操作规范。比如,《社会教育法》和《青年振兴法》的相继颁布,为国家对职业教育的宏观调控提供了依据,同时是职业教育培训的法律规范和具体操作指南,产生了深远的社会影响。

此外,其他一些国家如德国和法国等,也相继通过颁布相应法律法规来对农业转移人口

的职业教育工作进行引导和规范。

二、构建多元化的职业教育模式

发达国家在农业转移人口的职业培训方面大多采用多元化的教育模式，注重满足不同人员的具体需求和激发参加培训人员的积极性。单靠政府设置的机构无法满足所有农村转移人口的职业教育培训，而且培训的知识技能有可能是落后的、过时的，容易使参与培训人员产生不好的印象，使培训教育不能实现应有的价值。英国实施多元化的职业教育培训模式，鼓励社会多方主体参与到对农业转移人口的职业教育工作中。英国不仅有政府设置的专门培训机构，企业和社会团体也可根据不同的需求，设置形式多样的职业技能培训学校，甚至个人也可根据特殊需要设立培训中心。培训时间根据农业转移人口的具体需求各不相同，除了有正常上班时间的培训之外，还有各式各样的夜校以及各种期限不同的假期培训班。

美国在农业转移人口的职业教育方面，通过建立学校的方式来加强对转移人口的教育培训，同时注重产学研的紧密结合、理论与实践结合，全方面提高转移人口的职业素养。例如，美国很重视政府在职业教育中的指导作用，通过赠地的方式建立大量的学校，用于专门培养农业转移人口，提高农业转移人口的职业技能和综合素养。同时，美国在转移人口的职业教育方面也注重吸引多方主体参与进来，形成政府、企业组织、协会和个人全员参与、通力合作的局面。

日本在职业教育培训方面采用多种层次和形式的培训方式。针对不同的培训对象，日本的培训学校大致有两种类型：一类是主要针对年龄偏小、学历层次较低的职业高等教育，着重培训农业转移人口的职业技能素养；另一类主要是针对在城镇工作或正处于失业状态的农业转移人口，为了提高这类人的职业技能而展开的偏向短期的集中培训。同时，日本开展多形式的教育培训，开设多种渠道来对农村转移人口进行培训教育，如除了设立专门职业教育培训学校，还开设有各种特色农场、职业高中以及期限短的大学学历培训等来保障农业转移人口的教育培训。

另外，德国、澳大利亚等国在农业转移人口的职业教育培训方面也采取了多层次、多形式的合作培训模式，形成了由政府、机构、社团和个人等多方主体组成的培训机构体系。

三、给予足够的资金保障

发达国家在农业转移人口的职业教育方面会给予足够的经费支持。美国的做法是把职业教育经费预算写入培训法案之中，从法律层面来保障有足够的资金用于对农业转移人口的职业教育工作中。英国政府全力支持农业转移人口的职业教育工作，设立统一的职业教育培训机构对农业转移人口实行免费培训。英国政府设立相应法规，从法律层面规定企业有对农业转移人口进行职业教育培训的责任和义务，并制定激励措施，鼓励更多企业为农业转移人口提供全面优质的职业教育培训，设立年度培训奖，用于专门奖励在农业转移人口职业教育方面做得好的企业。另外，英国政府还不断完善社会保障制度，实行免费医疗保障制度，并将农业转移人口纳入国家保障体系，以解决农业转移人口的后顾之忧。德国将农业转移人口的职业教育培训费用纳入财政预算，每年都从财政收入里划出一定的经费用于农业转移人口的职业教育。同时，企业、社会团体、个人等也是职业教育经费的重要来源。对于在职业教育培训方面做得好的培训单位，政府会从财政方面给予一定的激励，比如免除或降低税负。

四、提供适应社会需求的课程体系

农业转移人口的职业教育不同于基础教育，它侧重于受训者技能的获得和素养的提升。农业转移人口的职业教育相对于普通基础教育来讲，有一定的时效性要求，通常是在较短的时间内提升受训者的技能和素养，以帮助其实现就业或转业。因此，对农业转移人口的职业教育培训应紧跟时代发展的步伐，紧扣社会基本情况。美国在培训内容方面紧跟社会热点需求，为社会培养急需人才，也考虑到农业转移人员自身的特点，开设有关农业特色方面的课程，同时注重弥补农业转移人口的短板，比如为他们提供经营管理、创新创业技能等方面的知识。荷兰和法国为了提高综合国力和世界影响力，非常重视农业转移人口的职业教育工作，在培训工作开始之前，通常会进行充分的市场调查与分析，形成按照需求来进行培训的制度，并根据需求调整课程内容。

发达国家在培训前会严格筛选培训人员，并设置严格的条件，表明其在提高职业培训质量方面的重视。在对农业转移人口的职业技能培训中，注重和高校合作，充分把高校形成的先进科研成果应用到职业培训中。注重提高培训老师的教学技能和水平，对培训老师进行全面考核。比如，英国规定技术过硬的一线劳动者也可以作为职业培训老师，但在入职前需要先通过一定的认定考核。对接受培训的学员也有非常严格的要求，学员必须通过毕业考试后才能顺利毕业。这样，发达国家就能通过教与学等多种方式，保障农业转移人口的职业教育培训质量。

第三节 职业教育与各因素间的协同分析

一、职业教育与城镇化

城镇化强调经济、社会、生态等多方面的协调发展，其中城镇教育、就业等公共服务要素是影响城镇化质量的重要因素。新型城镇化的内涵涉及通过城镇化建设来实现产业和人口的聚集，从而推动经济的发展和社会的进步。新型城镇化强调人的发展，注重提升人的获得感和幸福感。对农业转移人口的职业教育能有效提升转移人口的职业技能和综合素养，进而有效改善转移人口的生产和生活条件，提升其在城镇工作和生活的幸福指数。因此，对农业转移人口进行职业教育，不仅能提升人力资源的综合素质，还能推动新型城镇化建设向更高台阶迈进，是社会实现整体协调发展的重要途径。

城镇化与教育水平息息相关，城镇化程度越高，教育水平越高，它们之间保持着高度的一致性。职业教育能提高各层次人员的职业技能和素养，满足了城镇化建设对于人才的需求，推动了城镇化快速、优质和长久发展。同时，城镇化建设推动了产业经济向更高层次的规模化、现代化发展,也促进了社会对各层次人员职业教育的重视,从而推动职业教育的高质量发展。居民教育水平的提高能够促进人力资本发展和经济长期发展,教育程度较高的城市在经济发展方面会比教育水平相对较低的城市速度更快。数据资料显示,人均受教育年限和城镇化水平呈正相关的关系,人均受教育年限每增加一年,就会推动城镇化水平提高2.2个百分点。因此,城镇化水平的提高意味着人口素质的提高也应同步进行,高质量的教育体系十分重要。

随着城镇化水平的提高,社会对劳动力质量和数量的要求会越来越高,发展地区职业性、社区性的高等教育是城镇化战略上的要求。充分发展城镇教育,需要转变过去落后的教育观,结合当今时代发展的需要构建新时代的人才培育体系,在人口实现集聚的同时全面提高人口的职业技能和综合素养。政府部门、企业组织、行业协会以及个体等应密切协作,共同打造高质量、规范化的职业教育培训体系,资源共享,切实提高农业转移人口的职业技能和素养,为城镇化建设提供必要的人才和智力支持。如今,我国各地兴起的职业教育园区以及国家对发展高等职业院校的支持,都为提升农业转移人口的职业技能和综合素养作出了应有的贡献,有效地推动了城镇化建设的健康可持续发展。

二、职业教育与经济发展

在城镇化建设进程中,社会经济发生了巨大的变化,主要表现为经济结构发生了巨大的转变,生产力发展推动了产业经济结构从第一产业到第二、三产业的转变。这种转变很大一部分得益于劳动力在本质上的转变。正如世界银行提出的,劳动力的平均受教育年限每增加一年,劳动人均GDP就会增长9%,充分表明了劳动力接受教育的重要性。在人力资源的相关理论中,劳动者职业技能和素养的提高是促进社会经济增长的重要原因。职业教育是随着社会工业经济和商业经济发展到一定阶段而逐步兴起的,是提升人力资源智力要素的重要途径,而智力要素的提升又是社会经济增长所必需的。所以,职业教育是推动社会生产力发展的重要因素,是城镇化建设背景下实现社会经济产业结构转型和升级的不可或缺的力量。

目前,我国第二、三产业受教育人口的比例不尽相同。从调查数据中我们可以看出,受教育程度各有差异。农、林、牧、渔、水利产业人员普遍受教育程度较低,大部分都未上过学或只有小学文化程度;第三产业如商业和服务业中,从事农业者的学历大多为初中和高中,而专业技术人员的学历相对高些,大多为大学本科和研究生学历。统计数据表明,第二产业中的从业人员的受教育年限逐年增长,第二产业对从业人员的筛选更加严苛,对人员的素质和学历也有了新的要求。在第三产业的从业人员中,初中和高中学历的人员分布比例相近,本科生的比例也有所增长。由此可以看出,第二、三产业对从业者受教育水平的要求越来越高。农村劳动力的就业形势正在改变,要想顺应城镇化的发展要求,在第二、三产业中找到可以胜任的工作,就必须提升自己的文化素质和职业技能。我国当前的职业教育学校主要表现为中等职业技能院校,为城镇第二、三产业培养了大量的技能型人才,有利地推动了社会生产力的发展和城镇化进程,也有力地促进了就业结构的转型和升级。

随着社会经济的快速发展，相应的技术结构也在发生一定的改变。整体来看，我国经济发展的技术结构处在由半自动化、半机械化逐步向自动化、机械化过渡的状态，但是发展不均衡。随着社会经济的快速发展和国家不断重视整个社会的全面均衡发展，我国技术结构性差异将会逐步缩小，逐步改变过去传统的落后状态，高科技的先进技术将得到快速发展，劳动者也将转变为掌握职业技能的技术性人才。但是，就目前我国就业人员的水平和文化素质来看，仍处于相对落后的状态，特别是农业转移人员的学历水平较低，很多都是初中或初中以下的文化水平，职业技能型人才所占的比例相当低，这表明我国就业人员仍达不到技术结构现代化的需求。职业教育作为培养人才的重要途径，在提高就业人员综合素质和文化水平上发挥着很大作用，应该引起充分的重视。全面推广职业教育，从而提高劳动力整体教育水平，完善人才结构比例。

三、职业教育与社会进步

城镇化的迅速发展带来很多好处的同时，也不可避免地带来了很多问题，比如社会贫富差距越来越大，并由此引发了许多新的社会问题，这种因贫富差距和阶层差距带来的问题亟待解决。应该着眼于底层人口，注重提高农民的收入，逐渐改善这种差距。大力发展职业教育能使很多农村人口接受教育，提高其自身的知识水平、文化素质和专业技能，实现农村人口顺利在城镇就业和生活，同时可以促进农业现代化的进程，提高农民的收入，进而改善城乡差距，缩小贫富差距，解决社会失衡问题。

俗话说“人往高处走”，一个人的见识在很大程度上影响着他的选择。社会学认为，农村劳动力的转移往往取决于他们的受教育水平，人员流动会受到社会发展结构和发展层次的影响，同时与其自身所受的教育水平成正比。统计数据表明，一个人的受教育程度越高，越倾向于向城镇转移，进而接受更高的教育。这种需求无疑会造成城镇教育的供需失衡。城乡的教学资源和师资力量有很大不同，这就导致在农村接受的教育与在城镇接受的教育存在很大的差距。此时的职业教育，恰恰为受教育者提供了更多的受教育机会，保障了教育的公平性，让城乡教育逐渐平衡。

为了保障社会的公平性，要正确处理职业教育与普通教育之间的关系，二者紧密相连、相辅相成。要把职业教育和普通教育放在一个同等的高度，处于相对公平的环境中，合理地进行教育资源分配，并且在制度上给予相应的保障。同时，职业教育应完善自身的体制，在保证教育水平的同时，要适应社会的发展方向，做到与时俱进，为社会培养更多有用的高技能型人才。

四、职业教育与个人发展

为了生存，流入城镇的农村人口必须通过一份工作来获取相应的报酬，维持生活所需，这是他们最基本的生理需求和生活保障。整个社会的二元化结构导致劳动力市场的二元化，也就使农村转移人口和城镇人口之间存在着很大的差距。无论是工作机会、工资水平，还是在职业素养方面，农业转移人口都落后于城镇人口。通过对农村人口在转移前和转移后进行职业教育，改善了我国农村教育落后于城镇教育的现实，缩小了城乡教育之间的差距，满足了农业转移人口素质教育方面的需求，提高了他们在城镇就业和生活的适应能力。

农村人口转移到城镇后，应积极使自身向市民角色转变，积极投身于社会政治、经济和文化等方面的建设中，以尽快得到社会的认可。农业转移人口要树立城镇主人翁意识，积极在政治、经济、文化建设方面发挥应有的作用。主动争取和城镇居民均等化的普通教育和职业教育，努力提升自身的职业技能和素养，以更快地融入城镇生产和生活中。

职业教育能提升农业转移人口的职业技能和素养，而随着城镇化的快速推进，农业转移人口对自身素质的要求将不仅仅局限于此，而是有了更高的要求。职业教育的存在，不单单是为经济建设作贡献，给予受教育者专业知识和专业技能使之具有更好的工作能力，还具有公共教育的属性，即培养人的公共思想道德意识和法律法规意识。通过职业教育，受教育者能不断加强公民意识，在世界观、人生观和价值观方面形成正确的理念。同时，职业教育也应对农业转移人口进行职业道德方面的培养，塑造其敬业、诚信、团结合作的职业品质，端正受教育者的职业态度和纪律，着力塑造具有社会责任感、敬业诚信、遵纪守法的优秀人才，进而使得农业转移人口能够在自己的岗位上发挥一定的社会作用。

第四节　城镇化进程中农业转移人口职业教育的路径建议

一、加强职业教育工作的政策导向

（一）构建有关农业转移人口职业教育的政策体系与制度

随着农村人口不断向城镇转移，政府应该重视与之相关的制度完善，加快建立健全农业转移人口职业教育的法律制度和运行机制，解决目前农业教育人口职业教育方面立法空白的局面，加快与之相关的立法工作。在确立法律相关政策制度后，要严格依照法律法规的相关规定落实农业转移人口的职业教育培训工作。同时，政府相关部门应履行监督管理的责任和义务，公平公正，建立健全司法运行机制，确保相关政策法律法规落到实处。对于违反相关法律法规的行为，要严厉追究相关部门和人员的责任，真正做到执法必严，违法必究，从而确保农业转移人口的职业教育工作顺利开展并取得一定的成效。在制度创新方面，要加快和创新配套机制，深入改革阻碍城乡融合发展的一系列制度。比如加快户籍制度改革的步伐，为城乡人口自由流动创造良好的条件；完善用工制度，公平公正对待农业转移人口，减少大众对农业转移人口的歧视，改善农业转移人口子女就业方面的不公平待遇；加大对住房保障方面的改革力度，对农业转移人口提供廉租房，让转移人口在城镇有稳定的住所，改善农业转移人口的居住环境，缓解其生活压力和进城的“门槛”。

（二）加强宏观的协调和指导，推动农业转移人口职业教育多元化、全面化、深入化

政府加强对农村转移劳动力职业教育的宏观协调和指导，推进农村转移人口职业教育的多元化、全面化和深入化。从微观层面上看，进城务工的农业转移人口能为其所服务的雇主带来利润和效益，因此，企业应承担起提高农业转移人口的职业技能和素养的责任，加强

与之相关的教育培训工作。从宏观层面上来看,农村转移劳动者职业技能和素养的提高,能提高企业的利润和效益,有利于整个社会生产力的提高,为社会经济作出很大贡献,也有利于整个社会的稳定。因此,对农业转移人口的职业教育培训不仅是企业的责任,也应引起社会各方主体的重视。政府、企业、相关协会组织以及个人等各方主体应资源共享、密切协作,努力打造多元化、系统化、全面化的职业教育培训体系,共同为全面提升农业转移人口的职业技能和素养发挥各自应有的作用。根据市场需求和就业要求,建立覆盖全体劳动者的培训补贴政策,适时调整补贴标准,推进市场化培训,通过公开招标的形式,公开公平地推进相关职业教育培训工作。加大政府对农业转移人口职业教育的财政资金支持,鼓励利用社会资本建立更多的民办职业教育学校,对做出一定成果的相关培训机构和学校给予财政补贴和奖励。同时,为了提高职业教育培训效果,政府对于培训合格的农业转移人口颁发相应的职业资格技能鉴定证书,以此激励转移人口参与职业教育培训的积极性和主动性。

(三)建立投资稳步增长机制

不断完善与职业教育相适应的公共财政体制,加大政府在农业转移人口职业教育培训方面的资金支持力度。同时,充分运用市场手段筹措资金,让更多主体参与分担职业教育的成本支出,扩大职业教育资金筹措渠道。要按照市场经济要求,促进职业教育举办主体多元化、投资渠道多样化、建设运营市场化和相关领域产业化,要放宽市场准入门槛,拓展企业投资职业教育的渠道。按照法律法规的相关规定,多种途径、多种方式、尽可能地吸引社会资本投入职业教育培训中,并鼓励经济体、社会组织和个人对职业教育事业的赞助、捐助。以更加开阔的视野,放眼全球,加强职业教育同国外友好城市和国际相关组织合作,提高我国职业教育事业的竞争力。

二、重视农村区域的基础教育

(一)加强对新型社区中小学校、幼儿园建设的重视

农村基础教育对整个农村人口的提升有着重大的作用,为农业转移人口的职业素养奠定了基础。因此,对农业转移人口的职业教育必须重视农村的基础教育,从基础做起,从而提升农村人口的整体文化水平。在新型城镇化建设进程中,新型社区的中小学、幼儿园建设,要与新型社区的建设同时设计、同步施工、同时完工。由开发建设单位承建的学校建成验收合格后,移交给政府,并由教育行政部门举办。义务教育阶段公办中小学校的硬件建设要达到我国农村义务教育阶段学校办学条件基本标准的要求,基本实现城乡无差异、学校无差异。依托现有规模相当、办学条件相对较好的中小学校、幼儿园规划新型社区,并充分考虑外来人口增加和人口出生高峰因素,预留足量的教育用地。

(二)完善"1+X 优质教育发展共同体"机制,认真落实城区学校与农村学校"结对交流"政策

义务教育阶段要由城区学校和农村学校结成优质教育发展共同体,重点从制定学校发展规划、美丽校园建设和学校课程建设等方面促进乡镇学校发展,每个学年结对一个,带动一个,提升一个。各中心学校可以安排辖区内 2 所小学结成"1+1"优质教育发展共同体。

通过开展送观摩课、集体教研、集体备课、城区学校教师与农村学校教师结对子、城区学校与农村学校校长交流等活动，全面提升农村教师的业务水平和农村校长的理论水平、业务水平、管理水平、办学水平。

（三）切实提升农村地区义务教育和农村人员的文化水平

针对农村人员的实际情况，学校在教授文化基础知识的同时，要注重培养他们的实践应用知识，把理论知识和生产实践技术紧密结合，从而更好地提升农村人员的职业技能和素养，为他们今后走向社会打下一定的基础。结合时代发展的要求，在广大农村地区加强宣传科技知识，进行相应的科技示范，为农村人员提供免费的科技知识咨询服务，让广大农村人员能接触到最新的知识、掌握新技术、开阔视野，为他们转移到城镇、更好地适应城镇生活做好铺垫。

三、形成以人为本的职业教育模式

随着城镇化的不断推进，大量的农村人口集聚到城镇，进而在长期的工作和生活中成为城镇居民。但农业转移人口文化水平低，掌握的业务知识有限，使得他们在城镇就业中受到诸多限制，降低了其在城镇的生活质量。因此，对农业转移人口进行职业教育，提高其工作技能，是社会和个人发展的迫切需要，应针对社会需求和个人的实际情况选择适合的培训教育模式。

（一）利用信息化平台，加大人力培训工作的宣传力度

充分利用电视、网络、户外媒体等多种方式，积极宣传职业培训教育的社会意义以及对个人发展的重要性，利用信息平台传递就业信息和培训课程体系，让相关人员能快速掌握相关职业信息并获得相应的技能培训。

（二）坚持以人为本，实现培训方式的多样化

职业教育应做到以人为本，采用网络、公办学校、民办培训机构等多样化的培训方式，充分考虑农业转移人口在时间上和精力上的便利性。引进更多民办机构参与职业教育培训，通过网络教育、晚上或周末上课等适应劳动力时间需求的多样化教育方式，让更多人参与到职业培训中来，真正发挥职业教育应有的作用。另外，培训内容应充分考虑培训对象的文化水平，必要时应做合理的解释并融入更多的实践业务，理论和实践操作充分结合，提高学员对所学知识的理解。同时，培训内容应与职业密切相关，充分考虑城镇化进程中职业的新需求，加大第三产业内容体系的培训力度，真正为相关行业提供职业所需的专业技能型人才。

（三）做好职业培训规划，有效推动农业转移人口的职业培训工作

要系统规划好职业培训工作，深入做好社会调查，培养社会需要和满足个人职业价值的人才。加强职业教育工作的宣传，不断扩大农业转移人口的知识面和视野，让其自身能充分认识到进行职业提升的重要性和必要性，进而产生进行职业培训的强烈需求，并培养其不断获取知识的学习理念。职业教育培训不能盲目地进行，应制定好计划和目标，有步骤、有秩序地开展，以保证能获得应有的效果。培训教育不能流于形式，要进行深层次的教育培训，因材施教，充分挖掘每个学员的天赋和潜能，切实提高学员的职业技能和综合素养。学员个体应结合自身实际情况，将培训内容和自身实际工作相结合，寻求提高工作技能的方法，切实做到学有所用。只有学员充分注重所学知识的灵活运用，将理论知识和实践工作紧密结合，才能在教育和工作中不断提升自身的本领和技能。

四、完善农业转移人口的创新创业培训

（一）建立健全支持新型职业技能发展和生产经营的政策体系

从教育培训、土地流转、金融信贷、农业补贴和社会保险等方面进一步加强对新型技能型人才发展的支持力度，建立高素质人才的激励机制，改变农业从业者年龄偏大、学历层次偏低、整体科学文化素质偏差的现状。加强对职业技能的宣传，增加全社会对农业转移人口的身份认同，逐步减轻直至消除社会上对“农民”的身份偏见。

（二）开展农业转移人口创新创业培训，加大对科技型、创新型、复合型、实用型人才的引进和培育

根据农民自身的特点，展开满足其特定需要的创业培训，提高农民创业成功的概率；选拔一批成功的企业家、率先创业的先进者、网络精英以及具有敏锐眼光的投资者等成为创业培训的导师，丰富和完善创业培训的师资队伍，切实为准备创业和已创业中的农民提供全面的培训和指导。对符合条件的参训人员给予培训补贴和生活费补助；对参加创业培训合格后，创办经工商注册或民政登记的，并依法纳税参加社会保险的创业实体，给予培训机构补贴。积极培育扶持本地实用型人才，加强文化、科技等方面的培训，提升实用人才的整体素质，在生产信息、生产用地、生产资金、生产技术等方面给予政策、资金扶持，为实用型人才创造更多的发展机会。

（三）健全就业创业帮扶机制，搭建多层次的创新创业平台

实施“双免工程”和“技能振兴工程”，通过就业创业指导、职业技能培训、就业岗位推荐，帮助农业转移人口就业。继续落实创业扶持政策，利用创业补贴培训、创业补贴帮扶、创业贷款扶持、创业孵化园帮扶等政策，推动创业带动就业，实现“大众创业、万众创新”的新局面。加大对就业困难人员的帮扶，各级就业保障部门做好就业困难人员认定工作及安置帮扶工作。要结合实际积极开发适合农业转移人口的就业岗位，促进就业困难人员多途径就业、就近就地就业。通过公益性岗位安置，保障就业困难人员实现就业。强化用工管理，加强劳动监察执法，维护劳动者合法权益。建立创业扶持基金，以服务中小企业发展为目的，为小微型创新企业提供研发、经营场地及全方位孵化服务，有效降低创业风险和创业成本。加快农村电子商务发展，支持适应乡村特点的电子商务服务平台建设。围绕高校建设、企业建设、政府主导农民建、政府主导政府建、社会资本主导建、现代农业企业建等模式，加强创新创业平台建设，促进科技成果转化，着力构建产业集聚区、特色农民创业园和各种创新创业平台联动发展格局，以创新创业带动更多人就业。

五、构建全面的职业教育内容体系

（一）注重发展多种形式的教育和培训

应在保障义务教育的前提下，注重发展职业教育、实用技能培训等多种形式的教育和培训。加快建立政府扶助、面向市场、多元办学的培训机制，培养实用型和创新型人才。实施人才培养重点工程，注重培养并形成与特色产业布局相一致的技术型人才聚集群体。由于农业转移人才培养，应着重提高培养单位的责任意识，培养真正为社会所需的人才，努力提升受训人员的职业技能和素养。对社会上各培训单位进行资源整合，充分发挥培训集团的优势，做强做大培训品牌，逐步形成行业核心竞争力。

（二）加大第三产业就业能力培训力度，建立可持续的职业培训机制

应结合城镇经济发展的需要和新时代的职业要求，加强对城镇化建设中第三产业发展所亟需的人才进行专业教育培训，对农业专业人口职业教育培训的内容进行实时调整。当前，在对农业转移人口的职业教育培训中，第三产业方面的培训相对较弱，应根据市场需求，着重培养农业转移人口有关第三产业方面的知识和技能，提高其在第三产业中的就业能力。对农业转移人口的培训应采用可持续的培训方式，应根据城镇化不同时间段发展的需要对农业转移人口进行全方位的多次、多阶段培训。对于城镇就业中的工业和服务业，因为当今社会生产技术更新速度快，一项技术和作业方式可能很快就会被淘汰，因此对城镇建设中农业转移人口的培训应是持续性的，应不断更新其固有的知识结构，使其掌握最新的业务知识，以适应时代发展的需要。应注重加强与就业中介机构的联系，获取及时、有效的教育信息，了解农业转移人口的需求。根据其需求来进行有针对性的培训，并对农业转移人口做好服务，努力提升农业转移人口的业务知识和就业能力，提高其在城镇生活的获得感和幸福感。

（三）完善农业转移人口的职业教育课程内容体系，提高职业教育培养层次

开展与普通高中教育并行的职业高中教育，提高职业高中教育的职业技术水平，让职业高中毕业生成为同时具备文化和专业技术的知识型和技术型经营者，为城镇化建设储备技术力量和人力资源。与大中专院校合作，创建干部进修班，对农业转移人口进行集中轮训，主要培训内容为农学、商学、法律等专业课程，为城镇化建设培养技术素质过硬的职业经理人、经纪人，也为地方储备政治素质过硬的基层干部。与技术院校、科研院所、专业技术协会和相关龙头企业等合作，开展弹性学制的职业教育，对现有农业转移人口进行培训，培训基础职业技能知识，并着重提升专项技术，打造拥有专业知识的新型职业技能型人才。结合精准扶贫，以就业岗位为导向，对生存技能低的贫困农业转移人口给予免费的专业技能培训，提高其自救能力。通过政府购买服务、特聘技术专家等方式，为当地区域特色产业提供专业技术指导。鼓励规模化经营企业与专业技术机构建立合作，利用技术合作，推广科技在生产中的应用。

六、创造良好的人才培养环境

（一）培育和规范农业转移人口的职业培训市场

农业转移人口的职业技能水平，直接影响他们进入城市以后在工作岗位上的劳动效率

和工作水准，影响城市建设的水准。结合当前政府职能转变和机构改革，应努力做好以下几个方面的工作：一是鼓励民间资本投资兴办职业技能培训学校。要把农业转移人口的职业技能培训作为一个市场行为，全面引入市场机制，实行企业化运作，打破当前政府垄断的现状。鼓励民营资本投资兴办职业技能培训学校，符合条件的给予职业技能证书授予权，政府负责对办学水平进行定期评估，对办学条件进行达标验收，放手把培养人才的任务交给培训机构去做。二是鼓励企业办学校。当前阶段，一些大型企业都兴办有自己的高管学院，比如某某房地产开发企业兴办有某某商学院，以此来提升高级管理人员的工作能力和知识储备，为企业的发展做出了智力投入，这是高级层次的现象。但是在现阶段，劳动力市场逐渐向技能型和知识型转变，普通的一线工人如果不进行培训，很难胜任工作岗位，因此，鼓励知名企业进一步提高社会责任意识，把员工的岗前培训延长为职业技能培训，这样一来，既有针对性地解决了"用工荒"的困境，又为社会进步作了巨大贡献。三是加强政府监管，做好职业技能培训的规划与管理。作为社会管理的政府机关，应结合区域人口构成和城市化特点，统筹做好农业转移人口的职业技能培训中长期规划，并监督规划落实，把职业技能培训学校的兴建选址，放到城市发展的内涵建设上来，不仅使农业转移人口在城市建设阶段能够学到一技之长，能够为城市建设作贡献，而且在城市建成之后，落户城市的农业人口也能通过职业技能学校学习到新的技能，与社会同步，与时代合拍，能在城市安居乐业。

（二）创造良好的人才培养服务环境

公安、教育体育、住房和规划建设、人社、财政、工商质监、科技、卫生等有关部门为农业转移人口提供落户和户籍管理、子女入学、住房、基本医疗、卫生保健、社会保障、权益维护等方面的政策咨询和便利措施，提供免费的公益性服务，及时帮助解决生产经营中的实际困难，协调落实有关政策，优化服务环境。建立政府、用人单位领导、主管部门领导与农业转移人口的紧密联系制度，召开座谈会，听取其意见、建议，帮助解决其生活、工作中的困难和实际问题，使主管部门和农业转移人口之间做到紧密联系。建立覆盖城乡的城市、新市镇、新型社区（特色保留村）等多级公共服务体系，加强服务中心建设。依托社会服务、中介服务、物业服务等窗口，按照机构、人员、场地、设备、经费、工作等要求，改善办公条件，建设标准化劳动保障工作站，实现服务网络互联、信息共享，建成市、乡镇（街道）、新型社区多级就业服务平台。

（三）营造农业转移人口职业技能培训的城乡社会环境

现阶段，多数农业转移人口从农村走向城市，都是比较茫然的，找不到自己的职业定位，也找不到社会的需求。如果把这种现象放到城市发展和社会进步的历史长河中去看，就是缺少了城乡社会对农业转移人口主动的帮扶环境。目前，需要继续加大农村职业学校的教育投资和招生培训力度，开设社会继续教育相关的专业，让学员系统地学习专业技能知识，为走出农村、走进城市提高就业能力。同时，全面加强社会配套服务。农业转移人口到城市以后，往往有些后顾之忧尚未解除，比如就业信息的获取、子女教育问题和空巢老人问题等。因受到当前城乡二元制壁垒的阻碍，他们无法享有与城市人口同等的待遇，无法安心在城市发展，从而形成候鸟式的迁徙运动。针对这种现象，结合当前政府机构改革和职能转变，急需打破城乡二元制结构，全面提高社会服务水平，改革户籍制度，真正让农业转移人口进得来、留得住、用得上。

第五节　城镇化进程中河南农业转移人口职业教育综合水平实例分析

一、河南省农业转移人口职业教育结构性变迁

农业转移人口的职业教育是一项系统工程，在农业转移人口职业教育横向结构上，既应该包含促使农民脱离农业的基础农民教育，也应该包含农业人口转移进入其他行业的职工教育；在职业教育的纵向结构上，农业转移人口教育是一项长期工程，应该贯穿农业转移人口的职业成长教育全过程。因此，农业转移人口的职业教育结构既包含转换就业前期的基础教育、为入职做准备的中等教育、提升职业水平的职业技能培训及提高创新能力的高等教育，还应从纵横两个截面综合考虑农业转移人口的职业教育结构变迁。考察农村转移人口职业教育的结构性变化，需要综合农民教育和职工教育数据，重点从纵向截面研究农村转移人口在职业成长教育全过程的初、中、高阶段的结构合理性。具体来看，农业职业教育体系纵向结构分为农民与职工初等教育、农民与职工中等教育、技工学校教育和职业技术培训教育、农民与职工学院四个阶段，系统研究农村转移人口在入职前到入职后从初等基础教育到高等职业教育层次的提升问题。基于这个分析，从四个层次的毕业生方面分别考察近年来农业转移人口职业教育的结构性变迁，河南省2010—2016年农业转移人口职业教育结构性变迁如图6-1所示。

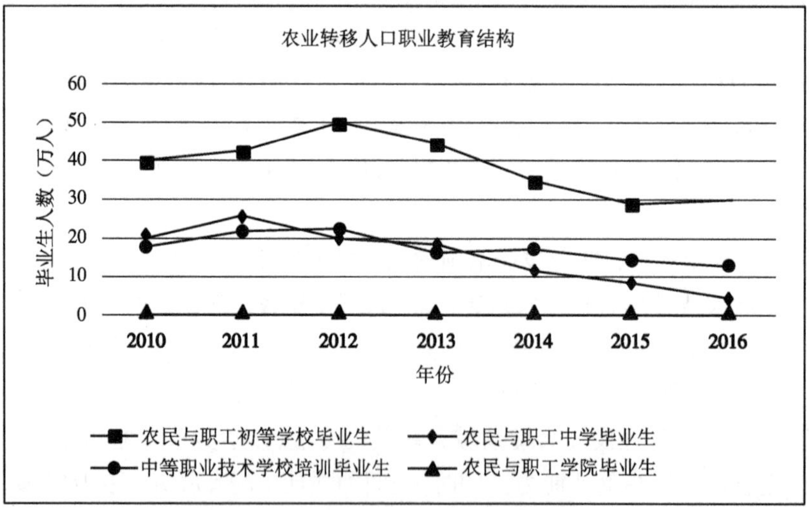

图6-1　农业转移人口职业教育结构

从空间结构截面上看，一直以来，参加农民与职工初等教育的人数较多，而参加中等、高等教育的人数较少。这是由于经过初等教育基础知识储备后，一部分转移农民工可以直接

选择进入技工学校和职业技术培训学院的初级班学习，这部分学生毕业后大多是一线工人；一部分转移农民工部分选择继续进行中等教育，继而参加技术培训和技工教育，这部分学生毕业后大多成为中高级技能工人；还有一部分没有继续进行技能培训而直接选择就业。以2016年为例，参加完初级教育后，继续进行中级及专业职业教育的人数只占49.12%，也就是有将近一半的农业转移人口未进行更高层次的职业技能教育，这一数据也揭示了目前农业转移人口整体文化素质不高、就业层次较低以及创业能力不足等现象。

从时间变迁截面上看，2010—2012年，参与农民与职工初等、中等、中等职业技术教育及高等教育的人数变化不大；而在2012、2013年，农民与职工的初等、中等职业技术教育毕业人数均有一次大的提升，这是因为2012年党的十八大提出要大力推进农业转移人口的市民化，通过户籍制度改革，推进农村转移人口职业教育，提高农村人口融入城市的能力。基于这一政策指引，更多的农村转移人口重新开始重视教育问题，数据上体现为参与农民与职工初等、中等职业技术教育的成人人数增加。2013—2016年，随着农村对教育的重视，农村人口素质整体逐渐提升，参与农民和职工初等与中等教育的成人人数逐渐减少。但2013—2016年参加中等职业技术教育乃至高等教育的人数也在逐年降低，这一方面是因为近年来我国逐步取消了部分职业资格证考试（自从2013年至今，共有400多项国务院部门职业资格许可和相关认定事项被分批次逐步取消，这其中包括154项专业技术职业资格和280项技能职业资格。至此，相关许可和事项已取消70%以上），导致职业技术培训学校数量减少，学生进入培训学校学习的积极性降低。另一方面，国内职业教育培训主要面向劳动力密集型的行业，对从业者的知识技术水平要求较低，职业技能学校专业与社会亟需专业技能的脱离，导致市场上符合企业需求的人才供给不足。加上职业技能培训学校学制以3年为主，学习时间较长，时间不灵活，不能满足转移农民工急于就业的需要，一部分学生选择在实践中而非在正规学校学习技能。

二、评价指标维度体系

新型城镇化的“新”在于城镇建设的“以人为本”，其本质是实现部分农村人口向城镇人口的转变。这一过程包含两个方面的内容：一是农村人口在空间上的转移，即部分剩余农民由“农村人口”向“城镇人口”身份的转变；二是产业结构在空间上的转移，即非农产业向城镇的聚集。因此，要实现农业转移人口“市民化”，就必须首先完成转移人口在就业方向和就业能力上的“非农化”，转移人口在非农产业的就业和创业能力将直接决定他们“市民化”的速度和结果，而转移人口要想在城镇立足和定居必须具备在城镇就业和创业的能力，这就决定了他们必须具备由第一产业向第二、三产业职业转变的知识和技能。职业教育的目的是提升农业转移人口的生计能力、学习能力、创新能力、自我实现能力，实现农业转移人口在工作技能、文化观念、生活方式、思维角度等方面的进步，提升农业转移人口适应城镇、融入城镇的能力，而这些能力的提升需要职业教育在教学模式、教学资源、教学效果上的综合保障。因此，对农业转移人口职业教育综合水平评价应围绕“为农业转移人口提升综合素质、就业水平和就业能力提供支撑”这个中心目标，指标体系的选择应为实现这一目标的前提要件以及能够体现教育效果的定量指标。

农业转移人口的职业教育要围绕“为农业转移人口提升综合素质、就业水平和就业能力提供支撑”这一中心，突出职业教育的根本目的是为转移人口转变就业方向、提升就业能力，实现“市民化”提供支撑，而实现这一目标需要职业教育体系在教育模式、教育能力和教育效果方面的综合提升。因此，评价指标体系应包括三大维度：教育模式评价、教育能力评价和教育效果评价。其中教育模式维度重点反映农业转移人口职业教育的数量和质量，教育能力维度重点反映职业教育的资源和潜力，教育效果维度重点反映职业教育的成果和效率。

在评价指标体系的设计上，根据指标体系设计的标准和河南省农业转移人口职业教育的影响因素，依据 PRED 理论，结合专家分析等方法，把河南省农业转移人口职业教育的相关体系指标分为目标层、一级指标层、二级指标层和分项指标层等层次，由此构建了农业转移人口职业教育综合水平评价指标体系，见表 6-1。

表 6-1　新型城镇化建设中农业转移人口职业教育综合水平评价指标体系

目标层	一级指标层	二级指标层	分项指标层
农业转移人口职业教育综合水平	A1 教育模式	B1 教育层次	C11 参加学校中等教育培训人数（万人）
			C12 参加学校高等教育培训人数（万人）
		B2 培训方式	C21 参加网络培训人数（万人）
			C22 培训时间为 1 年以上人数（万人）
		B3 行业指向	C31 为第二产业培训人数（万人）
			C32 为第三产业培训人数（万人）
	A2 教育能力	B4 师资力量	C41 教师数量（万人）
			C42 教师本科以上学历所占比例（%）
		B5 培训机构	C51 公办学校数量（所）
			C52 民办学校数量（所）
	A3 教育效果	B6 就业能力	C61 培训就业率（%）
			C62 获得职业资格和岗位证书人数（万人）
		B7 就业水平	C71 平均工资水平（元/月）
			C72 参与培训教育占转移人口的比例（%）

三、评价方法和模型选择

（一）数据矩阵的建立

为评定河南省农村转移人口职业教育综合水平，需搜集河南 m 年的指标数据，而指标体系包括 n 项指标，于是形成了一个 $m\times n$ 的矩阵，形成了一个对 m 个年份、n 项指标做综合评价的问题。建立的数据矩阵可表示为

$$U=\{u_1,u_2,\cdots,u_i,\cdots,u_m\}\quad(i=1,2,\cdots,m)$$
$$u_i=\{X_{i1},X_{i2},\cdots,X_{ij},\cdots,X_{in}\}\quad(j=1,2,\cdots,n)$$

式子中，u_i 表示单个年份数据值。

矩阵中共有 m 个年份，由此得到一个数据型的矩阵 $X=\{x_{ij}\}_{m\times n}$，式中 x_{ij} 代表的是第 i 个年份的第 j 项指标数据表征。

（二）指标数据处理——标准化

从构建的评价指标体系可以看出，分项指标层中数据的量纲与数量级存在差异，缺乏数据的直接可比性，如果直接使用原始数据进行计算会突出量级高的数据的重要性。但实际中，指标体系中不同量级的数据应该处在同一个重要等级上，因此，为了去除量纲的影响，保持评价的可靠性，评价前需要先对原始数据进行标准化预处理。通常，对指标数据的标准化处理可使用直线型标准化（极值法、标准差法）、折线型标准化（三折线法）和曲线型标准化（半正态分布）3 种方法，每种方法各有优劣。鉴于本指标体系的特征，经过咨询专家与综合对比，这里选用直线型标准化法中的 min-max 极差标准化法。具体的计算方法如下：

$$x'_{ij}=(x_{ij}-\min x_j)\div(\max x_j-\min x_j)$$

式中，x_{ij} 和 x'_{xj} 分别为原始指标值和标准化后的指标值。

（三）权属的确定

在这一模型中，由于存在多层指标群，而每层指标的重要程度都不相同，因此，模型中权重的确定就显得尤为重要。在权数的确定方法上，常用赋值方法主要包含主观判断赋值和客观赋值两大类。主观判断赋值可选择德尔菲法、专家会议法、主成分分析法等，但由于这些方法主要凭借人的主观判断，因此权数的确定容易受到人为因素的影响，易出现赋值的主观随意性，从而致使评价出现偏差。而客观赋值法主要依据现实数据在统计分析的基础上确定权重，因此，得到的权重在一定程度上规避了人为影响，得到的结果也更客观，常用的客观赋值法包括信息熵值法、变异系数法等。这里选用信息熵值法计算权数。这种方法是将数据进行统计运算，通过对统计指标信息无序度的衡量得出信息熵，指标的无序度越高，信息熵值越大，其传递的效用值越小，权数就越小；反之，权数越大。同时，在计算过程中，熵值函数对于统计信息系统是恒定的，因此，这种方法反映的指标信息熵值和信息效用更客观，可信度更高。

信息熵的计算公式为

$$e_j=-k\sum_{i=1}^{m}x'_{ij}hx'_{ij}$$

式中，e_j 表示第 j 项指标的信息熵值，$k=\dfrac{1}{\ln m}$，m 为年份数。

e_j 的取值范围为 [0，1]，e 的数值越小，表示该指标数值越有序，权数应该越大。当 $e=1$ 时，表示该指标值有序度为零，权数应该越小。

由信息熵传递的信息效用价值为 d，计算公式为

$$d_j=1-e_j$$

指标的权重计算公式为

$$w_j=d_j/\sum_{j=1}^{m}d_j$$

当评价中发现某个指标出现不均衡发展的局面时,尽量找到影响该指标值不均衡发展的影响因素,可通过对该影响因素实施必要的干预策略,来实现指标体系的整体均衡协调。

(四)评价模型的构建

由于指标体系中的单个分项指标只能从某一方面反映农业转移人口职业教育状况,而职业教育具有系统性和综合性,因此,需要利用综合性的指标体系才能完整体现农业转移人口职业教育的整体水平。本研究将利用加权法将各类单向评价指标转化成综合性指标系统,以全面反映职业教育的整体综合水平。具体可通过如下公式来进行相关计算。

定义:$Y_A=\sum\bar{x}_{ij}\omega_j$ ①

其中, Y_A 表示一级指标 A 的变动指数;

$\bar{x}_{ij}$表示各分项指标的标准化值;

ω_j 为$\bar{x}_{ij}$的单排序权重。

定义:$CIUASD=\sum\bar{x}_{ij}\omega'_j$ ②

其中, $CIUASD$ 表示职业教育综合变动指数;

$\bar{x}_{ij}$表示各分项指标的标准化值;

ω'_j 为$\bar{x}_{ij}$的总排序权重。

四、河南新型城镇建设中转移农业人口职业教育综合水平实证分析

运用前面构建的评价模型,对河南省新型城镇建设中转移农业人口职业教育水平进行时间序列(2010—2016 年)的定量评价与分析,整体判断评价系统及其子系统在新型城镇化建设中是否向推进农业转移人口的"市民化"方向发展。

(一)数据来源与整理

综合评价指标原始数据主要来源于相关年份河南省统计年鉴和河南省统计公报等资料,经标准化处理后数据如表 6-2 所示。

表 6-2 标准化后的指标数据

年份	2010	2011	2012	2013	2014	2015	2016
C11	0.68	1.00	0.86	0.52	0.34	0.24	0.01
C12	1.00	0.84	0.85	0.22	0.33	0.30	0.01
C21	0.20	0.01	0.03	0.18	0.24	0.61	1.00
C22	0.42	0.72	1.00	0.17	0.01	0.28	0.07
C31	0.60	0.65	0.12	0.01	1.00	0.66	0.74
C32	0.98	1.00	0.85	0.25	0.26	0.16	0.01

续表

年份	2010	2011	2012	2013	2014	2015	2016
C41	0.45	1.00	0.62	0.39	0.40	0.07	0.01
C42	0.01	0.79	0.86	0.92	0.97	0.96	1.00
C51	1.00	0.67	0.50	0.26	0.25	0.03	0.01
C52	0.89	0.94	1.00	0.76	0.44	0.39	0.01
C61	0.01	0.33	0.01	0.33	1.00	0.67	1.00
C62	0.01	0.53	0.74	0.67	1.00	0.78	0.54
C71	0.01	0.25	0.42	0.64	0.77	0.85	1.00
C72	0.01	0.15	0.04	0.85	0.98	0.98	1.00

注：由于后面要对标准化后的数据取对数，因此将所有 0.00 的数据修改为 0.01。

第一步，计算各个指标的权重。结合上述标准化后的指标数据，通过信息熵值法对各个指标确定权重。各指标的权重如表 6-3 所示。具体来说，把分项指标在二级指标层中所占的权重称为单排序权重，分项指标在总目标层中所占的权重称为总排序权重。

表 6-3　各分项指标的权重

目标层	一级指标层及权重	二级指标层及权重	分项指标层	单排序权重	总排序权重
农业转移人口职业教育综合水平	A1 教育模式（0.35）	B1 教育层次（0.11）	C11 参加学校中等教育培训人数（万人）	0.45	0.05
			C12 参加学校高等教育培训人数（万人）	0.55	0.06
		B2 培训方式（0.10）	C21 参加网络培训人数（万人）	0.53	0.06
			C22 培训时间为 1 年以上人数（万人）	0.47	0.05
		B3 行业指向（0.14）	C31 为第二产业培训人数（万人）	0.43	0.06
			C32 为第三产业培训人数（万人）	0.57	0.08
	A2 教育能力（0.31）	B4 师资力量（0.18）	C41 教师数量（万人）	0.19	0.03
			C42 教师中本科以上学历所占比例（%）	0.81	0.15
		B5 培训机构（0.13）	C51 公办学校数量（所）	0.37	0.05
			C52 民办学校数量（所）	0.63	0.08
	A3 教育效果（0.34）	B6 就业能力（0.15）	C61 培训就业率（%）	0.61	0.09
			C62 获得职业资格和岗位证书人数（万人）	0.39	0.06
		B7 就业水平（0.19）	C71 平均工资水平（元 / 月）	0.30	0.06
			C72 参与培训教育占转移人口的比例（%）	0.70	0.14

第二步，对子目标进行动态评价。依据上述标准后的指标数据和单排序权重对各子目标予以评价，得到四个子目标（A1，A2，A3，A4）的动态评价值，以分别评价子目标的动态发

展状况。

(1)根据C11、C12、C21、C22、C31、C32标准化后的数值和它们的单排序权数,运用模型公式得到2010—2016年教育模式变动指数(见图6-2),并以此作为评价农业转移人口职业教育模式动态变化的标准。

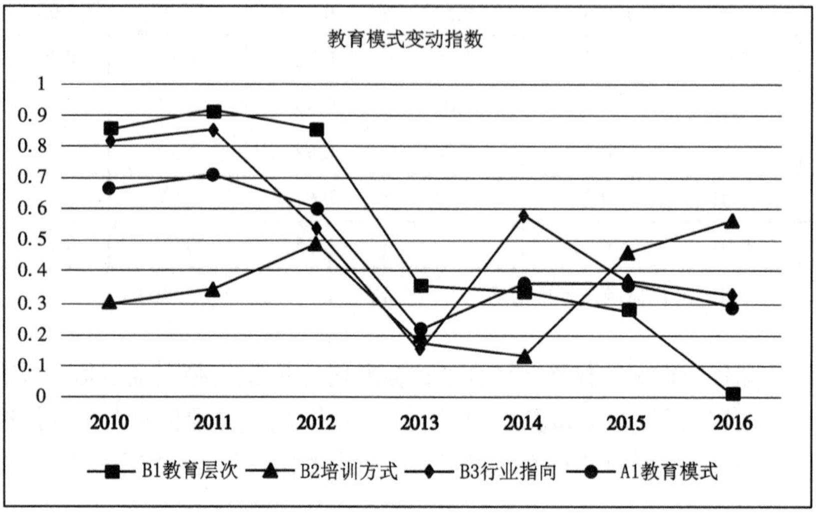

图6-2 教育模式变动指数

(2)根据C41、C42、C51、C52的标准化数值和各自的单排序权数及二级指标权数,运用模型公式得到2010—2016年教育能力变动指数(见图6-3),并以此作为评价农业转移人口职业教育能力动态变化的标准。

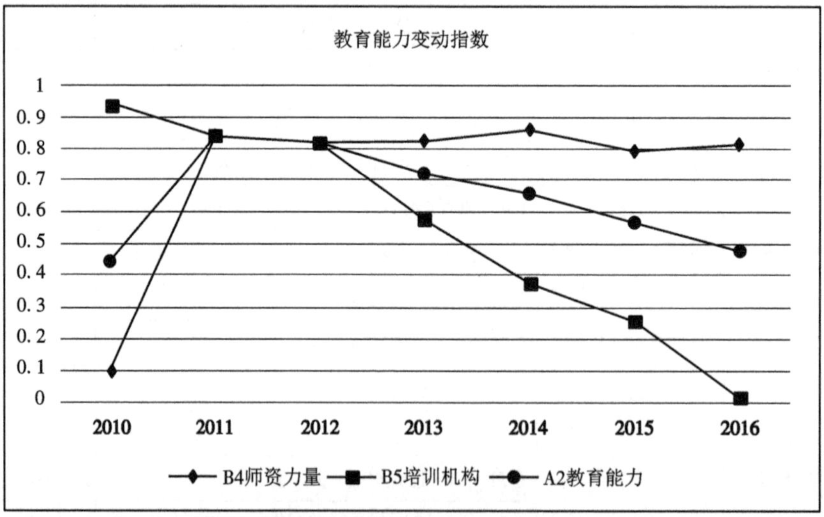

图6-3 教育能力变动指数

(3)根据C61、C62、C71、C72的标准化数值和各自的单排序权数,运用模型得到2010—2016年教育效果变动指数(见图6-4),并以此作为评价教育效果动态变化的标准。

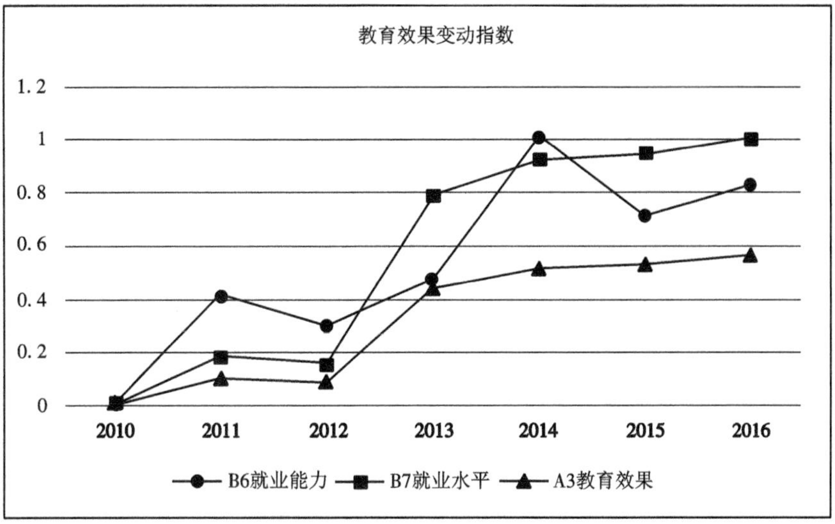

图 6-4 教育效果变动指数

第三步,农业转移人口职业教育综合水平评价。结合所有指标的标准化数值和各自的总排序权数,对 2010—2016 年河南农业转移人口职业教育综合水平进行定量评价,得到各年度的评价值(见图 6-5),并以此作为评价农业转移人口职业教育综合水平动态变化的标准。

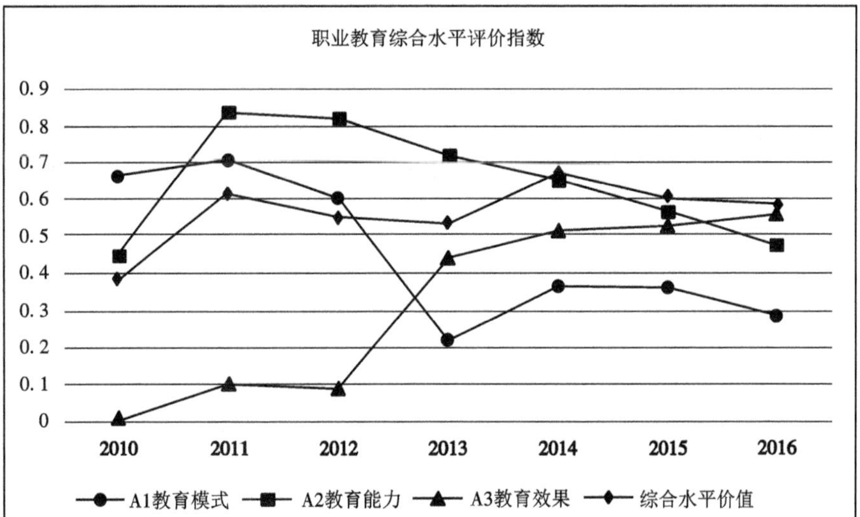

图 6-5 教育综合水平评价指数

以上评价值均在 [0,1] 区间取值,数值越大,评价效果越好。

(二)河南省新型城镇建设中农业转移人口职业教育综合水平评价结果分析

从教育模式指数上看,2010—2016 年,河南省农业转移人口职业教育模式子系统评价值呈下降趋势,其中,行业指向的变化幅度最大。说明近几年,河南省农业转移人口的职业教育没有紧跟城镇化建设步伐,其中,影响较大的是职业教育的行业指向。在行业指向里,第三产业进行职业教育的权数最大,说明引起行业指向指数下降的主要原因是针对第三产业的培训跟不上,转移人口的职业教育仍集中在第二产业,即劳动集聚产业,农业转移人口进城后的主要就业方向仍是第二产业,特别是制造业和建筑业。针对第三产业即服务业的教育培训不多,就业具有季节性和非连续性,这在一定程度上影响了农业转移人口的稳定性和市民认同感;加上农业转移人口参加高等职业教育的人数较少,说明目前针对农业转移人口职业教育的层级仍较低。但同时应该看到,在职业教育人口结构中,参与网络培训的人数在不断增加,一定程度上对降低职业教育模式指数产生了重要影响,这是因为农业转移人口的学习时间不固定,学习地点不固定,因此,网络职业教育成为农业转移人口职业教育的较好选择,而且近几年,选择这种方式进行职业教育的人数呈快速增长趋势,说明这一教育方式很好地满足了农业转移人口职业教育的现实需要。因此,网络教育培训模式应该受到重视与推广。

从教育能力指数上看, 2010—2016 年,河南省农业转移人口职业教育能力呈下降趋势,特别是 2012 年以来,培训机构迅速减少,导致师资力量削弱和整体职业教育能力降低,这是因为国家逐年取消了几批职业资格考试,虽然出发点是为了降低入职门槛,推动农业转移人口的就业,但一些依靠职业资格培训的学校失去了资格考试这一支撑,也就失去了部分专业的生存能力。加上随着城镇化的推进,越来越多新的就业方向出现,一些职业培训学校很难在短时间内实现与社会岗位需求的对接,一方面无法满足农业转移人口特别是青年一代农业转移人口的岗位培训需求,另一方面无法实现企业对人才的需求,因此一大批职业培训学校特别是民办职业学校失去生存优势。民办学校数量的减少直接影响了师资力量,进而拖累教育能力的提升。

从教育效果指数上看,无论是转移农业人口经过职业教育后的就业能力还是就业水平,河南省近几年一直处于稳步上升态势,特别是 2012 年以后上升的速度更快。在四个子指标中,培训就业率的作用更加显著,带动了整个教育效果指标的提升,说明职业教育培训在推动农业转移人口的就业方面成绩突出。由于职业培训可以增强就业层次和竞争力,因此可以看到经过培训的转移人口的工资上涨迅速。同时,职业培训对农业转移人口的"市民化"起了显著的积极作用。

从教育综合水平指数上看,从 2010—2016 年,农业转移人口职业教育综合水平整体上呈上升趋势,表示职业教育总体向利于农业转移人口的"市民化"的方向发展。2013 年有了一次显著提升,这是由于 2012 年党的十八大专门提出要加快农业转移人口的市民化,推动职业教育发展,因此, 2013—2014 年职业教育水平显著提升。但到 2014 年和 2015 年,职业教育综合水平又缓慢下降,这主要是因为近几年国家逐年取消了部分职业资格和岗位资格考试,不需要考证就可以上岗,导致农业转移人口对规范的职业培训的需求降低,转而选择通过传帮带等形式短时间学习职业技能。学生人数的减少也导致职业技能培训学校、教师等资源减少,职业教育综合水平下降。但由于转移人口数量的增加、对城镇就业需求的增加以及职业教育对提升转移人口的就业能力和就业层次的重要性,教育综合水平下降得不是十分明显。

综合考虑各种因素,河南省农业转移人口的职业教育水平综合指数整体呈波浪式上升趋势,其中教育效果的贡献度最大,表明职业教育在提升转移人口工资水平、就业能力及“市民化”方面效果显著。但同时应该看到,教育模式和教育能力还有待提升,特别是权数较大的高等职业教育人数、为第三产业培训力度及民办学校数量亟待提升。

由此,我们可以得出如下结论:

第一,河南省城镇建设中农业人口转移职业教育水平整体呈缓慢上升趋势,对转移人口的“市民化”起了积极作用,但上升速度不及河南省城镇化建设速度。鉴于目前河南省城镇化建设步伐的加快,农业转移人口的职业教育工作还有待加强。

第二,职业教育的效果较好,转移人口经过培训后在就业能力、就业水平上都有了较大的提升。同时,参加网络职业培训的转移人口呈上升趋势,说明网络培训的方式适合新一代农业转移人口的职业培训,应该予以鼓励和推广。

第三,目前存在的主要问题集中在培养层次较低、第三产业培训较弱以及民办职业教育学校较少等方面。因此,在提升农业转移人口职业教育水平的工作中,应注重这些方面。

第七章　城镇化进程中城乡建设用地集约高效利用

城镇化是伴随社会经济发展、产业结构调整和人口向城镇地带集中的自然历史过程，对建成富强、文明、和谐、可持续发展的现代化社会具有重大的意义。城乡建设用地是推进城镇化的物质基础、空间载体和基本要素，两者相互作用，相互促进。城乡建设用地是城市（国家）建设用地和农村建设用地的总称。城镇化进程在城乡建设用地方面存在一系列亟待解决的问题。随着经济的高速发展和人口的快速增长，土地资源的供应短缺问题日益突出。土地的供需矛盾与当前土地的低效利用、用地结构不合理等有着密切的关系。因此，在城镇化建设进程中，如何做好城乡建设用地的集约高效利用和统筹规划显得日益重要。在此背景下，提出城乡建设用地集约高效利用，是解决我国当前新型城镇化进程中合理利用土地、充分发挥土地经济效益和节约社会资源的有效途径。城乡建设用地集约高效利用的理念，应在当今建设节约、环保型社会方面得到充分重视和全面应用。

第一节　城乡建设用地集约高效利用的必要性分析

由于经济发展水平的差异，建设用地的利用在城市和农村表现出很大的差别。因此，统筹城乡协调发展，制定土地总体利用制度，实现城乡建设用地节约、集约、高效利用显得尤为重要，城乡建设用地集约高效利用对城乡融合发展和社会可持续发展有着重要的意义。

一、城乡建设用地集约利用是实现城乡融合发展的重点内容

党的十九大报告指出，以协调推进乡村振兴战略和新型城镇化战略为抓手，以缩小城乡发展差距和居民生活水平差距为目标，建立健全城乡融合发展体制机制和政策体系，切实推进城乡要素自由流动、平等交换和公共资源合理配置，重塑新型城乡关系。这一论断抓住了影响我国现代化建设中的突出问题，指明了推进现代化进程中解决好这一问题的方向。从国情分析，在当前影响我国现代化进程不均衡、不协调、不可持续的诸多问题中，最大的问题是农村问题。农村问题的核心是农村内生动力不足。农村内生动力不足的核心是城乡二元体制阻碍了城乡生产要素的平等交换、公共资源的均衡配置。解决这一问题，必须围绕破解城乡二元体制，找准工作载体，构建起城乡融合发展的体制机制和政策体系。随着区域协调发展和乡村振兴上升为国家战略，新型城镇化建设要走一条不以牺牲农业和粮食、生态和环境为代价的协调发展的道路，构建新时代城乡关系。在推进城镇化建设节约集约利用土地新途径上进行一些探索和实践，缓解建设用地供需矛盾，破解土地要素瓶颈，走出一条占用少、利用效率高的新路子。

在城镇经济建设的过程中，存在土地利用不合理、“摊大饼”的粗放式管理模式，土地浪费现象严重，城镇的粗放式发展和农村的落后发展并存，制约了经济内涵式增长。因此，要实现我国经济的跨越式发展，必须转变经济增长的方式，要着力从能源消耗、质量和效益方面抓，摒弃过去粗放的、不节约的、低效的生产方式，实现节约集约、生态环保的经济增长方式。实现城乡建设用地集约高效利用是有效推动城乡融合发展的有效途径，是衡量城乡融合发展水平的重要标志。因此，城乡建设用地集约利用是当前新型城镇化进程中实现城乡融合发展的重要内容，对推动社会全面协调融合发展和实现经济增长方式的转变有着重要的意义。

二、统筹城乡建设用地是保护耕地的有效措施

土地是社会经济发展重要的物质资料，为人们的生产生活提供必备的发展空间。社会经济的发展占用了大量的土地资源，主要表现为城市用地大量扩张，耕地面积大量减少，耕地质量偏低。全国耕地面积呈现的是一条下滑的变化曲线，全国耕地不仅总数量在减少，而且平均质量总体偏低。耕地呈现区域性退化问题，国土面积不断遭受恶劣环境的侵蚀。统筹和合理规划城乡建设用地，实现城乡建设用地集约高效利用，是控制占用农田和保护耕地受环境侵蚀的有效措施，是保住 18 亿亩耕地“红线”的有力保障。

在土地利用管理中，应坚持国家在土地管理方面制定的方针政策，同时结合区域城乡发展实际，制定出符合当地经济发展的政策措施。利用区域的土地管理方针政策引导城乡建设用地的使用，着力提高土地使用效益；针对低使用效益的土地制定特别的管理规划，合理布局产业结构，充分发挥城乡建设用地给当地经济发展带来的效益。城乡建设用地的合理利用，要与区域经济发展水平相结合，要与经济发展的节奏步伐相协调，要顺应经济发展的预期目标。统筹城乡建设用地、合理利用土地是现阶段土地集约利用的重要目标。

三、城乡建设用地集约利用是落实城镇化可持续发展的根本体现

我国正处于工业化、信息化、城镇化和农业现代化快速发展的时期，对土地的需求尤其是对城镇建设用地的亟需不可避免，土地供需矛盾突出的形势更加严峻。大力推进节约集约用地，对于有效缓解土地供需矛盾和促进我国经济和社会全面协调可持续发展具有重要意义。城乡建设用地集约节约利用是全面落实节约优先战略的重要着力点，是保障和促进我国土地利用方式和经济发展方式转变的重要举措，是城乡建设用地合理布局和节约集约利用，保障和促进经济社会可持续发展的重要途径。加快推进城乡建设用地集约节约利用，着力解决目前节约集约用地制度体系不健全、内容不完善、措施不配套、落实不到位等问题，是我们当前必须做好的一项重要工作和艰巨任务。

我国土地资源紧张，土地利用效率与发达国家相比偏低。伴随城着镇化的快速发展，城市规模向外扩张现象十分严峻，城郊大量优良耕地被占用，进一步威胁到国家粮食安全。总结国外城镇发展的规律，不难发现，城镇化可持续发展至关重要。顺应现代城镇发展的新趋势，树立“精明增长”理念，在不损害后代人生存的前提下满足现代人的需要，在新型城镇化发展中采用城乡建设用地集约、智能、绿色、低碳的模式，将有助于提高城镇的现代化水平和

增强城镇的文化魅力，实现城镇的可持续全面协调发展。在新型城镇化建设进程中，实行城乡建设用地集约节约发展，编制城镇用地布局规划，确定合理的城镇用地规模。应推动城乡建设用地集约、智能、绿色、低碳的发展模式，编制城乡建设用地总体规划，对地上、地下空间做好布局规划，加强对地上、地下空间的合理有效利用，实现城乡建设用地全域协调、集约高效利用，打造宜居环境。

第二节 城乡建设用地集约高效利用面临的问题

当前，我国城乡建设用地在集约高效利用方面取得了一定的成绩，但在实践中还存在一系列亟待解决的问题。结合国内外城乡建设的实践，我国城乡建设用地在利用实践中缺乏统一系统的规划，供需矛盾严重，存在一些体制缺陷；建设用地全域流转格局尚未形成。建设用地如何与产业发展、环境保护、基础实施和公共配套服务等全面协调发展，是涉及我国城乡建设进程中大中城市、县域城镇和新型农村社区可持续、健康、全面融合发展的关键。

一、用地指标不能满足发展需求

一是"占补平衡"指标少，购买价格高、难度大。一些城市主城区内已没有土地综合整治开发潜力，而异地占补又缺乏政策支持，直接导致用地成本上升，开发难度增大。当前，土地调控政策又呈现从严、收紧的趋势，批复立项后的项目建设用地指标不能及时匹配，土地资源供需矛盾加剧。

二是"城乡建设用地增减挂钩"指标少，地方主动运作项目积极性不高，导致增减挂钩政策作用发挥不明显。

三是产业聚集区发展空间受土地制约严重。规划区内可利用土地和年度计划指标极其有限，满足不了产业区快速发展的需要。当前耕地后备资源存在不足，在短期内依靠自身力量很难实现建设占用耕地占补平衡。例如，根据调查，郑州市上街区现有耕地后备资源507.36公顷，该地多分布在山地、丘陵地带，土地落差很大，基于生态保护、天然防洪考虑，不宜进行开发整理，无法作为补充耕地来源。其他产业区同样存在此类问题。

四是大多数区域尚未建立统一的土地指标交易平台系统，通过占补平衡、集体建设用地流转复垦、增减挂钩和通过政府实施收储、挂牌、交易用于城乡建设、产业项目等的土地数量较少，无法实现集体建设用地流转全域流通。

二、集体建设用地全域流转格局尚未形成

一是农村集体建设用地流转没有相关政策支持，缺乏具体的实施细则。农村建设用地要进入市场，受到了种种条件的限制。一般情况下先实施流转，征为国有之后才能转让。这种做法在一定程度上造成了土地所有制在国家和农民之间不平等的收益权。这使得目前农村集体土地流转局面混乱不清，为以后集体建设用地依法依规流转和管理埋下了隐患。

二是农村土地承包经营权流转规模不大，水平不高，层次较低。农村土地承包经营权流转率很低，现有的流转土地中，真正由于农业产业结构调整或以较大的开发项目牵动形成相

当规模的流转面积很少。农民不愿离开土地或大量“空心村”存在，影响了农业用地的集中，农业的适度规模经营难以实现，导致整村拆迁无法实现，土地利用率低下。

三是农村集体建设用地流转速度缓慢。受农村土地承包经营权流转水平偏低的影响，集体建设用地流转速度慢、规模小、水平低。农民不愿离开土地，致使可以通过集体建设用地流转复垦、占补平衡、增减挂钩，通过政府实施收储、挂牌、交易用于城市建设、产业项目等的土地数量较少，在行政区域内通过集体建设用地流转实现土地全域流通的格局尚未形成。

四是山区土地流转难度更大。如河南省登封市属于山区，山岭蔓延，居民居住分散，除灌溉区片外，农田地块较小、难以成片，对土地集中集约利用提出了严峻的挑战。

五是个别乡镇大局意识不强，增减挂钩拆旧区实施协调难。建设用地增减挂钩拆旧区范围确定后，个别乡镇认为拆的是自己辖区范围内的建设用地，理应由本乡镇使用增减挂钩的建新指标，即使本乡镇没有新上企业需要建设用地，也不愿调剂给其他乡镇使用，进而影响规划的实施。

三、农村宅基地管理不善

一是缺乏宅基地有偿退出机制。目前，大多数区域都没有明确具体的宅基地退出补偿制度，导致一些村民因历史原因自身已拥有多宗宅基地。在子女长大需分户建房时，父母不愿意把已使用的超出标准的宅基地安排给子女建房，造成了农村社会矛盾；很多农民传统的宅基地私有观念浓厚，认为宅基地是私有的，千方百计地批地建新房，新屋建成后不拆旧房。这就造成了农村大量土地闲置浪费。

二是由于制度缺失和管理不规范，农村住宅建设违法操作严重。如部分村集体未经批准，擅自占用土地建设住宅，对外出售；部分村以集体土地为条件与他人联合开发，建设住宅对外出售；部分村集体将土地出租给他人，用于住宅建设；部分村民未经批准，擅自占用土地建设住宅、并非法销售等。这些行为严重违反了《中华人民共和国土地管理法》及相关政策，干扰了农村住宅的正常建设秩序，不仅导致资源浪费，而且使农民的权益不受法律保护。

三是农村住宅闲置率高，土地整治力度明显不足。农村人均集体建设用地面积较大，利用率低。我国规定农村人均集体建设用地面积为150平方米，但是目前很多农村区域人均建设用地远高于国家规定标准。以河南省郑州市上街区为例，农村人均集体建设用地达到251.22平方米，并且有增长的趋势。同时，农村宅基地地闲置现象不少，存在一户多宅及“空心村”问题。

四是用地性质和登记发证政策不清晰，制约了新农村和安置公寓建设。立项、规划、建设以及确权、后续管理等诸多问题难以协调解决，影响和制约了新农村建设和农村土地整治安置工作。以供地政策为例，是用集体建设用地，还是征收为国有建设用地后按划拨处置，目前仍无政策支持。农村集体土地上办理房屋产权证还未全面开展，农村房产交易、流通难以进行，产权置换无从谈起。资金、产权、管理是制约新型农村和安置公寓建设的三大瓶颈。

五是农村结余宅基地变性难，农民缺乏资金来源。农民结余下来的宅基地无法变成商业用地，农民无法通过交易得到必需的建设资金，就业和社保资金来源难以保证，新型城镇化有资金、新型城镇化能就业、新型城镇化能社保的问题难以破解。

四、城乡建设用地总体规划缺失带来的一系列问题

一是没有形成节约集约用地的机制，规划落后实际建设或已有规划没有得到有效执行，监管难度大。由于缺乏配套完善的土地利用和建设发展规划，让规划迁就现状，规划的科学性、前瞻性、衔接性无从谈起。

二是各项规划相互脱离，没有紧密结合。在城镇化建设进程中，土地利用总体规划具有重要的综合统领作用，在各类规划中有一定的权威性，其他各类规划应与其相协调。但在实际中，水利、城镇、生态、交通等城乡建设用地各类规划没有做到与土地利用总体规划相协调，存在很多不统一、与总体规划相背离的地方，从而影响了城乡建设用地总体规划的全面推动和执行。

三是缺少统一的建设规划标准。如郑州市没有统一的新型农村社区规划建设标准，乡镇规划水平有限，一些农村社区规划的起点和标准不高，与县域村镇体系规划、乡镇总体规划、土地利用总体规划等没有很好地衔接，公共服务设施配套不到位。

五、土地建设管理手续办理复杂

土地征收报批程序较为繁杂，涉及规划、发改、各镇办政府及村等许多部门的工作配合。据统计，一宗土地从组卷报批到完成征收、实现出让，需要 2 年左右的时间，报批时间过长，影响项目落地建设，甚至导致重点项目在审批或供地过程中边批边建。例如，在城中村改造中，集体土地不能直接确权，而征收程序复杂、过程漫长，导致城中村改造进程缓慢；一些产业聚集区用地因历史原因不能及时办理用地手续，导致企业融资成本提高，土地效益得不到充分发挥。各产业园区建立前期，政府为大力支持经济发展，下大力气招商引资了一批规模企业，由于当时没有城镇规划，土地供应政策宽松，再加上园区重招商、轻管理的思想观念，致使许多招商引资项目在办理了集体土地使用证后就开工建设，目前早已建成、投产经营，并且经济效益相当好，但最终办理国有土地手续的企业不多，而当前土地供应政策从严、从紧，工业用地的出让方式也由过去的协议出让调整为挂牌出让。因此，目前这些已建成企业要办理国有土地手续相当困难。前期的土地征收还不存在大的障碍，但到供地环节，企业已经形成，由于厂房、设备等原因无法进行土地招拍挂。如果按协议出让供地，就需要先将企业项目认定为违法占地并进行处理，但由于企业前期办理有集体土地使用手续，又是政府招商引资的重点项目，因此无法认定为违法用地。例如，郑州市二七区马寨产业区康师傅食品工业项目，属于 2005 年郑州市政府重点招商引资项目。据统计，目前该项目年销售额有 6 亿，年税收 3000 万元。当时，为争取该项目入驻郑州，市政府同意该项目边建设边报批。还有新大方项目，占地 400 亩，投资近 3 亿元，目前是郑州市的重点企业，已经完成征收，到供地环节却出现了无法供地的情况。

第三节　实现城乡建设用地集约高效利用的主要举措

总结国内外城乡建设的经验，分析我国在城乡建设用地方面存在的深层次问题，根据我国城镇化建设的实际条件和现实基础，推进城乡建设用地集约高效利用应着眼于转变城镇化发展方式，统筹“人”与“物”的同步转移和转换，通过空间布局的合理再构、土地资源的集约整合、生产要素和公共资源的优化配置，变土地低效利用为高效利用，在集聚、集约发展的同时保护耕地和生态。以产业集聚、土地集约为方向，按照实施精良管理、追求高端发展的总体要求，坚持依法依规用地、节约集约用地、严格保护耕地和提高土地效益的基本原则，努力实现土地资源的优化配置和合理高效利用。充分发挥中心城市的辐射带动作用、县域城镇的承接承载作用和新型农村社区的战略基点作用，大力推进以产业集聚区为支撑的大中小城市、小城镇和新型农村社区协调发展，奋力开创城乡互促共进的高效、包容、可持续的融合发展新局面。

一、加快城中村和旧城改造，着力推进中心城区功能提升

一是完善中心城区功能布局。引进国内外先进规划理念，将城市设计与城市总体规划、片区控规进行对接，与城中村改造、旧城改造和建设项目的详细规划结合起来，增强城市设计成果的可实施性。引导中心城区功能外迁，分期、分批、有序地将档次低、交通影响大的低端批发市场外迁。将工业项目、大专院校、行政机关有序外迁，功能外迁腾出土地由土地储备中心全部收储，首先用于满足周边城市基础设施和公共服务设施建设。适度控制中心城区建设强度，在中心城区确立基准容积率，按居住类、商业类建筑对容积率实行分片区、分类控制。注重中心城区地下开发利用，全面开展地下空间控规全覆盖的规划编制工作，进一步拓展中心城区发展空间。

二是加快城中村和旧城改造，推进整街连片改造。成立统一的城中村改造办公室，加强对所在区的连片改造的领导和协调。加快编制统一的整街坊连片改造项目的规划和城市设计，将城中村改造、旧城改造和以国有土地收购政策补偿的工业、教育等涉及改变性质的用地进行整街连片“捆绑改造”。对城中村改造、旧城改造和因城市建设实施的房屋迁拆，实施同一片区统一的拆迁安置补偿标准，强化政策支持引导。借鉴一些国家和地区的经验，可以采取相应推动改造的措施，如对城中村、旧城改造等居民住宅建设项目，免缴城市基础设施配套费；对城市建设拆迁安置中的高龄老人、孕妇、新中国成立前的老党员、老模范等其他需要照顾的人员，在安置选房中给予优先权等，并对困难人员给予搬迁困难补助。

二、坚持以人为本，加快推进新型农村社区建设

一是合理优化空间布局。高起点研究制定“新型农村社区规划编制指导原则”，指导各县（市）区在规划编制过程中充分考虑历史文化名镇（村）、历史文化遗址遗迹和具有地域特色的村庄的保护和开发利用；通盘考虑新建社区的选址、产业布局、人口布局、交通布局及配套基础设施、公共服务设施等方面的科学性、合理性。

二是强化政策支持。研究出台新型农村社区建设用地保障、农民集中安置后节约的建设用地指标置换、鼓励社会资金和金融部门参与新型农村社区建设等方面的政策措施。探索建立政府有偿收储及挂钩城镇经营性用地招拍挂制度和利益分配机制,合理确定土地收益资金返还、分配比例,引导返还资金集中用于住宅建设、基础配套设施建设。简化新型农村社区建设审批程序流程的具体措施,下放审批事项,减免或降低收费标准,提高审批效率。用地审批阶段,将国土、规划的用地预审、用地审核、用地发证等环节合并;方案审批阶段,将规划总图审批从用地环节剥离,并与管网综合、交通影响评价审查等流程整合至规划建筑方案审查环节;验收服务阶段,由部门单独验收变为主要相关部门共同验收。

三是以人为本,确保群众利益。在新型农村社区建设中,不以农民放弃土地为身份转换、享受城市政策、享受城市公共服务的条件,切实保障群众利益。在农民宅基地腾退后,要大幅提高农民在土地指标收益中的分成比例,尽可能降低其入住成本。对于在社区购房确有困难的农民,积极协调金融机构,通过金融贷款、政府贴息,或者配建部分保障性住房,创造条件让农民能够住进新社区。尽快为入住社区农民核发房屋所有权证,使其房屋可以抵押、贷款和进入市场交易。多渠道增加农民收入,提高土地规模流转补助标准,让入住社区农民通过务工获得薪金,通过承包土地流转获得租金,通过以土地入股参与开发建设或企业发展获得股金,享有的各种涉农政策补贴不变,为入住社区农民提供来源广泛的、稳固的收入保障。加强社区服务管理,完善社区公共服务体系,加快社区综合服务中心建设,做好农民集中居住后的户籍、教育、医疗、就业、社会保险等社会保障工作,确保农民应有待遇,提高社区农民生活的幸福指数,保障社会稳定。

三、加快土地流转,推进土地流转全域流通

一是加快农村土地承包权的流转。当前阶段,农村的经济社会发生了较大的变化,“分田到户”的生产方式已经不适应当前的生产力水平。大力发展农业产业化,实现农业生产规模化、集约化,是主动适应农业生产力发展的大势所趋。因此,完善相关政策,支持农业产业化龙头企业参与农业规模化经营,促进集中连片的规模种植,发展产业化经营,提升农村土地承包经营权的流转水平,不断扩大流转面积,不仅顺应生产力发展的需要,也为实施整村拆迁、推进农村集体建设用地流转奠定了基础。

二是加快城乡集体建设用地的流转。摸清底数、准确掌握全域范围内城乡集体建设用地数量,统筹规划、科学实施城中村改造、旧城改造以及整村拆迁的时序,将原有集体建设用地集约节约后剩余指标推向市场进行流转。提高已下达土地指标使用效率,加快已报批项目的土地周转速度,用好起步用地周转指标。对实施滚动拆迁建设的新型社区,允许申请一定的周转用地。城镇周边规划控制区内的新型社区,符合土地利用总体规划的,采取农用地转用或土地征收方式解决用地问题;乡镇周边或边远地区的新型社区建设,采用土地综合整治和增减挂钩方式解决用地问题。以市场为导向,建立市、县(市、区)土地指标交易平台,对建设用地指标实行公开有偿交易,将全域范围内的建设用地增减挂钩指标推入市场进行流转,将集体土地的占有、利用、收益和处置权放到交易平台进行市场化运作。争取上级国

土资源部门在土地增减挂钩、周转用地借用、农村土地综合整治等方面的支持，允许先建后拆、先占后补，解决新型社区建设周转用地。探索开展城乡之间、地区之间人地挂钩政策试点，制定相关的制度规范。比如，可以开展地随人走的方式，即人口迁进某区域，则这些人口占用的建设用地面积就增加到某区域；如果人口迁出某区域的话，其在该区域所占用的建设用地面积则相应减少，促进土地利用的流动性。

四、强化土地整理开发，促进产业集聚区土地集约高效利用

一是合理安排城乡建设用地计划指标，提高产业集聚区用地集约高效利用水平。合理分配城乡建设用地计划指标，在产业集聚区必需的道路等重要基础设施项目方面和标准化厂房建设项目、地方重点项目、公共租赁住房等重要配套项目用地方面给予优先保障。对合村并镇、新型农村建设腾出来的建设用地通过流转、增减挂钩等方式取得的建设用地指标，有偿调剂到产业集聚区使用。严格执行土地使用标准，各产业集聚区要严格按照项目供地投资强度、产出强度、容积率、建筑系数和企业税收贡献率等控制指标建设。开展“批而未征”建设用地区位调整，将腾出的指标优先用于保障产业集聚区急需落地的重大项目用地需求。积极盘活存量建设用地，新上项目要优先利用工矿废弃地、空闲和低效使用的土地，提高土地利用效益。

二是严格执行土地利用总体规划。通常情况下，土地利用总体规划具有统领性、综合性和权威性。因此，土地利用总体规划一经制定应当严格执行，要一张蓝图绘到底，确实维护总体规划的刚性。产业聚居区规划由于空间布局不合理或无法满足重大项目的建设需要，可按照产业集聚区规划与土地利用总体规划、城市总体规划精准对接的原则，对产业集聚区规划做适当调整。对计划指标配置、建设用地批后使用及项目落地情况进行全程监管。认真落实国家产业政策和用地标准，上报批次用地时，应出具拟安排的每个项目类型、性质、投资规模、投资强度、容积率等相关情况的说明，严禁向高能耗、高排放、产能过剩和重复建设项目供地。

三是推动产业集聚区项目建设。对于项目建设用地，可以考虑采用异地代保等方式保障重点产业集聚区新增建设用地在本行政区域内的耕地占补平衡。制定农用地转用的批准文件，规定农用地转用的实施细则。对于超过规定使得土地闲置超过一定期限，按规定的比率收取一定的土地闲置费，或是经过政府批准直接收回重新安排使用。劝退前期已投入使用但不符合现行国家产业政策的企业，依法收回土地使用权。

五、加强土地资源管理，着力保障土地资源有效供给

一是从闲置土地入手“寻”增量。以全国土地调查为契机，认真细致地对辖区内土地利用现状进行调查摸底。同时，努力盘活城乡各种闲置用地，有计划地加快“旧城改造”“城中村改造”“合村并镇”和“新型农村社区”的建设进度。各类城区、开发区建成区内的棚户区、城中村，依据城市发展的历史过程和城市空间规划组织，有步骤地改造和更新老城市生活环境。对城区存在的都市村庄进行改造，从土地、户籍、人口等方面建立城中村完全融入城市的统一发展机制，进行统一建设和管理。各类城区、开发区、规划区以外的村庄，通过合

村并镇建设城镇型社区。社区进行统一的规划建设,完善相关基础设施,从道路、水、电、燃气、暖气等方面与城镇区对接;社区规划产业集聚区,以项目带动产业发展,促进村民就业;社区配备统一的公共服务配套,村民改变身份,统一为市民,纳入统一的城市社会保障体系,享受城市发展的成果。在各类城区、开发区、规划区以外的村庄进行重新规划和统一建设,原有村庄拆迁合并,为村民提供统一的新建成的住房,形成新型农村社区。新型农村社区对原有农村区域进行重新规划和建设,村民实现集中居住,进行统一的社区管理,在公共基础设施和配套服务方面享受与城市市民对等的权利。新型农村社区对农业产业进行统一规划和布局,有利于土地的集约节约利用和公共优势资源向新型农村社区转移,缩短了城乡差距,加快城镇化进程中城乡融合发展的步伐。按照"旧城改造—城中村改造—合村并镇—新型农村社区"这一空间布局规划,未来将形成新的城乡框架结构,构建起空间规划布局合理、资源配置优化、区域功能分工明确、区域环境优美的城乡全域协调发展新格局。

二是从引进项目上获取城乡建设用地的增量。在招商引资方面,要站得高、看得远,坚持可持续、生态、节约的理念,积极引进占地少、高科技、生态型、可带来相关产业大发展和带动就业增长的产业项目,提高土地利用率,实现土地资源的集约高效利用。例如,河南豫联集团有限责任公司是以发电、电解铝、铝加工为一体的大型现代化上市企业,入围全国500强。2007年,该集团选址河南省巩义市站街镇寺沟村,政府鼓励企业填沟造地,项目上山,挖掉秃山嘴6个,迁坟400多座,造地1500余亩,尽可能不占或少占耕地,使一个25万吨的电解铝节能减排技改项目顺利上马,破解发展用地难题。

三是利用财政、税收等经济手段实现城乡建设用地的集约高效利用。通过降低税率、加大投入等经济措施加快推进环保型、节约型的新建项目建设,采取有力的激励措施推动企业在建设用地集约高效利用方面的创新,缩短工期,降低社会能耗,提高城乡建设用地的使用效益,从而实现社会经济的高效可持续发展。

六、明确土地收益分配办法,坚持完善机制体制

一是明确土地收益分配办法。通过城乡集体建设用地流转的全域流通和建设用地流转速度的不断提升,通过村庄整治、合村并城和新型农村社区建设等方式,节约和腾出大量的集体建设用地;通过占补平衡、增减挂钩、土地综合整治,将腾出的指标调剂到中心城区、城市组团、产业集聚区、交通道路、生态廊道等建设用地方面。各级政府统一收购、储备,实施招拍挂,把集体建设用地转为国有土地,强力推进调剂土地在行政区域内全域交易,最大限度地减少在外地购买耕地指标数量,最大限度地提高土地收益。根据各县(市)区、各乡(镇)、各行政村通过土地流转、新型农村社区、合村并城社区及相关基础设施建设节约的耕地数量,确定土地收益资金返还、分配比例,按照一定比例将土地收益分配资金返还、分配至各县(市)区、各乡(镇)、各行政村,集中用于新型农村社区、合村并镇社区基础设施、公共服务、配套设施和社区房屋住宅建设,用于对农民的补偿和社会保障,用于发展壮大集体经济。

二是坚持完善城乡建设用地集约利用机制体制。首先,要建立逐级逐层的全面推动的执法检查机制,政府主导、部门联动、齐抓共管。按照国家有关法律法规规定,严查各种非法

处置、买卖建设用地的违法行为，对各种破坏、浪费土地资源的行为予以严厉打击，切实加大对土地违法违规违纪案件的查处力度，不断提高土地执法监察工作实效。其次，建立政府层面的土地利用咨询决策机制。例如在郑州市，可以由市政府主要领导牵头，成立土地利用咨询委员会，国土、发改、规划、税务等相关部门为成员单位，聘请权威土地专家参与，在制定全市土地工作相关政策、审批重大用地事项等方面，为市委、市政府决策提供咨询论证。再次，建立专家咨询论证机制。由专业机构对具体项目用地进行全面、系统的技术分析，提出建议，为政府土地部门审批土地提供科学依据。复次，针对城乡建设用地的违法违规行为，应建立预警处置机制。加强基层监管，建立完善的监管体系和村民委员会管理责任制，村级土管员、基本农田管护员、信访信息员和土地监督员共同对建设用地使用过程中的违法违规行为实施有效监督，对违法违规行为真正做到及早发现、及时制止、及早报告和及早查处。又次，建立土地资源监管科技保障机制。启动“数字国土”工程，特别是要利用电子信息台账、卫星遥感等现代化技术手段，对土地工作的问题及时发现、快速处置。最后，建立严格的考核奖惩激励机制。土地保护与节约集约利用考核体系自上而下逐级全面建立起来，并纳入年度考核目标，年终将考核结果进行通报，严格兑现奖惩措施。

七、坚持以依法行政为根本，着力提升土地监管水平

一是不断增强依法依规用地的自觉性和主动性。提高法律意识，法律面前人人平等，强调依法依规用地的重要性，严格执行依法依规用地。

二是对于土地标准从严把控。对于区域内限制类项目的使用数量和布局结构应从严把控，特别是对农用地应限制占用。加强对建设项目用地的适时管理，制定建设项目用地的使用方针。根据实际生产建设进度和资金情况，分批、分期确定规划预留用地的供地数量。规定单位面积土地最低投资限额标准，对达不到规定投资限额的工业项目，引导其向城郊区域发展，租用或购买标准化厂房。

三是严厉惩处违法违规用地。落实“党政同责”机制，构建党委领导、政府负责、部门协同、公众参与的上下联动工作格局机制，综合开展土地卫片执法检查活动，查处违法违规用地典型案例，以儆效尤。加大日常执法巡查的力度和频度，及时制止违法用地苗头。

四是依法清理闲置土地。依法对已供而未用的闲置浪费土地进行清理检查，不给恶意圈地、囤地者任何可乘之机，避免供地后监管失位现象出现。

五是提高国土资源执法管理的公众参与度。按照预防为主、加强管理的方式，注重基层执法检查网络的建设，在土地利用方面征询公众的意见，注重公众的意见，做到信息公开，及早发现、报告和制止土地利用方面的违法行为和寻租现象。

国内外经济发展的实践表明，土地为经济发展提供重要的物质资料基础，对经济发展发挥着举足轻重的作用。然而，当前城乡经济的发展是以过度使用土地为代价的，建设用地的无序使用使得一些区域土地浪费严重，而另一些区域却没有可有效使用的土地。随着新型城镇化建设的推进，受城乡建设用地供需矛盾突出的影响，城乡建设用地成为当前影响和制约城乡经济发展的主要“瓶颈”。统筹城乡建设用地，并实现节约集约高效利用是推动当前

新型城镇化进程中城乡融合发展的重要战略举措。探索新型城镇化进程中城乡建设用地集约高效利用项目,对于解决新型城镇化中的“瓶颈”问题、助推我国实现城乡融合发展具有重大的意义。在城镇化进程中,城乡融合发展应以城乡建设用地集约高效利用为方向,坚持依法依规用地、节约集约用地、严格保护耕地和提高城乡建设用地效益的基本原则,努力实现城乡建设用地资源的优化配置和合理高效利用。

第四节 推进郑州城乡建设用地集约高效利用的实例分析

一、郑州市推进城乡建设用地集约高效利用的主要措施

(一)强力实施中心城区功能提升

一是采取多种方式盘活低效闲置土地。随着新型城镇化的推进,中心城区(市内五区)主要通过城中村改造、棚户区改造、旧城改造、合村并城、商品交易批发市场和工业项目外迁等形式,不断提升中心城区建设用地集约高效利用率。创新中心城区存量土地二次开发、深度开发机制。通过合理开发、集约利用、均衡发展,推动产业转型升级,真正实现结构优化、功能提升、利益共享,促进土地社会效益、经济效益、生态效益的协调提升。加快“三旧”改造进程。按照政府主导、市场运作、群众自愿、规划引领、交通引导、双改同步的原则,对 99 个城中村、6 个旧城片区和 59 个合村并城试点进行统一运作。积极实施“退二进三”及中心城市各类批发市场整体外迁工作。

二是集中开展囤地圈地违规用地闲置浪费专项治理活动。针对资源供需矛盾加剧与资源利用粗放、违规和闲置浪费土地现象并存的现实状况,开展了专项治理活动,着力解决批而未征、征而未供、闲置低效利用和未批先用四类突出问题。在全市各级政府、各相关部门的密切协作和共同努力下,全市征地率达到 90%,征而未供土地处置率达到 25%,闲置土地处置率达到 81%。活动期间,各类出让金、罚款涉及金额 40.61 亿元,其中入库金额 25.36 亿元,得到了国土资源部的认可。

(二)积极推进新型农村社区建设

6 县(市)(不含新郑、中牟)主要通过新型农村社区建设、新市镇建设,盘活低效、闲置土地 157229 亩。全市规划建设 182 个新型农村社区,涉及 864 个行政村。现有村庄占地 70.5 万亩,规划社区占地 32.6 万亩。现有村庄复耕后,按照社区占地 1∶1.05 复耕,可新增加耕地 1.6 万亩,节约建设用地指标 36.3 万亩。既保证了耕地不减少、质量不降低、粮食不减产,又节约了大量建设用地,支撑了工业化、城镇化发展。按照“城镇社区抓改造、农村社区抓安居、贫困山区抓搬迁”的工作思路,因地制宜,积极探索新型农村社区建设的推进模式。加快农村集体土地所有权、宅基地使用权、集体建设用地使用权的确权登记办证工作。明确新型农村社区建设,必须符合土地利用总体规划、城乡总体规划和产业发展规划,尽量使用原有的宅基地、未利用地,从严控制占用耕地,禁止占用基本农田。鼓励使用当地存量建设用地指标和已经验收备案的“三项整治”指标,解决新型农村社区建设用地需求,对确需建设占用农用地又无“三项整治”指标的,使用土地利用年度计划指标满足项目建设用地

需求。合理安排增减挂钩项目，对农民集中安置后节约的建设用地指标，在首先满足社区自身需要的前提下，经批准可置换为城镇建设用地。对纳入新型农村社区建设规划的村，依法依规申请新批宅基地和再建新房。对跨村建设新型农村社区的，由乡镇政府组织相关村级集体经济组织在平等协商的基础上进行土地权属调整和变更。

新密市共有 303 个行政村，共占用农村居民土地面积 266400 亩，人均 317 平方米。全市新型城镇体系规划把 303 个行政村中的 71 个并入城区、83 个并入镇区、149 个通过合村并点并入 56 个新型农村社区。按照这一布局，现有农村 70% 的人口将进入城镇，30% 的人口将集中居住在 56 个新型农村社区，人均建设用地控制在 115 平方米以下（包括基础设施、公益事业等用地），有 5000 余亩废旧农宅将通过土地整治项目的实施进行拆除复耕。全部社区建成后可节约集体建设土地 10.1 万亩，为新型工业化和新型农业现代化提供了较大的发展空间。

登封市唐庄乡计划将全乡 27 个行政村，4.2 万名群众集中安置到镇区居住。镇区规划建设 3 个新型社区，社区建设用地通过老镇区拆旧建新和土地增减挂钩的方式解决，不占用新耕地，实现土地集约高效利用，同时使全乡群众更加集中，有利于资源的集中配置，有利社会的管理，减少公共资源的浪费。其中，唐庄中心社区规划占地 1100 亩，建筑面积 80 万平方米，建成后可安置 2.8 万人。镇区外群众迁入镇区后，其原有住宅占地将部分复耕，唐庄新型社区的建设不但不占用耕地，还会使耕地增加。节约出的建设用地，可通过土地增减挂钩的方式，支持城镇建设和公共基础设施建设，有效解决了城镇化发展中的土地瓶颈问题。唐庄乡山区面积大，自然资源丰富，山区群众搬迁后避免了群众在生活中对自然资源的破坏。同时，依托自然资源进行旅游开发，也给群众创造了更多的就业和创业机会，使群众受益。

（三）加快推进产业集聚区和城市组团起步区建设

产业集聚区建设坚持以产兴城、依城促产，统筹推进产业集聚区建设、新城区开发和老城区改造，以产业集聚增加就业岗位，以城市功能完善支撑产业发展和人口安居，形成了产业与城镇融合发展的生动局面。

一是着力构建现代产业体系。推动工业七大主导产业和服务业七大支柱产业规模壮大，推动富士康、格力、海尔等一大批龙头企业入驻产业集聚区。

二是明确主导产业。牢牢把握“竞争力最强、成长性最好、关联度最高”的原则，推动产业集聚区发挥比较优势，集中力量培育特色产业集群，智能手机、家电、汽车、品牌服装等生产基地基本形成。

三是加强集约节约发展。明确产业集聚区产业、土地、环境等准入门槛，开展产业集聚区循环化改造试点示范，提高可持续发展能力。严格执行产业集聚区内各类土地使用标准，各产业集聚区要严格按照项目供地投资强度、产出强度、容积率、建筑系数和企业税收贡献率等控制指标建设。原则上产业集聚区新建项目投资强度不低于 260 万元 / 亩，产出强度不低于 500 万元 / 每亩，容积率不低于 1，企业税收贡献不低于 10 万元 / 亩 / 年。以产业集聚区内土地开发、整治和储备为重点，加快构建土地整理平台。进一步完善土地整治、集约节约、监督管理"三项机制",通过新农村建设、村庄迁并、空心村整治等拆旧区的方式置换用地计划指标,增强土地收储流转能力。采取征缴土地闲置费、无偿收回、调整用途或等量置换等方式,严格闲置土地管理。鼓励产业集聚区外"批而未征"土地依法依规调整用于产业集聚区建设。优先保障产业集聚区每年300亩的建设用地指标,统筹考虑产业园区内重大项目土地供应。

四是积极推进基础设施和公共服务设施建设。高起点、高标准、适度超前推进产业集聚区基础设施和公共服务设施建设,三年累计完成基础设施投资477.6亿元以上,建成区面积达到159.74平方千米,实现道路、管网全覆盖,产业集聚区基本框架全面形成,为承接产业转移创造了良好条件。

五是建立健全政策引导、要素保障、配合联动等体制机制。先后出台多个文件,综合采取土地、财税、电价等扶持措施,形成了较为完备的政策支持体系,推进生产要素集中配置和营商环境明显改善,产业集聚区自我发展能力显著增强。推动各地搭建土地开发整理、投融资、中小企业担保"三个服务平台",有效保障了建设需求。

(四)严格落实土地利用总体规划

坚持一张蓝图绘到底,突出土地利用总体规划的主导地位。通盘考虑郑州经济社会发展要求,科学安排用地指标,优化城乡、区域土地利用结构和布局,促进新型城镇化、新型工业化和农业现代化健康发展。按照全面、协调、可持续发展的要求,合理安排城乡建设用地、生态建设和环境保护用地,重点保障中心城区、郑东新区、航空港综合经济试验区,能源、交通、水利等基础设施以及战略支撑产业发展用地、保障性安居工程民生用地,促进土地经济效益、社会效益、生态效益的协调提升,以此推动土地利用方式由外延扩张向内涵挖潜、由粗放低效向集约高效转变。

郑东新区一改传统城市摊大饼式的建设模式,采取组团发展、产城融合的理念,不仅实现了产业发展与城市建设的协调一致、互动发展,而且让有限的土地创造了更多的社会财富和价值,实现了人、地、产业的同步发展。第一,创新地价管理和开发模式。按照"科学测算、专家咨询、季度更新、社会公布、最低限价、刚性标准、阳光运行"的原则,建立了土地供应区片价格制度。合理划片,科学评估。对郑东新区范围内未供应土地,根据地理位置、周边配套情况和土地用途等进行区片划分,结合已供土地价格和专家评估意见,经管委会集体研究后确定土地区片价格。动态更新,规范管理,逐渐完善土地供应区片价格季度更新制度,确保土地区片价每季度更新一次,规范了土地供应,培育了土地市场,发挥了土地调控作用。公正公开,阳光透明,区片价格一经确定便对外公布,使用地单位更为及时准确地掌握用地价格,并对供地情况进行监督,从源头上预防了腐败、堵塞了漏洞。第二,坚持集约节约使用土地。坚持"一张蓝图绘到底",严格编制和执行城市设计,在土地出让时明确地上单体建筑设计,不仅根据入区单位的实际需求确定其用地面积,还改变了传统的先取得土地再确定建筑面积的方式,避免了入区单位不必要的资金投入,减少了土地因闲置造成的浪费。同时,按照"三规合一"的要求,把城市结构分为六大功能组团,每个组团根据功能定位引进项目、资金,确保一步步推进土地开发,积极推动土地的复合利用。

（五）严格用地供应管理，在土地出让和批后监管上下工夫

一是积极拓展新型产业发展空间，为农民就近安置、就近择业或自主创业拓宽渠道。六县（市）主要通过新型农村社区和新市镇建设，依托原有产业布局和产业基础，规划建设产业集聚区和农民创业园，集约节约利用土地，实现农民就近就业、自主创业和城乡公共服务均等化。加强产业聚集区清理整治提升工作，按照"统筹推进、突出重点、适度超前"原则，将产业聚集区建设与合村并城、农村新型社区建设有机结合，同步规划、同步推进。

二是严格落实工业用地容积率、建筑密度、投资强度等有关规定，促进产业升级转型。积极推进多层标准厂房建设，完善周边配套设施，提高土地的集约高效利用率。按照《河南省人民政府关于进一步加强土地开发利用管理的若干意见》的要求，对于产业集聚区内工业项目，要求投资强度不得低于 3500 万元 / 公顷，工业用地建筑密度高于 60%、容积率大于 1。对于达不到规定投资强度的项目，坚决核减其用地面积或引导其使用标准化厂房，确保土地的节约集约利用。如新密市利用节约土地规划了 1590 亩的耐材产业集聚区。登封市严格执行国家建设项目用地控制指标，优先发展节地型的工业产业，有效控制工业用地规模。合理编制标准厂房建设规划，积极引导社会资金和各类开发企业投资建设标准厂房，保障多层标准厂房建设用地。对适合多层标准厂房生产的电子电器、生物工程、软件工程、服装加工、文化产品、科研、产品组（包）装、医药分装、仓储、物流配送等无污染型项目，必须进入标准厂房；其他各类制造业，除工艺要求不能使用多层标准厂房的项目外，都必须进入多层标准厂房。巩义市制定优惠政策，通过实行奖补政策、支持投融资平台建设、严格项目准入标准、保障项目用地需求、经济指标考核、税收分成等，引导产业向集聚区集中。同时，政府还鼓励企业填沟造地，项目上山，尽可能不占或少占耕地，破解发展用地难题。提升交通道路用地集约高效利用水平，提升城市管理和服务水平，营造良好投资环境，提高群众生活品质。

三是加强土地批后监管，确保土地有效利用。由国土、住建和规划等多部门联合对已出让用地进行定期巡查，对发现构成土地闲置的要依法收取闲置费；对应收回的，依法予以收回，重新进行出让，确保土地的节约集约利用。

（六）在土地储备上下工夫，加大土地储备力度

一是编制土地储备计划。建立由市土地储备中心具体实施，以市建设、发展改革、财政、国土、规划、房管、人民银行郑州支行等为成员单位的土地储备计划编制、审核工作机制，提升土地储备计划的编制、执行效率。进一步扩大土地储备计划的管理范围，将政府依法收回土地和专项储备用地纳入土地储备计划，提高政府调控土地一级市场能力，加强土地储备计划与城市总体规划、土地利用计划和土地供应计划的衔接，使土地储备计划成为与土地利用总体规划、土地利用年度计划和土地供应计划相配套的政府调控土地市场的重要工具。

二是统一"净地"收储。市内各管委会由市土地储备中心实行统一"净地"收储，建立市土地储备中心和各区、管委会储备分中心联合收储工作机制。国有土地收储采取市、区两级储备中心各自职责、利益分成比例等政策，实现以市土地储备中心为主，各区土地储备机构紧密配合，减少收储审批程序，加快城中村改造、旧城改造工作。坚持政府主导，统一组织协调实施储备土地前期开发，安置房建设由各区人民政府、管委会负责，补偿资金由市、区两级财政筹措。征收后的土地全部纳入土地储备，避免出现项目等用地的现象。

三是土地预征，增加政府出让收益。在以往的土地征收模式下，新增建设用地要经过报批以后才能实行征收，但报批程序烦琐，周期过长，往往要1~2年才能完成，既影响了项目落地，造成了众多未批先建等违法用地，也降低了政府土地出让收益。提出新增建设用地预征收模式，即在土地报批前先与区政府商定补偿标准，签订补偿协议，实施补偿后组织进行土地一级开发，提升土地价值，依据规划用途组织报批，一举解决了项目落地难、投入成本高的问题。

四是加大土地融资平台建设。通过融资平台，实现全区域土地资源的市场化配置，使具备入市条件的土地，能够尽快推向市场、充分竞争，充分实现价值、提高供地效率。融资作为保障土地储备重中之重，积极打通资金瓶颈突破口，与省内外银行、信托公司、保险公司、资产管理公司等金融机构进行沟通协调，广泛开辟融资渠道，不断拓展融资途径，扩大融资规模。在资金运用和调度上，统筹考虑，综合筹划，合理规避政策风险，根据资金需求不同，灵活运用，实现资金在中心各收储项目之间的合理流动，保持资金高效运行。紧紧围绕省、市重点工程和重大民生项目建设需要，大力实施项目带动战略，以项目区域土地运作为载体，以土地谋资金，以资金带项目，扩大土地储备规模。

（七）保障农民基本权益，逐步完善社会保障制度

一是按照《河南省劳动和社会保障厅关于公布各地征地区片综合地价社会保障费用标准的通知》规定的标准，将被征地农民社会保障费拨付社会保障基金专户，用于保障被征地农民基本生活和长远生计。

二是采取入股分红安置，保障被征地农民长远利益。对有长期稳定收益的项目用地，在农户自愿的前提下，被征地农村集体经济组织经与用地单位协商，可以以征地补偿安置费用入股，或以经批准的建设用地土地使用权作价入股。农村集体经济组织和农户通过合同约定以优先股的方式获取收益。

三是尝试预留商业用房，保障被征地农民长远利益。对于有商业开发规划的土地，与被征地村组签订成本价购买商业用房协议，作为出让条件，以保证农民的长远利益不受损失。

四是尝试留地安置，保障被征地农民长远利益。在征收土地时，为被征地村组预留部分建设用地，作为该村组长远发展的保障。

二、郑州市推进城乡建设用地集约高效利用的探索

（一）建立了城乡规划土地建设管理“六统一”工作机制

一是按照规划一支笔、土地一个口、两个投融资平台作保障的原则，充分发挥郑州市规划委员会和郑州市土地管理委员会的作用，建立规划统一管理、土地统一收储、用地统一出让、补偿统一标准、收益统一分配、工程统一建设的“六统一”工作机制。充分发挥郑州市规划委员会的作用，实现规划统一管理。由市城乡规划局组织编制郑州都市区总体规划，中心城区、组团的总体规划和各类专项规划，并与土地利用总体规划、产业布局规划、生态保护规

划和经济社会发展规划等相衔接,实现“五规”协调统一。充分发挥市土地管理委员会的作用,实现土地统一管理。成立郑州市土地管理委员会,坚持政府主导开发,节约集约利用土地的原则,由市土地管理委员会负责建立全市统一的出让土地交易平台。市土地储备中心实行统一“净地”收储,由市土地管理委员会按照公开、公平、竞争的原则组织对外出让,统一协调项目用地、统一配置用地计划、统一协调配置占补平衡指标,审议年度土地出让计划,建立土地出让收益预算机制。制定工业、商业、金融等经营性用地年度税收收入标准,投资强度不得低于规定上限,提高土地利用效益。

二是集中收益管理,完善投融资体制。做大做强两个投融资平台,按照依法依规、事权下放、权责一致、提高效率的原则,调整市、区两级国有土地使用权出让收支管理体制。集中打造郑州地产集团有限公司和郑州市建设投资集团有限公司两个投融资平台,使其成为“借、用、还”一体化的国有独资公司,真正成为自主经营、自负盈亏、独立承担民事责任的市场化运作主体。通过对全市国有资产的优化整合,注入企业国有股权优质资产,加快扩大其资产规模,增强其融资能力。加强土地收储、出让主体及收入管理。建设用地由市国土局统一出让,土地出让价格根据市场价格决定,所有土地出让收入缴入市级国库。土地出让支出由市财政集中管理,同时加大土地储备资金支持力度,建立全市土地出让总收入 5% 的国有土地收益基金。制定详细标准,合理分配土地出让净收益。加强房屋征收安置工作,以全面建成小康社会城镇居民人均住房面积目标为基本标准,确定并统一补偿标准。推行管干分离,成立郑州市市政工程建设管理局,具体负责政府投资的市政基础设施项目的建设管理,统一组织项目实施。简化工作程序,成立郑州市新型城镇化建设政务中心,实施规划建设项目“一家受理、抄告相关、并联审查、限时完成”的运行程序,加强相关部门之间的沟通,加大各项审批工作的监督力度,协调解决建设单位提出的在行政审批工作中遇到的突出问题。

(二)积极探索实施农村集体建设用地流转全域流通

在探索农村集体建设用地全域流通的进程中,坚持“一个主体、四个权益”,确保群众的现实利益和长远利益,确保农民的土地承包经营权、农村宅基地的集体所有权、农民集体收益分配权和新型社区房屋的所有权四个权益。如荥阳市崔庙镇郑庄社区流转土地 1600 亩发展核桃等小杂果种植基地和旅游观光休闲产业,上街区流转土地 1300 亩加快汜水河花卉产业集聚区建设。新型农村社区建设节约出的土地,可以满足第二、三产业发展对土地的需求,增加了对外来资本的吸引力,促进了第二、三产业发展。如新密市超化镇超化新区,利用节约土地规划了 1590 亩的耐材产业集聚区。新郑市薛店镇依托中原食品工业园及富士康服务区、国际石材物流园、好想你红枣产业园、现代农业园和休闲度假产业园,规划建设了 4 个新型农村社区,节约的土地为产业园内企业加快发展提供了空间。节约下来的农村集体建设用地就近流转,支撑农村第二、三产业发展,为承接城市产业向农村转移创造条件,也为农民就近就业、创业拓宽了空间。新密市来集镇宋楼社区吸引投资 1 亿多元建设耐材产业园区,将全村 68 家耐火材料企业进行整合和资产重组,产业实力和竞争力进一步提高。新郑市梨河镇吴庄社区依托河南农建实业有限公司、河南翠绿农业开发有限公司等农业龙头企业,流转土地 6000 余亩,建设大棚 500 多座,大力发展设施农业、特色农业。

农民承包地承包权不变，即使出现市场波动，经营性收入和工资性收入受到影响，农民还有一份生活基本保障。农民拥有了一个具有交换价值、可交易和抵押的房产。居住环境明显改善，享受到了城市化公共服务。如郑州市上街区提出要保障农民的土地利益，坚持耕地性质不变、土地所有权不变、农民承包关系不变，农民可以自己经营或有偿转让，土地出让收益、预期收益都归农民所有。新郑市算好农民利益账，让农民拥有“三项收入、两套房产、一本产权证”。三项收入，即工资收入，依托社区周边产业项目和特色农民创业园，农民就近就业创业；财产收入，村集体用社区建设节约出的部分土地，以自建、入股等形式，建设标准化厂房、商业设施，让农民获得租金或分红；集体收入，新型社区预留 10% 的共建房作为商住出租房，收益用来支付物业费等。两套房产，按照人均不低于 40 平方米的标准，实现户均两套住房，一套居住，一套出租。一本产权证，无偿为农民办理房屋产权证，解决了集体产权的宅基地不能转化为个人资产的问题。

第八章　城乡融合视域下的乡村振兴

党的十九大报告中明确提出乡村振兴战略和实现城乡融合发展，农村区域的全面发展关系着我国整个社会经济的发展和人们美好生活的满足。改革开放以来，城镇经济快速发展，城镇吸引力扩大，吸引农村劳动力进入城市，农民进城找出路，农村土地荒芜，农业发展缓慢，导致二元经济结构加剧。随着城镇化的发展，农村资源日趋向城镇转移，加剧了农村的凋敝和没落，形成"大国敝村"现象，不仅影响中国未来的发展，而且可能影响国家健康稳定发展的基石。因此，我国亟待进行"农村革命"，让农业、农村和农民得到应有的空间与权益，推动农村区域稳定、和谐与繁荣，促进整个社会持续健康发展。2018 年初，中共中央和国务院联合发布了《关于实施乡村振兴战略的意见》。这是乡村振兴的战略规划，指出了乡村振兴的方向和路径。在此战略规划之下，研究乡村振兴的具体实施方法，已经成为当今社会发展面临的重要课题。

第一节　融合发展视域下的乡村振兴的内涵

党的十九大报告明确提出了"坚定实施乡村振兴战略"等"七大战略"，并将乡村振兴战略放在了"七大战略"的中间位置。将乡村振兴上升到了国家战略的高度，足见乡村振兴战略充满了方向性、根本性、全局性和时代性。这一战略全方位地描绘了一幅富裕、民主、文明、和谐、美丽的乡村新图景。2018 年 2 月，中央一号文件《中共中央国务院关于实施乡村振兴战略的意见》发布。这份文件围绕实施好乡村振兴战略制定了一系列重大举措，确立了乡村振兴战略的"四梁八柱"，是实施乡村振兴战略的顶层设计。

乡村振兴战略重要的内涵是实现"产业兴旺、生态宜居、乡风文明、治理有效、生活富裕"。这 20 个字的总要求精准发力，精辟概括了乡村发展、乡村文明建设以及乡村现代化建设的方方面面。首先，就乡村现代化建设而言，乡村振兴战略的目标是全面实现使乡村经济现代化、社会现代化以及人的素质现代化。"产业兴旺"就是农村各类产业经济蓬勃发展，农民的"钱袋子"越来越鼓；"生活富裕"就是农村产业发展后备资金充裕，农民用于消费享受的物质资源充足，农民无需为"吃了上顿没下顿"而担忧；"乡风文明"就是乡村风俗习惯和农民信仰均符合社会主流精神文化要求，农村一片祥和安宁的景象；"生态宜居"就是农民物质生活水平提高了，生活质量也要紧跟其后，追求各种精神生活，思想觉悟高，居住环境优美舒适，公共设施齐全便利，生态环境绿色和谐；"治理有效"就是乡村各方面均得到有效治理，农村社会秩序井然，安定和谐，无不良社会因素干扰，农民安居乐业。其次，就乡村发展而言，乡村振兴战略不仅要达到农业振兴、农村兴旺、农民富乐的目标，还要实现协调配合，更要朝着富强、民主、文明、和谐、美丽的社会主义现代化强国迈进。可见，实施乡村振兴战略，就是要让乡村发展生产力和调整完善生产关系同步进行，乡村加快经济发展和社会事业发展齐头并进,顾此顾彼,达到全面兼顾。最后,就乡村文明建设而言,乡村振兴战略不单单满足于建设物质文明和政治文明,还要上升至建设精神文明、社会文明、生态文明的高度。总的来说,乡村振兴就是要实现"五位一体"的总布局、总目标。

融合发展视域下的乡村振兴的内涵是丰富的、广泛的、多角度的。融合发展视域下的乡村振兴追求的是社会、经济、环境、文化等的全面协同发展;注重区域之间的相互融合协作,是包含农村区域在内的全域范围内的发展,进而形成大、中、小城镇和农村地区的协调融合发展;改变过去的城乡二元结构把城镇的生产和生活方式普及到农村区域,把先进的生产方式运用到农村产业经济发展,实现农村经济的产业化、规模化和现代化发展,同时让农民享有均等化的基础设施和公共服务配套,全面提升农村居民的生产和生活环境,以城乡融合实现乡村振兴;是以政府宏观调控和市场主导紧密结合的方式,实现资源的优化配置和高效利用,产业实现集聚化、规模化和现代化发展;追求社会的可持续发展,充分考虑人口、经济、资源和环境的相互协调和融合,注重环境可承受能力和环境保护,经济发展应以不牺牲农业和环境为基础,走低碳、绿色、节约的生态发展道路,打造环境优美的生产和生活环境,提升居民的生活档次和幸福感,在经济发展的同时实现社会的和谐稳定和进步;改变过去落后的生产方式,采用先进的科学技术,城镇化和信息化、工业化、农业化全面融合,实现经济的现代化、集约化和规模化发展;以人为核心,注重人本精神,全面保障人的权益和突出人的全面发展,全面提升人的幸福感,让人们的生活更加美好。

第二节 乡村振兴的实施意义

梳理城镇的形成和兴衰可以发现,城镇是在劳动报酬、转移成本、就业机会、投资收益等信号与机制的引导及调节下,各生产要素、市场主体及公共设施等在地理上自然流动和聚散的过程。而这些流动主要是基于市场的调节,当这种自然流动达到饱和状态时,城镇和农村在收入、教育、保障、环境等实现协调融合,市场就会发挥阻断机制,人口流动自然会停止,而此时的城镇化是最合理的城镇化。因此,真正的社会发展应该是以市场为主导,以发展型迁移为主要形式的农村劳动力转移形式,应该遵循人类向往美好幸福生活、追求发展机会的天性,破除城乡二元壁垒,引导人口在城乡之间合理地自由流动。在城乡融合发展布局上,应该施行农村与城镇并重,不能此消彼长,应在排除制度障碍的基础上促进农业转移人口的市民化,同时吸引城市资本和市民投入农业生产,为乡村提供服务。

一、实施乡村振兴战略是新时代指导"三农"工作的行动纲领

农业、农村、农民问题是关系国计民生的根本性问题。实施乡村振兴战略,必须始终把解决好"三农"问题作为全党工作的重中之重。中央之所以把解决好"三农"问题放在各项工作的首位,是因为在全面建成小康进程中,在工业化、城镇化、信息化和农业现代化同步发展过程中,农业现代化这条短腿和农村现代化这个短板还没有补齐。没有农业现代化,没有农村繁荣富强,没有农民安居乐业,国家的现代化就是不完整、不全面、不牢固的。决胜全面建成小康社会,重点就是要补齐农业、农村这块短板。为此,党的十九大报告明确提出"实

施乡村振兴战略”，并在“加快推进农业农村现代化”表述中，增加了“农村”这两个字。乡村振兴战略的确立不仅是建立在深刻认识我国城乡关系变化趋势，总结国内外城乡发展规律，学习借鉴其他国家实现农业、农村现代化正反两方面经验教训的基础上，也是我们党在农业、农村发展理论和实践上的又一次重大飞跃。以乡村涵盖农业、农村的所有问题，改变了过去单纯强调农业现代化和新农村建设目标的提法，丰富发展了统筹城乡发展理论，把解决“三农”问题放到重构乡村发展战略目标任务的高度来进行谋划，拓宽了解决了我国“三农”问题的发展思路，扩大了战略目标范围，提升了战略目标的高度，使我国“三农”问题变为一项综合性的系统工程，具有整体性、全面性的特点。应当说，乡村振兴战略是在新的发展理念下提出来的，它不仅为新时代我国“三农”工作指明了方向，也成为未来解决“三农”问题、全面激发农村发展活力的行动指南。

二、实施乡村振兴战略是解决我国城乡发展不平衡、不充分的迫切要求

乡村是具有自然、社会、经济特征的地域综合体，兼具生产、生活、生态、文化等多重功能，与城镇互促互进、共生共存，共同构成人类活动的主要空间。乡村兴则国家兴，乡村衰则国家衰。我国人民日益增长的美好生活需要和不平衡、不充分的发展之间的矛盾在乡村最为突出，我国仍处于并将长期处于社会主义初级阶段的特征很大程度上表现在乡村。全面建成小康社会和全面建设社会主义现代化强国，最艰巨、最繁重的任务在农村，最广泛、最深厚的基础在农村，最大的潜力和后劲也在农村。从城乡基础设施和基本公共服务看，农村基础设施建设滞后城市，农村的医疗、教育、文化、养老等社会保障等公共产品供给不足，农村公共服务水平也不高，农民共享现代社会发展成果不充分等。从城镇居民需求角度来看，对农产品数量的需求已不是问题，但对农产品质量的要求却没有得到很好的满足，尤其是对食品安全的要求更高。同时，城镇居民希望农村能够提供清洁的空气、洁净的水源、恬静的田园风光等生态产品，以及农耕文化、乡愁寄托等精神产品；农村居民希望有稳定的就业和收入，有完善的基础设施、公共服务、可靠的社会保障、丰富的文化活动，过上富足、现代化、有尊严的生活，这些新的期待都要求全面振兴乡村。实施乡村振兴战略，是解决新时代我国社会主要矛盾、实现“两个一百年”奋斗目标和中华民族伟大复兴中国梦的必然要求，具有重大现实意义和深远历史意义。

三、实施乡村振兴战略是破解我国城乡二元结构的战略选择

城乡二元结构的问题是我国当前乃至今后相当长一段时期，必须要破解的时代难题。从现阶段发展水平看，我国具备了启动实施乡村振兴战略的条件。

一是我国在统筹城乡发展和新农村建设方面具有一定的基础和实践经验。进入新世纪以来，在中央和地方的投入下，农村水、电、路等基础设施条件得到明显改善，农村义务教育、新农合、新农保和低保等基本公共服务实现了从无到有的历史性变化，一些地方在特色小镇和美丽乡村建设方面也探索出了新的路径。在政策制定方面，也初步搭建起城乡统筹发展的体制机制框架，围绕坚持农业、农村优先发展。

二是我国的工业化和城镇化水平已具备实施乡村振兴战略的条件。当前，我国的经济

实力和综合国力显著增强，具备了加快推进农业农村现代化的条件，具备了支撑农业农村现代化的物质和技术条件，具备以城带乡、以工补农的物质基础和经济实力，这为实施乡村振兴战略奠定了物质基础。

三是从欧美等发达国家和地区经验看，当一个国家的城市化率超过50%，资本、技术、管理等要素就会向农业部门流动。世界发达国家在实现现代化进程中，对农业农村所采取的政策，都经历了从单一的农业政策转向实行综合性的乡村发展政策，从原来主要通过使用价格干预等措施实现农业发展和农民增收，转向把农业农村作为一个系统，统筹综合起来一揽子解决，从而实现乡村的全面振兴。

第三节　城乡融合视域下我国实现乡村振兴的路径选择

城乡发展的不平衡和农村地区发展的不充分是我国当前社会发展中面临的重要问题，农业、农村和农民因素是我国社会发展中的短板，解决这一问题对我国实现城乡全面融合协调发展具有重大的战略意义。虽然我国的新型农村建设取得了巨大的成就，但按照城乡融合发展的要求依然存在诸多薄弱环节。在村庄布局、乡村基础设施、生态环境、乡村文化保护和传承，以及村庄治理方面均存在相当大的改善空间。城乡融合视域下的乡村振兴应深化相关机制改革，实现"人"与"物"等要素的同步协调发展，让全体居民共享社会发展带来的福利成果。

一、完善乡村基础设施和公共服务，实现均衡融合的协调发展格局

基础设施建设和公共服务水平提升是建设宜居乡村的基础。通过区域统一规划，进行新型乡村规划建设。加强农村地区公路交通、供水管网、生活污水收集和集中处理设施、电网、通信网络、有线广播电视网络等的全面覆盖，改善农村基础设施条件，吸引年轻人回归乡村，为乡村振兴打下硬件基础，夯实美丽乡村、宜居乡村和文明乡村的地基。对于农村特色养殖业，应要求经营者依法建设畜禽粪便发酵处置、沼气发生利用、污水杀菌消毒和回田利用等配套设施。着重建设乡村灌溉、观光等服务为一体的水利保障工程，优化农业生产的灌溉方式，提高农业生产活动的保障能力，避免农业生产"看天吃饭"的问题。努力提升农村医疗卫生服务水平，将医疗专业教育背景的专业医务人员充实到村卫生室，提升村卫生室的卫生条件，实现卫生室和生活居住区分离。充实乡镇卫生院诊疗设施，鼓励医疗专家在地方流行病高发区开展医疗卫生讲座，提高地方医务人员的技术水平。以县医院、乡镇卫生院和村卫生室的医务人员为技术支撑，开展乡村地区卫生宣传教育，提高乡村居民的卫生保健意识。结合乡村生活污水治理、畜禽粪便集中处置等手段，避免地表水污染，在蚊蝇滋生的高发期实行集中杀虫消毒，防止蚊蝇传播疾病。

提升农村地区的公共教育，主要集中在基础教育、专业教育和专业技术服务等方面。乡村建设离不开有文化、有技术的人力资源。特别注重面向广大劳动者、农村基层干部和农业科技人员的培训工作，采取灵活高效的方式，结合多种推广项目，广泛开展实用技术培训，探

索建立一种面向广大农户的培训机制。提供优质的九年义务教育，方便村民子女入学接受优质教育，解决其后顾之忧，这是留住人才的重要手段。抓好农村职业技术教育，开展与普通高中教育并行的职业高中教育，提高职业高中教育的职业技术水平，让职业高中毕业生成为同时具备文化和专业技术的知识型和技术型农业经营者，为乡村振兴储备技术力量和人力资源。以县域为单位，与大中专院校合作，创建干部进修班，对乡村建设的基层干部进行集中轮训，主要培训内容为农学、商学、法律等专业课程，为乡村振兴培养技术素质过硬的农业职业经理人、农业经纪人，也为农村储备政治素质过硬的基层干部。以乡镇为单位，与农业技术院校、农业科研院所、专业技术协会、龙头企业等合作，开展弹性学制的农业职业教育，对现有农民进行培训，培训基础农业知识，并着重提升单项农业种植、养殖、农产品加工等专项技术，打造拥有专业知识的新型职业农民。结合精准扶贫，以就业岗位为导向，对生存技能低的贫困农民给予免费的专业技能培训，提高其自救能力。以县市、乡镇为单位，通过政府购买服务、特聘技术专家等方式，为当地区域特色农业提供专业技术指导。鼓励规模化农业经营企业与专业技术机构建立合作，利用技术合作，推广农业科技应用。

二、促进农村基层基础工作，强化乡村振兴投入保障

提高基层党员干部的领导能力，充分发挥基层党组织的领导作用。对于当地基层党组织比较薄弱的地区，应优先考虑选派第一书记的方式，加强党组织的领导。建立制度，优先提拔有农村工作经历的优秀党员干部，培养懂农业、爱农村，了解农村工作实际的县、乡干部。严格监管村民自治机构选举，杜绝宗族势力、黑恶势力干涉基层选举，全面建立健全村务监督委员会，推行村级事务阳光工程。

加强乡村地区普法教育和法律援助服务，通过广播电视、广告宣传等进行农村地区的普法教育，提高广大农民的法律素养，培养农民群众尊法、学法和正确运用法律意识。增强基层干部法治观念、法治为民意识，避免行政措施与法律相违、执法者乱法的情况，树立法律的权威地位。健全农村公共法律服务体系，加强对农民的法律援助，建立法律服务提前介入机制，在土地流转、合同签订等过程中给予法律援助，确保农业生产经营活动在法律框架下进行，降低农业经营活动的法律纠纷。建立健全乡村调解、县市仲裁、司法保障的农村土地承包经营纠纷调处机制，确保涉农法律纠纷能够及时得到法律救助。

通过政策保障、完善信贷服务、农业合作化、吸引外部资金等方式解决农村振兴资金问题。充分盘活农村资源，鼓励农民以土地入股、农民之间合作等方式，建立农业合作化组织，可以有效解决农业生产所需的资金、土地资源和人力资源等问题。农业合作化组织有生产经营过程漫长、经营过程非预期风险高等问题，因此在合作组织建立初期需要及时介入和支持，确保其建立和经营过程合法。县、乡党和政府、基层党组织应给予合理的支持和引导，促进其经营管理规范化，完善利益链，通过保底分红、利润返还等多种形式，让合作投资者获得权益。通过鼓励农村进城青年返乡务农、城市闲散资金投资农业等方式，吸纳城市资本投入农业。一、二线城市的企业中，基层非技术型管理干部失业后再就业困难，这些人同时拥有资金、管理知识、良好的职业素养和人脉，对城市快节奏生活力不从心，如通过合理途径投资

农业，给予合理的引导和培育，会取得良好的双赢合作成果。为城市闲散资金寻找突破口，合理引导城市闲散资金投入特色农业建设，利用城市闲散资金建设农业，提供农业就业机会，同时投资者获得利润回报，争取双赢合作。

三、推动乡村产业兴旺，促进城乡互动融合发展

推进特色农产品优势区创建，建设现代农业产业园、农业科技园，加强农业生产中的科技应用。开发农业多种功能，延长产业链、提升价值链、完善利益链。通过提高农业科技应用，完善检验检疫，深入推进农业绿色化、特色化、品牌化、优质化。地方政府培育各类专业化、市场化服务组织，推进农业生产全程社会化服务，发展多样化的联合与合作，提升农业经营者组织化程度，提高农业经营者抗风险能力。以市场为导向，培育区域农产品公用品牌，保护地理标志农产品，打造主体特色农业产业发展新格局。在靠近城市的地区，着重扶持发展体验农业、生态农业、定制农业等特色农业，拓展增收空间。在山林资源丰富地区，建设乡村民宿、森林人家、休闲观光园区、康养基地等配套设施，主体打造休闲农业和乡村旅游精品工程。在当地农产品深加工业发达的地区，着重打造加工业的原料基地，进行农业生产和工业加工衔接。

制定地方投资引资政策和规划，合理定位农村区域产业发展方向。正视资本逐利本性，提升市县工业集中区的配套设施水平，降低外来投资企业的公用工程设施投资成本。通过鼓励地方投资公司兴建标准工业厂房，为外来企业定制工业厂房，降低外部资本投资的固定成本投入。地方劳动保障部门积极引入培训机构，为工业生产培训合格的产业工人，并促进农业人口多样化就业。通过创建优势投资条件，提高外来资本获益能力，吸引外部资金投入乡村振兴。通过积极引进为地方特色农业生产服务的农产品加工、包装、储存、物流等工业企业，支持主产区农产品就地加工转化增值。逐渐延长产业链，积极扶持本地企业，创建地方农产品加工业的品牌。鼓励互联网公司打造农产品销售公共服务平台，把供销服务网点延伸到乡村，健全农产品产销稳定衔接机制，建设具有广泛性的促进农村电子商务发展的基础设施，鼓励支持各类市场主体创新发展基于互联网的新型农业产业模式。地方上，重点解决农产品销售中的突出问题，加强农产品产后分级、包装、营销，建设现代化农产品冷链仓储物流体系。注重发挥新型农业经营主体的带动作用，打造区域公用品牌，开展农超对接、农社对接，帮助小农户对接市场。

四、重塑村民社区认同，大力弘扬传统文化

（一）重塑村民社区认同，着力解决农村社会的现代性危机

现代性危机，从根本上来说是个人欲望的无限膨胀与对私欲的有限满足之间的矛盾，是导致现代人性格分裂的重要原因。在过去，人们追求的大多数是物质的使用价值，但是这种使用价值是特定的、有限的。随着市场经济的发展，一部分人开始追求“价值”这种抽象的财富，但是“价值”这种抽象财富及其增值是无边无界的。随着人们私欲的膨胀，需求也就变得无边无际，这就导致了欲望无限膨胀与个人有限满足之间的矛盾。目前，在广大农村社

会,普遍存在着这种现代危机,要想从根本上破解这种现代性危机,核心是要在人的价值观和价值体系上下工夫,重塑村民社区认同,回归乡土社会,找回真我。

借助新型城镇化建设的契机,在被改造的村庄空间布局和重建过程中,规避高楼大厦,强调邻里互动,让"望得见山、看得见水、留得住乡愁"的理想在新型城镇化建设中实现。原生态的村民具有的乡土气息,就是邻里互动频繁,关系密切,村民间彼此信任,在遇到困难的时候本能地相互帮助,拧成一股绳,形成铁桶一般的团队。这种朴素民风的形成需要时间,是历史发展演变而来的,是乡村社会发展而来的,是自然村落催生而来的。在探索如何保护和避免这种乡土气息被现代社会所抛弃的时候,首先选择了这种民风的生存土壤,即村庄的空间布局。新一轮的城镇化运动,不管是城中村改造,还是合村并点,终归都是拆迁旧村庄,建设新社区。在这个过程中,要下大气力重塑村民社区认同,就要从物质层面布局好,规划好,把新型农村社区建成望得见山、看得见水、留得住乡愁的社区,建成邻里之间依然可以保持互动和往来的社区,有互动的活动空间,有往来的桥梁纽带。否则,千篇一律地照搬、照抄大城市的建筑和社区布局,原有的村规民约、乡村文化将无生存的土壤,很快将消失在城镇化的道路。

借助"村改居"的契机,进行社区居委会建设,大力开展人文关怀,打造邻里互信、团结互助的新型社区关系。随着新型城镇化的推进,原有的村民就会成为"新市民",一方面保留着原有乡土社会的某些特色,一方面又享受着新型城镇化和经济社会发展带来的成果。在社会管理体制上,各地都在推进"村改居"工程,也就是将原有的村委会改成居委会,社会管理制度由原来的村民自治转变为居民自治,在形式和内容上都发生了一些变化。新市民的这种社会关系因为所从事的生产劳动不同,相互之间的交往变得稀疏,人与人之间的关系也变得淡漠。在这个过程中,塑造村民社区认同,解决现代性危机,要着重构建邻里互动、团结互助的新型社区关系。构建新型社区关系,在具体措施上,可以结合当地的文化和风俗习惯,定期举办一些活动,尤其是可以全员参与的集体活动。另外,也可以延续原有的婚丧嫁娶、人情礼节、定期庙会等习惯。

(二)大力弘扬传统文化,焕发文明发展新气象

大力弘扬中国传统文化,重塑新市民的价值体系。乡风文明是保障,要求以更高标准提高乡村文明程度。乡村是中华文化的发源地和承载地,体现天人合一等生态智慧观的农耕文明、浩如烟海的优美田园诗画、传颂至今的家风古训等,很大一部分都源自乡村、兴于乡村。在振兴乡村过程中,要深入挖掘乡村优秀传统文化蕴含的思想观念、人文精神、道德规范,结合时代要求继承创新,让乡村文化展现出永久魅力和时代风采。提高乡风文明不仅是提高乡村生活质量的需要,也有利于改善乡村营商环境、促进乡村生产力发展,为乡村振兴提供动力支撑。基层应该转换治理方式,将自治、德治、法治有机结合起来,实现有效治理,重塑良好乡风。向网络媒体报道的典型形象、典型村庄学习,回顾历史,展望未来,定期组织农民收看老电影,关注农村的新变化,忆苦思甜的同时看到现代科技引领下时代的变迁,领略"明星村"的发展富裕状况,激发农民积极向上,为自身、为集体谋发展的积极性与主动性。不忘传统,不忘历史,积极宣传优秀传统文化,发挥集体组织作用。在村中心地段配备完善的文化设施,组织开展传统技艺、传统文化学习展示活动,让农民积极参与进来,激发农民创新创业精神,丰富农民的文化生活。

乡村振兴必须坚持物质文明和精神文明一起抓,提升农民精神风貌,培育良好家风、文明乡风、淳朴民风,持续提高乡村社会文明程度。从破解新时代社会主要矛盾的角度,推进城乡融合发展,必须积极拓展农业多功能性,充分发挥乡村在提供优质、安全农产品和优良文化产品、生态产品等方面的优势,着力提高乡村发展的吸引力,打造新的价值洼地。因此,在加强对传统乡村进行现代化改造的同时,要充分彰显乡村文化生态的个性魅力,规避"以城带乡"变异为"以城代乡",防范以城市元素代替乡村风貌、以城市文明取代农村文明。积极引入现代文明,积极创新载体和抓手,推进市场意识、契约意识、民主意识、法治意识、开放意识、合作意识等现代文明向乡村辐射,促进现代文明与田园风光、乡村风情相得益彰。通过公开表彰劳动模范、星级文明户、文明家庭等活动,引导积极向上的群众性精神文明。结合法律宣传教育,推进诚信建设,强化农民的社会责任意识、规则意识和契约精神。通过政策约束和村规民约,遏制过度操办婚丧嫁娶、生活铺张浪费、厚葬薄养、人情攀比等陈规陋习。对于不能通过政策法规约束的,地方政府、基层党组织应以倡议的方式进行倡导和引领,提高精神文明程度。发挥县级公共文化机构辐射作用,推进基层综合性文化服务中心建设,实现乡村两级公共文化服务全覆盖,提升服务效能,健全文化服务机构网络。通过组织广播电视宣传、文艺汇演、乡村文化竞赛、职业技能竞赛,积极发掘乡土文化人才,开发"三农"文明题材文艺作品,持续倡导积极向上的乡村文明,逐步提高农民文化程度和精神文明水平,促进乡村地区文化健康发展,为乡村振兴提供文化保障。

城乡建筑设计要注重吸收当地的乡土文化和地方特色。建筑是一个地域区别于其他区域的特殊存在,在推进城镇化的发展过程中应注重融合具有乡土文化的特色建筑。在郑州地区,太室阙、少室阙和启母阙是中国现存仅有的三座庙阙和最早的礼制建筑实物。少林寺、会善寺、嵩岳寺、嵩阳寺是嵩山成为佛教繁荣圣地的重要场所。嵩岳寺塔是嵩山地区历史上建造的第一座塔,也是中国历史上出现的第一座砖塔和中国现存最早的塔建筑。另外,嵩阳书院因得到皇家的重视,作为书院教育建筑也极为兴盛。嵩山历史建筑群已经是中国历史建筑群保存种类之多、修建时间跨度之长、历史文化内涵之丰富者。早在五千年前,逐水而生的黄河文明应运而生;公元前六七世纪,郑国在此建设古城墙,是当时的政治经济文化中心和交通要道;公元前204年,西楚霸王项羽与汉王刘邦决战于此,形成了历史上的"楚河汉界";隋唐时期,中国大运河通济渠郑州段利用楚河汉界的"鸿沟",形成东西水运的交通要道。古老的文明得以世代相传,当地居民充分挖掘古老的运河文化,打造古荥大运河文化区,提炼古老建筑的特色文化符号,构建新型城镇化建设具有地方特色的经典小镇,将古老的乡土文明融入现代城镇建设中,让每一个中华儿女充分感受中华民族的厚重文化,每个居民心中都会油然而生满满的幸福感。

五、结论

城镇化带动农村人口、土地等资源要素向城镇转移,使城乡交流和合作成为可能。当前，我国已经进入了全面建设社会主义的新时代，但和城镇发展相比，我国广大农村地区生产方式落后，科技含量和发展效率低下，产业缺乏竞争力，农村自我提升和发展的能力比较弱，农民增收的动力缺乏。在此背景下，党中央提出乡村振兴和区域协调发展战略是对我国当前发展态势的清晰把握。巩固和完善农村基本经营制度，保持土地承包关系稳定并长久不变，第二轮土地承包到期后再延长三十年。确保国家粮食安全，把中国人的饭碗牢牢端在自己手中。加强农村基层基础工作，培养造就一支懂农业、爱农村、爱农民的“三农”工作队伍。消除贫困、改善民生、逐步实现共同富裕，是中国特色社会主义的本质要求。中央经济工作会议指出，打好脱贫攻坚战，要一鼓作气，重点解决好实现“两不愁、三保障”面临的突出问题，加大“三区三州”等深度贫困地区和特殊贫困群体脱贫攻坚力度，减少和防止贫困人口返贫。

实现城乡融合的乡村振兴是我国实现全面小康社会的关键，能够有效促进资源要素实现双向流动，推动农业生产规模化和农村生活现代化。实施乡村振兴战略，坚持农业农村优先发展，坚持农民主体地位，坚持乡村全面振兴，坚持城乡融合发展，坚持人与自然和谐共生，坚持因地制宜、循序渐进。乡村振兴是一个复杂的过程，需要对人口、资金、土地、规划、环境、基础设施与公共服务等多方面通盘考虑，构建协调融合的发展机制，实现农民与土地、市民与乡村、新市民与家乡、城镇与农村的和谐。实现城乡融合发展，振兴乡村，在资源要素上给予充分的保障，努力解决基础设施、公共服务、生态环境和人才要素等方面的短板，积极推动农业产业集聚化、规模化和现代化发展，让我国广大农村地区成为产业兴旺、生态宜居、乡风文明、治理有效、生活富裕的美好家园。

第四节　推动融合发展的现代高效农业

随着农村朝着规模化、现代化方向发展，农业也由传统型农业向高效农业转型。高效农业作为农业现代化、工业化和城市化发展中农业的一种新形态，在使城市功能优化完善、推动城乡融合发展、全面建设小康和构建和谐社会中具有重要意义和特殊作用，应给予支持、完善和推动发展。农业的发展、农村的建设和农民收入的提高对社会经济的发展有举足轻重的作用。我国是一个农业大国，但农业资源短缺与浪费现象很严重，农业生产率低，农业产业化发展滞后，农民组织化程度低，严重阻碍了现代农业的发展。在经济飞速发展的今天，如何利用有限资源创造无限的经济利益是亟待解决的问题，提高农业效益是关系人类生存的永恒的主题。高效农业的发展将对带动农村经济乃至整个社会经济的全面融合发展具有重要的理论和实践意义。

一、高效农业的概念与内涵

高效农业是以市场为导向，结合区域环境资源，以现代高科技为支撑，把各种生产要素进行有效组合，最终把经济、社会和生态组合成综合效益最佳的一种生产经营模式。高效农业中，效益有着十分丰富的内涵，主要包括经济效益、社会效益和生态效益。

企业的投入和产出之间的关系可以通过经济效益反映出来，经济效益要求企业最大限度节省劳动成本而带来同量的产能，或者使用相同数量的劳动力成本而带来最大的有效产能。效益的提高能给企业带来更多的利润，追求更高的利润是企业的终极目标，因此，生产商通常会有意识地提高农业的经济效益。

各种经济活动对社会各方面所产生的非经济效果和影响，诸如对社会文化、政治等方面的影响，称为社会效益。市场经济体制下，企业应以市场作为切入点，关注市场需求。经济活动的社会效益与是否满足社会需求密切相关。关注农业经济的社会效益，应满足社会基本的生存需要，生产较多的农产品；满足社会的安全需求，关注产品的质量，生产出安全的绿色产品；满足社会更高层次的精神需求，让农民参与到各种经济活动中，在参与中提高积极性和对自我价值的肯定。

各种经济活动给人类生存环境所带来的效果和影响，称为生态效益。人类在各种经济活动过程中，应该保持生态平衡，不破坏生态系统平衡规律，实现人与自然的和谐发展。生态效益更看重的是未来的可持续性发展，因此，它关系人来生存发展的根本利益。在发展高效农业的过程中，应站在更高的角度，注重产业的长远发展，要以不牺牲生态效益为前提条件去追求产业的经济效益和社会效益。

二、高效农业科学发展的路径建议

根据高效农业发展目标要求，结合近年来高效农业发展的实践，对照国外高效农业发展的经验与教训，我们提出了若干条发展高效农业的对策和建议。

（一）将循环经济引入高效农业发展规划

高效农业的发展已初现端倪，前车之鉴，后事之师，在高效农业起步之初，预先规划高效农业的发展方向，制定适度的高效农业保护措施，可以促进整个农业经济的发展，也可以给居民放松身心、回归自然预留一个空间。

基于高效农业在城市生态系统中的重要地位，将循环经济引入农村发展规划中尤为重要。循环经济的“资源—产品—再生资源”的经济发展模式适用于有高效农业参与的农村经济和生态发展模式。应改变以往的农村垃圾处理模式，通过借鉴国内外先进经验，研发创新适合农村特色的污水、废弃物处理技术，将废弃物循环利用于高效农业的生产和其他工业生产。通过建立农业循环经济示范点，推广高效农业的成功经验。农村规划和政策应该建立相关的高效农业循环法律法规体系，将循环经济制度化、法制化，建立激励措施，鼓励发展循环经济并积极促进公众的参与，在实践过程中建设循环性的可持续发展。

（二）完善土地运行机制，保证高效农业的土地使用权利

在国外，高效农业可利用的土地种类繁多，从狭小的住宅空间（窗沿、容器、栅栏、屋顶、墙角和围墙上）到公娱用地、公共设施和交通要道两边，再到郊区的公共用地和私人用地。大部分以生存为目的的高效农业在非私有土地上进行，在公路两旁，河边、铁路两旁的空地，闲置的私人土地和公园等。总的来说，利用这类土地只是暂时性的，使用者的权益无法保障。

完善土地运行机制，应该将高效农业融入土地利用政策。应该为高效农业行为的稳定性提供服务，可以通过立法保证高效农业的用地安全，需要填充以政策条文和规范的制度管理，明确保护高效农业的土地使用权。将高效农业纳入公共用地管理和绿化带建设规划中，颁布保护措施，加强对限制土地的利用，鼓励社区利用小块闲置土地进行生产。

尽快建立和完善市县两级土地流转档案及信息库、乡镇土地流转服务中心、村级信息联络员队伍，形成方便快捷、指导有力的服务体系，为土地流转创造良好环境和畅通渠道。充分发挥土地流转信息服务平台的作用，及时发布土地流转供求信息，引导农村土地在更大范围、更高层次上合理、有序流转。

（三）通过培育市场新主体，用工业的理念推进高效农业的发展

从整体来看，我国农业远远落后于工业，突出表现在农产品加工转化增值滞后，工业化水平低下，资源优势未充分转化为经济优势。用工业的理念、商业的手段、服务业的意识、外经贸的措施发展高效农业，用抓工业的思路、理念、机制和办法来发展农业，走出一条城乡融合、工农互动的良性循环道路，推动农业产业的迅速发展和崛起。

1. 借鉴工业效益至上理念，遵循市场规律，发展效益农业

追求效益最大化是工业生产的一个突出特点。农业要转变增长方式，就要把工业生产上效益优先的原则运用到农业生产上来。一方面，提高农业自身的经济效益，像抓工业那样，注重提质降耗，讲求成本核算，对农业实行企业化管理。另一方面，改变把农业生产与农产品加工、流通环节割裂开来的封闭式经营方式，延长农业产业链条，实行贸工农一体化经营，提高农村经济整体效益。

2. 借鉴工业市场营销理念，提高农产品的商品率和市场占有率

相对于工业而言，农产品市场开拓还相差很远。要解决这个问题，就必须引入工业市场营销理念。农业实行市场营销，首先，要加强市场需求调研预测，选准目标市场，调整农业品种和产品结构，对农产品深度加工，开发适销对路的新产品。同时，要加强农产品销售，健全农产品市场体系，开设销售基地和窗口，组织物流和销售队伍，发展现代流通方式，拓展农产品销售渠道，让农业在激烈的市场竞争中获取更多的利益。

3. 借鉴工业质量标准理念，遵循市场规律，建设农产品质量标准体系

现代农业同样是质量标准农业，达不到质量标准的农产品既无市场需求，也无效益可言。农业强化质量意识，就是要以市场准入为切入点，从产地和市场两个环节入手，通过对农产品实行“从农田到餐桌”全过程的质量控制，实现农产品生产和消费无公害，提高农产品的安全度。农业强化标准意识，就是根据不同的市场需求和农产品的特点，建立推广相应的农产品标准体系，以满足不同的市场需求。

4. 借鉴工业产权改革理念，遵循市场规律，放活农业资源的使用权和经营权

在农业生产经营中，我们要引进产权改革的做法，努力形成土地、劳动力、资金、技术等要素在农业领域合理流动、优化组合的新机制，让潜在的资源在流动中转化成巨大的物质财富。可供选择运用的方式有承包经营、租赁经营、拍卖经营、联合开发、股份合营等。

5. 借鉴工业规模经营理念，遵循市场规律，培育龙头企业

在市场经营方面，打造品牌战略和特色农产品战略，在引导、鼓励精品农业、设施农业、籽种农业等经济合作组织有序发展的同时，扶持一批有优势、有特色的龙头企业和生产大户，带动农副产品加工业、饲料生产企业、营销企业和中介服务组织的发展，引导民间资本和吸引外资来开发农业，提高农业的工业化水平。必须尽快运用规模经营理念开发、壮大一批叫得响的农业名牌产品，尽快形成一批龙头企业。在这方面可采取“四个一批”的措施，即扶持壮大一批、嫁接改造一批、开放引进一批、大力发展一批。

6. 借鉴工业科技创新理念，遵循市场规律，加速农业科技进步

只有切实依靠科技进步提高农产品的市场竞争力，才能从根本上提高农业效益；只有切实依靠科技进步提高劳动生产率，才能使更多的农民从土地中分离出来，推动农村第二、三产业的发展。要把科技创新和推广实用技术落实到农业和农村经济发展的各个方面和各个环节，提高农业机械化水平，加快新品种的选育和引进，改造中低产田，加强对农业劳动者文化教育和技术培训。

7. 借鉴工业资本运营理念，遵循市场规律，增加农业投入，建立多元化的投、融资体系

高效农业是资本有机构成较高的产业，单纯依靠农民很难完成资本积累的过程，需要动员各方力量，逐步建立起政府投入为先导、企业和农民投入为主体、信贷投入为驱动力、外资投入为补充的多渠道、多层次、多元化的高效农业投资、融资体系。政府支农资金在增加总量的同时，应进一步优化资金投入使用结构。制定优惠政策，鼓励社会资金参与高效农业开发，鼓励个人投资，高等院校和科研院所可以技术入股。与此同时，进一步扩大对外开放力度，吸引外商独资或合资参与高效农业建设，大力吸引外国资金、技术和人才，积极促进投资的多元化。金融部门可会同有关部门制订信贷资金支持高效农业的具体办法，如建立企业信用互助联户担保体系，解决高效农业运转、发展所需资金。资本运营是现代企业发展的重要手段。农业开展资本运营，关键是要打破各种体制性障碍，改革农村产权制度，搞股份制经营，搞招商引资，变“死资源”为“活资本”，以“土资源”引“洋资本”，将境外资金、工商业资金、社会闲散资金吸引到农村，转化为农业开发和农村发展资金。

8. 借鉴工业项目运作理念，遵循市场规律，进行农业项目储备、申报、建设和管理

当前，农业开发按项目运作并且取得成功的例子已有不少。今后，我们要搞好农业项目的可行性研究、规划和前期基础建设等工作，用好的项目吸引投资者，借助外力提升农产品的市场竞争力。要像发展工业园区一样发展农业园区，使一大批具有市场竞争力、资产良好、管理科技的优势农产品加工企业向农业园区集中连片发展。

9. 借鉴工业社会协作理念，遵循市场规律，创新农村合作经济组织

随着农业和农村经济市场化进程的加快，一家一户的分散生产与千变万化的大市场之间的矛盾越来越突出。必须运用工业社会协作理念，通过有效的组织形式，变一家一户的小生产为社会化大生产，把广大农民组织起来，增强农业生产经营各个环节的紧密度，联合起来闯市场。这种有效的组织形式就是农村合作经济组织，如各种农村专业协会、专业合作社等。

10. 借鉴工业环境营运理念，遵循市场规律，打造农业发展的“绿色”空间

要优化市场环境，健全市场规则，降低市场门槛，加强市场监管，遏制“三乱”现象；打破区域封锁和地方保护主义，促进商品和资源的自由流动。要改善基础环境，加大各级财政对农业基础设施投入力度；放开农业基础设施建设市场，鼓励企业、个人投资基础设施建设。要规范政策环境，深化农村改革，落实党的政策，减轻农民负担，调动农民的积极性。

（四）充分发挥政府在高效农业中的职能作用

高效农业的发展不是自发的，而是需要政府支持和引导的，这是国内外高效农业发展的经验总结。要实现高效农业的稳定发展，增加农业劳动者的收入，必须加大政府对高效农业的扶持力度。在高效农业发展的过程中，政府要在各项政策上给予优惠，在人力、技术上大力扶持，并协调各部门形成支持高效农业方面的举措，以形成合力，有效促进高效农业的发展。

1. 高起点制定高效农业发展的总体规划

农村规划在农村发展中占有举足轻重的地位和作用。政府要像规划城市工业或城市交通一样来规划高效农业，把高效农业的发展规划纳入整个农村发展规划之中。为此，政府规划部门在进行高效农业发展规划时，要统筹协调，综合考虑。

一是要提高认识，将发展高效农业作为一项长期的系统工程来对待。在借鉴国内外成功发展模式的基础上，结合我国经济发展战略的要求以及城镇化的进程，在科学的理论指导下，遵循突出优势、综合平衡、长远考虑、逐步完善的原则，合理布局，统筹安排，制定高效农业发展的近期规划和中长期规划。

二是在功能定位上，从促进农业可持续发展的角度讲，应深化高效农业的经济功能，开发文化、教育功能，拓展生态功能，突出示范、辐射带动功能，实现高效农业的经济、社会、生态三大效益统一。

三是科学构筑空间布局。通过强化生态用地、农业用地和农村发展用地的统一规划和管理，实现高效农业的跨越式发展。

四是在产业政策上优先发展第三产业，发展高效农业要素市场、科教信息产业、观光旅游农业；发展壮大第二产业，与高效农业相衔接，大力发展农、林、牧、渔加工业；调整优化第一产业，实行资源、产品、生态的良性组合，壮大蔬菜、水产、畜禽、瓜果、花卉等支柱产业。

2. 从政策上给予高效农业以支持

目前，我国不少地方仅仅关注高效农业发展的产出效益，对高效农业的发展给予政策倾斜很少。比如要发展高效农业，必须有一部分土地转化为开发农业观光、休闲和体验等功能的基础性资源，但现行制度限制了这种转移，极大地制约了高效农业向具有高需求弹性的农业休闲、观光和体验等服务型农业方向发展。因此，有必要加快推进各项制度改革，建立和完善一套适合高效农业发展的政策体制，为高效农业的发展提供一个良好的政策环境。

3. 加大政府对高效农业的投资力度

高效农业是一种高投入、高产出的产业，投资大，周期长，仅仅依靠市场的力量是不够的。这就迫使政府必须对高效农业的发展进行有力的金融支持。一方面，政府要加大对高效农业的投资力度，应主要投资于农业基础设施建设，如农业道路、农业排灌系统、农作物育种、农产品加工、环保设施，以及农业规模经营所涉及的有关土地整合方面的调整等。需要注意的是，政府的投资不应仅限于对国营和集体经营单位，而应该排除所有制方面的限制，只要有利于高效农业的发展，不论哪种性质的经营主体都应予以同等对待。另一方面，政府要积极引导社会、企业、个人对高效农业进行投资，扩大资金的来源。同时，政府也要加快对支农资金管理机制的创新，提高资金的使用效率，使资金产生良好的效益。

4. 健全与高效农业相关的法律法规体系

健全的法律制度是高效农业健康、持续发展的保证，因此，政府应尽快制定和完善与高效农业发展相联系的法律法规，实行依法治农，使其在发展过程中遇到的各种问题能通过法律途径解决，为高效农业的健康发展撑起一项有力的保护伞。应尽快出台与高效农业发展相关的一系列立法和条例，如农业资源、生态保护条例和土地流转法等，实现依法对都市型农业的监督、管理和宏观调控。

5. 政府对高效农业的服务和管理要到位

要在经营体制上不断创新，不断完善家庭承包责任制，发展规模化经营和工厂化经营，提高高效农业效益。要提供技术服务和保证，改革农业科研体制和农业推广体系，用现代高新科学技术来武装高效农业。要制定科学的农产品质量标准，规范市场经营体系，提供市场信息服务，提高市场运行效率。要解决好高效农业发展过程中的各种社会问题，如土地制度问题、村庄城市化问题、农民权利保护和财产损失补偿问题、农民转业培训问题等。

三、河南高效农业发展的区域模式实例分析

根据区域经济理论，由于各地资源禀赋不一，发展高效农业不应有一个统一的模式，而应坚持从实际出发，结合区域资源优势，因地制宜。在对河南省基层农村长期考察的基础上，笔者总结了河南省发展高效农业的几种模式。

（一）特色产业带动型高效农业发展模式

特色产业带动型高效农业发展模式，是以提高经济效益为目标，利用独特的区域自然资源禀赋、独特的技术、独特的市场掌握所形成的特色产业。

1. 典型经验

特色产业带动型高效农业发展模式中的特色产业主要包括特色种植业和特色养殖业。

（1）特色种植业。原阳大米是新乡地区原阳县一带的特色农作物，利用当地特殊的自然环境和气候特征，不仅建立了以水稻农作物为主的种植基地，还采用市场化运作，进行品牌化运作。目前，原阳大米不仅是当地人购买大米的首选，而且正逐步走向省内外其他区域，品牌形象深入人心。一些区域还以大棚蔬菜种植业带动当地农业的高效发展，光山县十里庙、中牟县老八庄、卫辉县焦庄、杞县王堂村、襄城县尚庄村等都是大棚蔬菜种植业的典型村庄，这些村统一规划，走市场化道路，进行集中连片规模种植，取得了很好的经济效益，带动了当地农业的大发展。还有一些村以花木种植业带动区域农业的高效发展，如潢川县吴楼村、光山县天赐城村等村。

（2）特色养殖业。一些农村结合当地的自然资源和社会资源，建立具有当地特色的农村养殖业基地，比如养鸡场、养猪场等，比较典型的有光山县仙居乡杨竹园村。该村结合区域优势大力发展养鸡业，采用现代化管理，引用先进科学技术进行科学化养殖，取得了非常可观的经济效益和社会效益。村民的收入翻倍，扩大了就业，打造了更稳定的社会环境。在注重经济效益的同时，该村不以牺牲生态环境为代价，注重沼气建设，维持生态平衡，追求高效农业的持续性发展。

2. 经验与启示

特色产业带动型高效农业发展模式首先要拥有特定的自然资源，以突出特色和优势。其次，在特色产业的建设中，注重塑造龙头产业，重视示范带头作用，形成规模优势。最后，注重品牌的塑造，加强营销宣传，提高特色农产品的知名度，以品牌带动农业，从注重量的发展转向追求质的提高。

（二）农产品加工业带动型高效农业发展模式

农产品加工业带动型高效农业发展模式，是引用现代先进的管理方法和手段，借鉴工业发展的经验，结合当地资源优势，充分引用市场机制，大力发展农产品加工业，培育农产品加工龙头企业，从而带动整个区域农业的高效发展。

1. 典型经验

经过多年的发展，河南省农产品加工业呈现以下几个特点：一是以面粉为主的农产品加工业逐步成为主导产业。河南省大多数地区处于平原地带，加上四季分明的气候特征，特别适合种植小麦。丰富的农产品资源和农村劳动力，是河南省发展农产品加工业的区域优势，以小麦为主的农产品加工业迅速发展起来。河南省成为全国最大的小麦制品加工省份，有2000多家小麦农产品加工企业，每年有3000多万吨的粮食转化能力。二是一批龙头骨干企业逐步形成，一些品牌农产品加工业逐步为人所知。目前，河南省有近万家以农产品加工为主的龙头骨干企业，一些企业的品牌形象已深入人心，如双汇、南街村、华英、三全、思念等一大批品牌食品享誉国内外，这些知名的农产品加工企业不仅带动了当地经济的巨大发展，而且产生了巨大的社会效益，扩大了就业，维护了社会的稳定，提高了区域的知名度。三是形成了相对品种多样化的农产品加工业。河南省农产品加工业的品种相对比较齐全，涉及的领域包括粮食、肉制品、预制品、果蔬等行业。总体说来，在长期的发展过程中，河南省的农产品加工业逐步形成了以小麦加工业为主的优势主导产业和一批龙头骨干企业，同时注重多样化、全面发展。

2. 经验与启示

农产品加工业带动型高效农业发展模式，必须结合当地资源特色，做强一批农产品加工企业，做响一批农产品加工品牌，做大一批农产品加工园区。建立发展区域高效农业的目标，引用市场竞争机制，制定区域高效农业发展的竞争策略，整合区域资源，提升农产品加工业的核心竞争力，做大做强一批龙头骨干农产品加工企业，提升农产品加工业的区域影响力。

（三）与第三产业融合的高效农业发展模式

结合区域优势资源，树立“发展高效农业与第三产融合”的理念，设立专项基金、捆绑涉农资金、加快土地流转、出台扶持政策、加大特色宣传，引导休闲观光、花卉产业为主导的高效农业形成特色和品牌。

1. 典型经验

郑州市古荥镇充分借鉴、吸收国内外村镇的发展经验，借助“国家历史文化名镇”招牌，深入挖掘古汉文化及剪纸、烙画等民间艺术，引入战略投资方，全力把古荥大街打造成独具特色的“汉风街”；开发好“黄河文化”，打造沿黄旅游特色村，串联沿黄旅游资源，发展以农家体验游、黄河风情游、历史文化游、生态观光游、餐饮游为特色的沿黄休闲生态文化游产业带。地处焦作云台山风景区的修武县北部太行山区的岸上村，结合区域优势，把发展农村旅游业作为优势产业，带动了区域农业的高效发展。结合旅游景点的资源，该村积极打造“农家乐”，集吃饭、居住、娱乐、购物于一体，让游客吃农家饭，住农家店，感受农家的文化，购买农家游特色的产品，深受游客的喜爱。

2. 经验与启示

与第三产业融合的高效农业发展模式实现了生态环境与人文环境的全面提升。第三产业带动型高效农业的发展，可以充分发挥当地的区域优势，引入民俗文化的理念，通过绘画、音乐、文学、工艺品等了解民族习俗、特征，以提高区域的知名度，促进当地农业经济的发展，增加农民的收入。

（四）高科技设施型高效农业发展模式

设施农业是以先进的农业设施为支撑，利用人工建造的环境，结合区域资源优势，打造现代化的环境安全的工厂化高效农业模式，是高投入、高产出的资金技术密集型产业。可控和可调是设施农业环境的特点。地膜覆盖、小拱棚、塑料大棚和温室是高科技设施农业的主要类型。高科技设施型高效农业模式引入市场发展的理念，满足不同消费者特定的、多样化的消费需求，受到了市场的青睐。

1. 典型经验

在发展区域农业的过程中，河南省注重引入高科技，改变传统农业低效的经营模式，积极打造高效设施型农业模式。如郑州市打造现代化的温室示范园，园区品种齐全，分类合理，整个园区分为四大区域，即工厂化育苗区、生态休闲区、特色菜采摘区和有机种植区，实现了高科技的现代工厂化种植。巩义市建造了以汇鑫农业为龙头的高效农业示范园区，依靠科技种植，打造企业品牌，生产出的产品名扬省内外。还有已具有一定规模的中荷现代农业示范园的无土栽培技术和丰乐农庄的温室浇灌技术等，这些综合工厂化示范园区利用高科技技术，进行品种的优良组合和繁殖，生产出绿色、安全的有机农产品，产生了良好的社会综合效益。

2. 经验与启示

在发展设施型高效农业的过程中，应注重引进新品种、新技术，利用高科技推动农业的高效发展，科学技术是设施农业的支撑。为了更快地推动高效设施农业的发展，可以走高校科研项目和农村具体实践相结合的道路，让先进的科研理论以最快的速度转化成生产力，同时可以转换农民的思想观念，实现真正以科技带动农业大发展，以最低的生产损耗获得较大的产能。高科技设施型高效农业的发展也需要各级政府给予资金、政策、土地等方面的支持。

以发展高效农业统筹解决粮食安全、耕地保护与农民富裕的发展难题，提升产业层次，实现集聚、集约、集群发展，激活发展潜力，在激烈的区域竞争中实现“弯道超车”。在区域经济发展中，河南省还需要不断总结典型经验，探索符合当地经济特点并能最大程度发挥当地资源优势的高效农业发展模式，以推进高效农业整体的可持续发展。

第九章　城乡融合发展的生态文明建设

党的十八大报告站在历史和时代的高度,强调我国社会建设的总体布局中包含生态文明建设,凸显了生态文明建设的重要地位,体现了我国在社会发展中对生态环境保护的充分重视。社会经济发展要依托现有山水脉络等独特风光,让城市融入自然风光,让居民“看得见山,望得见水,记得住乡愁”。城乡社会发展坚持生态文明的思维理念,有助于利用区域自身优势,实现生态跨越式发展及生态富民目标。城乡发展形态的转型升级需要以城乡统筹、产城融合、宜业宜居、集约高效、环境友好为方向,坚持走精致型、集约式、田园化的融合发展道路,不因为保护生态环境而影响城乡建设进程,也不因为城乡建设去破坏生态环境。依托我国的基本国情,逐步建立和完善生态体系,充分利用生态资源价值,大力发展现代农业、绿色工业、生态旅游、战略性新兴产业等高附加值、低消耗、低排放的生态产业,引领生态经济发展,持续推动人口、经济、社会资源全面协调发展,破除城乡二元分割机制体制障碍,全力打造宜居、宜业、宜游的田园新区。

第一节　生态文明的基本内涵

一、生态文明的科学内涵

文明是人类社会特有的现象,是人类社会发展到一定阶段所产生的文化成果,是人类社会发展进步的标志。生态文明强调人类在改造自然界的过程中形成人与自然的和谐及可持续发展的关系,是人类认识世界、改造自然以及处理人与自然关系的进步表现。在生态文明的含义上,可以从广义和狭义两个角度来理解。

广义的生态文明,是将其放在人类社会发展长河中与原始文明、农耕文明、工业文明相提并论的一种文明形态,既包含了人类为了保护自然环境和维护生态安全所付出的意识形态方面的努力,比如有关法律、制度、政策和社会意识等,又包括了人类为了维护生态平衡和可持续发展而在科学技术领域的努力,比如对濒临灭绝物种的拯救繁衍等。生态文明作为一种意识形态,强调的是人与自然和谐发展,建立一定的生态机制,实现人与自然的协调有序、健康可持续发展。生态文明在社会文化领域有较为集中的表现,在人类文明形态中占据较高的地位。

狭义的生态文明,是社会文明的重要组成部分,在人类的文明形态中与物质文明、精神文明和政治文明并存。物质文明是人类在能动地探索自然、改造自然的过程中所付出的努力和取得的全部物质成果,主要表现在生产力的进步和人类物质生活水平的提高;政治文明是人类在能动地改造社会的过程中所付出的努力和活动的全部政治成果,主要表现在执政理念的进步和社会制度的完善;精神文明是人类在能动地改造主观世界的过程中所付出的努力及其活动的全部精神成果，主要表现为精神生产的进步和精神生活的满足与提高；生态文明则是人类为了实现人与自然和谐共生，能动地改造自然的认知和处理人与自然的关系的过程中所付出的努力和全部成果，主要表现在人类处理人与自然的关系时的文明程度及其有关机制的完善程度。

生态文明同物质文明与精神文明既有联系又有区别。生态文明既包含物质文明的内容，又包含精神文明的内容。生态文明并不是要求人们消极地对待自然，在自然面前无所作为，而是在把握自然规律的基础上积极地、能动地利用自然，改造自然，使之更好地为人类服务，在这一点上，它与物质文明是一致的。而生态文明所要求的人类要尊重和爱护自然，将人类的生活建设得更加美好；人类要自觉、自律，树立生态观念，约束自己的行动，在这一点上，它又与精神文明是一致的。说它们有区别，则是指生态文明的内容无论是物质文明还是精神文明都不能完全包容，也就是说，生态文明具有相对的独立性。在生产力水平很低或比较低的情况下，人类对物质生活的追求总是占第一位的。然而，随着生产力的巨大发展，人类物质生活水平的提高，特别是工业文明造成的环境污染，资源破坏、沙漠化、“城市病”等全球性问题的产生和发展，人类越来越深刻地认识到，物质生活的提高是必要的，但不能忽视精神生活；发展生产力是必要的，但不能破坏生态。人类不能一味地向自然索取，而必须保护生态平衡。

随着经济的不断发展，我国政府充分认识到生态文明建设的重要性，在生态文明建设方面相继出台了一系列的决策。在党的十八大报告中，明确提出生态文明建设是关系人民利益和民族未来的大事，要将生态文明建设摆放在重要的位置，在我国社会建设的各个方面和过程中融入生态文明建设。2015 年 3 月 24 日，中共中央政治局会议审议通过了《关于加快推进生态文明建设的意见》，要求共同推进、协调发展新型城镇化、工业化、信息化、农业现代化和绿色生态化。生态文明强调对生态环境的尊重和维护，在实现经济发展和生活富裕的同时，注重人类社会的可持续发展和生态良好，最终实现人的全面发展。党的十九大报告强调，我们要建设的现代化是人与自然和谐共生的现代化，既要创造更多物质财富和精神财富以满足人民日益增长的美好生活需要，也要提供更多优质生态产品以满足人民日益增长的优美生态环境需要。必须坚持节约优先、保护优先、自然恢复为主的方针，形成节约资源和保护环境的空间格局、产业结构、生产方式、生活方式，还自然以宁静、和谐、美丽。十九大报告同时强调，必须树立和践行绿水青山就是金山银山的理念，坚持节约资源和保护环境的基本国策，像对待生命一样对待生态环境。要统筹山水林田湖草系统治理，实行最严格的生态环境保护制度，形成绿色发展方式和生活方式，坚定走生产发展、生活富裕、生态良好的文明发展道路，建设美丽中国，为人民创造良好生产生活环境，为全球生态安全做出贡献。十九大报告明确坚持人与自然和谐共生，建设生态文明是中华民族永续发展的千年大计，是构成新时代坚持和发展中国特色社会主义的基本方略之一，提出了实现中国梦第二个百年目标两个阶段的生态环境保护目标，并对相关任务进行了部署。

二、生态文明建设的战略意义

加强生态文明建设,对于我们全面建成小康社会,实现我国经济社会可持续发展和中华民族伟大复兴具有极其重要的意义和作用。十八大报告指出:“建设生态文明,是关系人民福祉、关乎民族未来的长远大计。面对资源约束趋紧、环境污染严重、生态系统退化的严峻形势,必须树立尊重自然、顺应自然、保护自然的生态文明理念,把生态文明建设放在突出地位,融入经济建设、政治建设、文化建设、社会建设各方面和全过程,努力建设美丽中国,实现中华民族永续发展。”这一重要论述,反映了我们党对人类社会发展规律,对社会主义建设规律认识的再深化,标志着我们党对经济社会可持续发展规律、自然资源永续利用规律和生态环境规律的认识进入了一个新的境界。

建设生态文明是解决当前我国资源能源、生态环境与经济社会发展面临诸多矛盾的战略选择。改革开放以来,我国经济发展取得的成果举世瞩目,但是,在经济增长的同时,由于生产经营方式粗放,技术和管理水平相对落后,生态环境、自然资源和经济社会发展之间的矛盾十分突出,经济社会发展面临的环境压力日益严重。如果不改变发展方式,加强生态文明建设,随之而来的必然是资源枯竭、环境破坏、经济发展停滞和人民生活水平下降。我们必须树立尊重自然、顺应自然、保护自然的生态文明理念,把生态文明建设融合贯穿到经济、政治、文化、社会建设的各方面和全过程,大力保护和修复自然生态系统,建立科学合理的生态补偿机制,形成节约资源和保护环境的空间格局、产业结构、生产方式及生活方式,从源头上扭转生态环境恶化的趋势。生态文明是人类文明发展的一个新的阶段,即工业文明之后的文明形态;生态文明是人类遵循人、自然、社会和谐发展这一客观规律而取得的物质与精神成果的总和;生态文明是以人与自然、人与人、人与社会和谐共生、良性循环、全面发展、持续繁荣为基本宗旨的社会形态。中国是发展中国家,如果我国率先跨入生态文明社会,不但会使全国的经济、社会、生态、环境、人文、民生面貌为之一新,而且必将大大加快全球生态文明建设进程。在开发自然、利用自然中,人类不能凌驾于自然之上,人类的行为方式应该符合自然规律,按照人与自然和谐发展的要求,在生产力布局、城镇化发展、重大项目建设中都要充分考虑自然条件和资源环境承载能力。

建设生态文明是构建社会主义和谐社会的必然要求,是顺应人民群众新期待的迫切需要。构建社会主义和谐社会,需要协调好人与自然的关系、人与社会的关系和人与人之间的关系,而人与自然的和谐是和谐社会的基础,实现人与自然的和谐,实际上取决于人与自然的关系以及人与人之间关系的统一。人类的发展应该是人与社会、人与环境、当代人与后代人的协调发展。人类的发展不仅要讲究代内公平,而且要讲究代际的公平,即不能以当代人的利益为中心,甚至为了当代人的利益而不惜牺牲后代人的利益,而必须讲究生态文明,牢固树立起可持续发展的生态文明观。遵循自然发展的客观规律,促进自然与生态的平衡和发展,必然有利于社会的存在和发展,人与自然的和谐遭到破坏,人与人的和谐乃至整个社会的和谐必然遭到破坏。随着生活质量的不断提升,人们不仅期待安居、乐业、增收,更期待天蓝、地绿、水净;不仅期待殷实富庶的幸福生活,更期待山清水秀的美好家园。生态文明发展理念，强调尊重自然、顺应自然、保护自然；生态文明发展模式，注重绿色发展、循环发展、低碳发展。大力推进生态文明建设，正是为顺应人民群众新期待而做出的战略决策，也为子孙后代永享优美宜居的生活空间、山清水秀的生态空间提供了科学的世界观和方法论，顺应时代潮流，契合人民期待。

生态文明建设是我国经济社会发展的重要内容，关系到我国各民族的奋斗目标以及中国梦的实现，是实现社会协调和可持续发展的必然要求。党的十九大报告指出，加快生态文明体制改革，建设美丽中国。人与自然是生命共同体，人类必须尊重自然、顺应自然、保护自然。人类只有遵循自然规律才能有效防止在开发利用自然上走弯路，人类对大自然的伤害最终会伤及人类自身，这是无法抗拒的规律。因此，在人类社会发展中必须要处理好人与自然的关系。尊重自然规律，保护生态环境，维护生态均衡，必然有利于人类社会的基本生存和长久发展。应进一步解放思想、提高标准，继续维护好、利用好生态建设成果，发挥生态优势。应把生态文明建设作为转变经济发展方式、优化产业结构的主要抓手，走经济建设与生态发展并重的低碳发展之路，探索出一条“经济发展、生态优良、社会和谐”的可持续发展道路，在社会中大力倡导生态文明价值观，使得生态文明建设水平与社会总体发展水平相协调和适应。

第二节　融合发展的生态文明建设思路与模式

一、融合发展的生态文明建设思路

党中央、国务院高度重视生态文明建设，对推进生态文明建设做了一系列重要部署。党的十八届三中全会对深化生态文明体制改革提出了明确要求，强调必须建立系统完整的生态文明制度体系，健全自然资源资产产权制度和用途管制制度，划定生态保护红线，实行资源有偿使用制度和生态补偿制度，改革生态环境保护管理体制，必将为加强生态文明建设提供强大动力。应认真学习、深刻领会，以抓铁有痕、踏石留印的作风，坚定信心，求真务实，真抓实干，务必抓出成效，把我国建设成为政治、经济、文化、社会、生态高度协调融合的社会主义现代化国家。

推进生态文明建设，总体上要把握六个重要原则：一是坚持把改革创新作为推进生态文明建设的基本动力。健全国土空间开发、资源节约利用、生态环境保护的体制机制，以最严格的制度、最严密的法制，为生态文明建设提供可靠保障。二是坚持尊重自然、顺应自然、保护自然的基本理念。始终牢记破坏自然就是损害人类自己，保护自然就是保护人类自己。把人类活动控制在自然能够承载的限度内，实现人与自然和谐发展。三是坚持在发展中保护、在保护中发展的基本要求。发展是解决我国所有问题的关键，保护则是实现可持续发展的关键，两者同等重要、不可偏废，要走出一条经济发展与生态保护“双赢”的道路。四是坚持节约优先、保护优先、自然恢复为主的基本方针。在资源利用上把节约放在首位，在环境改善上把保护放在首位，在生态建设上以自然恢复为主，从源头上扭转生态环境恶化趋势。

五是坚持绿色发展、循环发展、低碳发展的基本路径。把推动绿色、循环、低碳发展作为转方式、调结构、上水平的重要抓手,加快形成节约资源和保护环境的空间格局、产业结构、生产方式、生活方式,全面增强可持续发展能力。六是坚持政府主导、企业主体、多方参与、全民行动的基本工作格局。政府要发挥引导、支持和监督作用,企业要积极承担重要责任和义务,每个人都要养成自觉保护生态环境的良好习惯。

推进生态文明建设,在工作安排上要坚持"两手抓"。一手抓节能降耗和当前群众反映强烈的大气、水及土壤等污染治理,加大工作力度,制订和实施治理行动计划,成熟一个、推出一个、落实一个,不断取得成效,切实满足人们对生态环境改善的迫切需求,为人民群众办实事和谋福利,为人类可持续发展做贡献;一手抓生态文明制度建设,着眼全局,坚持融合发展的原则,统筹城乡,注重全面融合发展,加强顶层设计和总体规划,形成有利于资源节约和环境保护的制度安排和利益导向,为生态文明建设做好方向指引。

二、融合发展的生态文明建设模式

(一)生态保护与生态经济并重模式

摈弃"生态保护与生态开发是对立关系"的片面想法,提高对"生态保护与生态开发是对立统一关系"的认识,在继续加强生态保护的同时,积极探索生态开发的渠道、模式,大力发展生态经济。以产业促环境,以环境促产业,形成良性循环。

1. 生态建设产业化

正确处理生态建设与经济发展、局部利益与全局利益、眼前利益和长远利益的关系,大力发展绿色工业、现代农业、生态文化旅游业、战略型新兴产业等。用"自然资本"引领"货币财富",把生态资源转化为"生态资本",发展生态经济,形成具有特色的生态财富,增强区域经济社会发展活力和竞争力。不以牺牲环境为代价来谋取一时的经济发展,实现生态建设与经济发展的相互促进和相互协调,走出一条靠生态建设促进地区经济发展的成功之路。

2. 产业发展循环化

循环经济是实现可持续发展战略必然的选择和重要保证。以循环经济理论为指导,模仿自然生态系统,加快发展生态产业园区,使资源和能源尽可能地循环使用,在发展经济的同时,保护好环境。将可持续发展作为生态城区建设的根本目标,通过限制、调整、重组和优化城区系统的结构和功能,在保护环境、节约资源和控制人口的前提下实现经济发展,使我国成为经济可持续、社会可持续和生态可持续的综合统一体。

(二)生态建设与城镇化同步推进模式

坚持走精致型、集约式、田园化城镇化道路,不因城镇化去破坏生态环境,也不因为保护生态环境而影响城镇化进程,而是将城镇化和生态建设融为一体,协调发展、同步推进。通过生态景观建设、生态文化建设、基础设施建设、生态型总部文化园区建设,以及发展生态地产(重点弘扬建筑节能文化)等综合途径,逐步建立生态建设与城镇化同步推进的模式。

1. 城区发展田园化

以"田园城市理论"为指导,借鉴国内外田园城市建设经验,在城镇化推进过程中,把城郊接合部作为城市发展的拓展区，将城郊农村改造成生态休闲、旅游观光的新型生态区域，将城郊农业打造成与文化产业、旅游产业、加工工业有机融合的现代都市农业，打造最美"田园城区"。遵循"保护为主，合理利用"的原则，充分发挥自然生态和人文生态条件，把保护修复与开发利用有机结合起来，以生态保护修复提升资源利用价值，以资源开发利用推动生态保护和发展。

2. 基础设施一体化

针对城乡基础设施差异大、各种功能布局不合理、设施共享性差等突出问题，把城市和农村作为一个有机整体，在规划布局、基础设施建设方面统一考虑、统一布局、统一推进。强化城乡设施的衔接、互补，加大对农村基础设施的投入，让城市基础设施建设向农村不断延伸，使农民真正享受到城市先进的生产力和城市文明，从而实现城乡共建、城乡共享。

（三）制度创新推动生态建设模式

1. 加快生态文明体制机制改革，尽快适应生态建设和发展的需要

制度设计的不合理和制度改革的滞后是制约生态建设的关键。根据生态建设和发展需要，加快对领导协调机制、政绩考核机制、生态补偿机制、生态监督机制等的改革和完善，形成一整套有利于示范区建设的体制机制。构建生态文明体制机制，要遵循市场发展的规律，以生态建设与环境保护为前提，以转变经济发展方式和发展循环经济为切入点，大力发展绿色、低碳、循环经济，促进经济社会与人口、资源、环境协调发展，把综合生态经济示范区建设与地区经济发展、社会发展、城镇化建设结合起来。

2. 进一步推动制度创新，构建与生态文明建设进程相适应的监管制度

在加强建设事中监管和事后补救制度的基础上，还要着力健全事前预防性制度，建立工业园区和开发园区的规划环境影响评价制度，把区域环境风险控制和建设项目环境影响风险控制结合起来。要创新机制，特别是信息公开、公众参与、社会监督和公益诉讼机制，建立行政处罚、引咎辞职、诉讼受理和行政追责等方面的行政措施或者行政处罚自动启动机制。同时，创新管理模式，采取行政管制、市场调节、技术服务、信用管理相结合的有力措施，更好地适应新形势下生态环境保护方式的转型需要。

（四）形成绿色发展方式和绿色生活方式

坚持绿色发展，建设美丽中国，是推动和实现我国经济社会持续健康发展的必然选择。改革开放 40 余年来，我国经济社会发展取得了举世瞩目的成就，但不容忽视的是，积累的生态环境问题比较突出，经济发展和生态环境不协调已经成为可持续发展的一大瓶颈。基于我国生态问题的严峻形势，党和政府把绿色发展作为生态文明建设的一个重要着力点。发展是第一要务，但怎样发展才是重中之重。当前，中国特色社会主义进入新时代，我国社会的主要矛盾已经转化为人民日益增长的美好生活需要和不平衡不充分的发展之间的矛盾。我国社会的主要矛盾发生变化，一个重要表现就是人民在生态环境方面的需要日益增长，推进生态文明建设与绿色发展已经成为重要的民生工程。我们要积极顺应新时代社会主要矛盾的变化，把生态文明建设、绿色发展放到重要地位，形成绿色发展方式和绿色生活方式，以生态文明建设推动发展转型。

1. 形成绿色思维方式

发展理念是发展行动的先导，是管全局、管根本、管方向、管长远的东西，是发展思路、发展方向、发展着力点的集中体现。当前，中国特色社会主义进入了新时代，我国的经济发展也进入了新时代，基本特征就是经济已由高速增长阶段转向高质量发展阶段。高质量发展是一项系统工程，是多方面协同发力的结果，但绿色发展是其核心要义之一，必须把绿色发展的理念放到重中之重的位置。在这一过程中，要依靠生产要素的优化组合，通过技术进步和提高劳动者素质，全面节约和高效利用资源，推动低碳循环经济发展，从而实现经济发展和生态环境的双赢、人与自然的和谐共生。

2. 形成绿色发展方式和绿色生活方式

绿色生产方式是绿色发展重要的实践途径，也是生态文明融入经济建设最直接、最有效的形式。形成绿色发展方式，要积极转变生产方式，建立健全绿色低碳循环发展的经济体系，坚决摒弃以高消耗、高排放、高污染为特征的粗放型的发展模式，坚持走以低消耗、低排放、低污染为特征的集约型发展之路。

生活方式是影响生态环境的重要因素，是推进生态文明建设必须关注的重要方面。形成绿色生活方式，关键在于加强绿色环保教育，倡导绿色文化，培育人们的生态意识、低碳意识、节约意识、环保意识，构建适度消费机制，使绿色消费成为每一个公民的责任，从自身做起，从自己的每一个行为做起，自觉为美丽中国建设做贡献。

融合发展的生态文明建设模式是一个必然实现的中国梦，是中华民族从人类世界历史生态、文化生态和现实生态出发，在生态全球化背景下，以提升人格文明、生态文明、产业文明为发展方向；以真诚的民主来反映公民的社会存在，建立社会公众信仰及其相应的伦理精神的法制秩序，让社会各阶层公开自由地表达权利，以期让社会真理能够真实地公共表达；将人格质量的提升放在国民教育的首位，来提高人在群体公共事物中的智慧能力；将生态文明发展放在战略首位，来提高文明产业化社会的上升能力；将未来优先的战略放在国家建设的首位，来提高国家在国际社会中的战略产业能力；将公众人本信念及其相应的伦理精神的法制秩序放在推动联合国改革的首位，让国际社会各阶层公开自由地表达权利，以期让社会真理能够真实地公共表达，来提高联合国维护和尊重人的能力，走生态文明发展的国家发展道路。

第三节　加快推进城乡融合发展的生态文明建设路径

依据我国区域发展的基本情况，分析制约我国生态文明全面协调发展的因素，正确处理生态文明与城镇化建设、局部利益与全局利益、眼前利益和长远利益的关系，走出一条以生态文明促进地区经济发展和城乡融合的成功之路，进而推进城乡融合的全面协调发展。

一、深入挖掘生态经济效益，建设全面协调的生态产业体系

（一）大力发展现代都市农业

都市农业是将农业的生产、生活、生态功能融合为一体，从而实现农业产业的转型升级，是第一、二、三产业协同发展的新型交叉产业。推动现代都市农业发展，重点在于为城镇发展提供服务和促进农村经济的繁荣，依靠现代农业产业体系，充分利用先进的科学技术、现代化的经营方式、高水平的人才队伍和物质装备，大力发展现代都市农业。以国家级绿色农业示范区为平台，大力发展生态养殖、绿色蔬菜、优质果品、高档花卉苗木等现代都市农业，发展高产、优质、高效、安全的生态农业，开发农业多种功能，打造现代都市农业示范区，推进产业示范区、休闲农业与乡村旅游示范区建设，提升生态、观光农业品位和档次。充分发挥龙头企业的引擎作用，带动第一、二、三产业融合发展，将都市农业建设成农业多功能开发样板区、农业现代化示范区、城市高端农产品重要供给区、农业先进生产要素聚集区。加强农业资源的保护，实行最严格的耕地保护制度，加强耕地质量建设，确保耕地保有量。科学保护和合理利用水资源，大力发展节水增效农业，继续建设国家级旱作农业示范区。加大水生生物资源养护力度，扩大增殖放流规模，强化水生生态修复和建设。加强畜禽遗传资源和农业野生植物资源保护。

（二）稳步发展生态工业

全面把握生态文明建设的内涵，坚持环境保护理念，以产业发展服从生态环境建设为基本原则，坚持以生态促发展，把生态优势转化为经济优势。低碳工业是以节能降耗、资源节约、循环发展、环境保护为主要特征的更高层次的新型工业生产模式，是未来工业发展的大趋势和人类文明的重大进步。区域应依托自身的生态条件，践行“生态文明”战略，坚持“稳定增速和转型升级相结合、坚持扶大扶强与共同推进相结合、坚持招商引资与存量优化相结合、坚持工业发展与城市发展相结合”原则，依托“存量做优、增量做新、创新做精、开放做强、协作做大”的发展路径，进一步做强、做大战略性主导产业，稳步发展生态工业。

（三）积极壮大高端服务业

高端服务业是服务业中的高端部分，主要依托高端人才，瞄准高端市场，提供高端服务，是现代服务业中最具代表性的行业。区域应充分利用自然禀赋和区位条件，打造一批高端服务业。例如，郑州市惠济区生态休闲旅游以花园口、古荥镇等文化品牌，黄河大观、丰乐农庄等休闲旅游品牌，黄河澄泥砚、惠济剪纸、烙画等特色购物品牌为依托，重点打造郑州都市区文化生态休闲中心；同时，以黄河迎宾馆、河南省体育中心、丰乐农庄、思念果岭等省级会议场所品牌优势为带动，积极建设中原经济区高端商务会议产业高地。发挥生态资源优势，以建设生态经济为目标，拓宽、延伸产业链条，加快发展战略性新兴产业，以文化创意旅游聚集区、特色商业区为抓手，突出发展休闲商业、休闲会议、休闲餐饮、文化创意设计、康体娱乐等生态环境友好型产业，促进高附加值、无污染、竞争力强的产业发展。康养产业要抓住人口老龄化带来的巨大商机，利用区域生态条件，大力发展养生公寓、养老服务、健康医疗等相关产业。商贸物流业应着重瞄准高端商业项目，引进国际化的高端商贸巨头，提升区域商贸

发展的品质与品位；同时，要充分利用交通条件，建设重要的现代物流节点城区。

二、着力加强环境污染防治，建设低碳清洁型社会

（一）实行区域准入制度，严格环境质量管理

坚持走新型工业化道路，以经济开发区为载体，强化绿色招商，严格项目准入，禁止不符合国家产业政策导向、高耗能、高污染、高排放、附加值低、生产技术和设备落后的项目进入产业聚集区。建立绿色生态产业聚居区，实现工业结构的转型与升级，逐步形成以低碳环保为导向的工业经济。加快企业环境质量管理体系标准的全面推广，鼓励使用环境标志产品，改造提升传统产业，加快淘汰落后的生产工艺和设备。彻底取缔区域内燃煤锅炉及燃煤大灶，对未达标排放的锅炉进行清洁节能技术改造。加强工业废水治理的监管，对印染、食品加工、非金属制造等行业在实现稳定达标排放的基础上进行深化处理，确保废水达标排放。新建企业必须使用清洁生产工艺和技术体系，鼓励企业与国内外科研院所合作开发清洁生产技术等。加强清洁生产审核，加大对采用清洁生产工艺企业的政策扶持力度。以区域典型加工业为试点推广使用清洁能源和清洁生产工艺，通过产品生态设计、清洁生产等措施，依托龙头企业，建立工业生态产业链，鼓励企业以生态化的生产方式完成从原料选择、生产加工到包装材料的循环利用，减少资源的使用量，最大限度地提高资源利用率，最小限度地减少废弃物排放量，走清洁化、无污染、无害化的发展之路。

（二）加强污染防治力度

以环境保护为关键点，主要加强对水污染、大气污染和固体物污染的预防与治理。

在保护水环境方面，以保障饮用水安全和提高水环境质量为重点，加强河道综合整治、污水处理，实施水环境主要污染物总量控制，提高污染物稳定达标排放比例。加强对水资源污染处理，提高对污染处理设备的投入，对落后的设备系统进行升级改造；深化重点排污企业深度治理，提高工业废水处理水平，鼓励推广工业园区集中式污水处理模式；农业生产中鼓励推广使用有机肥和无公害农药，加大农业面源污染防治力度；加强饮用水源地污染防治监管，禁止一切对饮用水源地有影响的排污行为及畜禽水产养殖活动，确保滩区地下水零污染。

在治理大气污染方面，找到导致大气污染的源头，加强扬尘治理和对机动车的控制，降低雾霾天气出现的概率，缓解可吸入颗粒物对人体健康的危害。二氧化硫和二氧化氮指标达到国家规定一级标准，PM2.5、PM10 水平指标达到国家一级标准。

在固废污染控制方面，进一步加强对工业污泥的处置工作，特别是要处置好有毒有机物和含油、含重金属的污泥，杜绝对环境造成危害；抓好工业、农业、城市建筑固体废弃物的循环利用；处理好医疗器械废物，提升医废处置中心的运营管理效率；加大垃圾中转站的改造和建设力度，加快城、乡垃圾收集、转运、处置工程的改造与完善。

三、大力发展绿色循环经济，建设可持续发展社会

（一）探索建立循环工业园区和生态循环农业示范区

循环经济是实现可持续发展战略的必然选择和重要保证。以循环经济理论为指导，模仿自然生态系统，加快发展生态产业园区，使资源和能源尽可能循环使用，在发展经济的同时，保护好环境。

在工业发展方面，遵循“减量化、再利用、资源化”的理念，最大限度地降低工业活动对环境的影响风险。依托经济开发区和产业园区，加快调整、优化产业结构，有选择性地引入产业链上下游企业，延伸产业链，构筑产业循环体系。通过企业层面的“小循环”、园区层次的“中循环”、区域尺度的“大循环”，使固体废弃物资源化，构建清洁型企业、生态型工业园区、区域资源循环型社会，打造循环经济工业示范园区。

在农业发展方面，建立生态循环经济农业示范园区，将农业资源高效、持续地转化为居民需求的优质农产品，并充分利用都市的辐射效应，以农业和农村为依托，推进农业与工业、服务业协调发展，充分发挥农业生态系统的生态、经济和社会效益。例如，郑州市惠济区以黄河滩区为重点，以黄河滩区绿色食品蔬菜标准化生产示范基地、河南布谷之春绿色蔬菜生产基地、沿黄现代渔业示范工程、乡河湾休闲观光生态有机农业项目等为试点，积极推广生态农业循环模式，构建“种植—养殖—沼气—肥料”资源综合利用体系，加快发展生态循环农业。

（二）探索建立绿色生态住宅区，不断改善城乡人居环境

在新型城镇化建设过程中，提供健康舒适、高效清洁、和谐优美的住宅是房地产业实现绿色、生态、可持续发展的重要途径，能够实现资源的社会效益、环境效益和经济效益的和谐统一。

鼓励开发不同层次、风格的濒水、依山、靠林等生态、旅游、休闲、度假特色的房地产楼盘，通过房地产业推动和促进绿色生态住宅小区的发展，建立政策激励制度，对绿色生态住宅的开发商适当给予优惠条件，体现“生态补偿”。对基础条件好的既有房地产项目进行节能改造、规范、引导，开展绿色生态住宅区试点，探索建立绿色生态住宅区示范项目。

充分重视城镇绿化建设，完善公园、广场、道路、景点小品和住宅小区绿地网络，做好新修城市道路绿化带建设，在城市主干道建设各具特色、风格鲜明的林间步道，把生态廊道建设和城乡绿道建设相结合。继续实施发展平面、立体绿化，继续实施“沿线造绿”“庭院添绿”等系列绿化工程、园林式居住区建设和全民健身中心及老年健身示范园建设项目，努力营造“人在林中走，车在绿中行”的绝佳人居环境，提高城镇的宜居水平。

注重农村环境的保护，全面建设美丽乡村。建立农村环境保护监督体系，设置环境保护机构。加快新型农村社区建设，坚持规划先行、就业为本、量力而行、群众自愿的原则，以特色产业为支撑，采取多村一社区、村庄合并社区、一村一社区等模式，通过近郊村合村并城、中心村合村并镇、特色村开发保护，建立多元化的投入和多层次的社会参与机制，强化政府管理和服务职能，强化城乡设施的衔接、互补，加大对农村基础设施的投入，让城市基础设施

建设向农村不断延伸,使农民真正享受到城市先进的生产力和城市文明,从而实现城乡共建、城乡共享。

四、持续推进能源资源节约,建设资源节约型社会

(一)推进土地节约集约利用

第一,提升各类产业用地的使用效率。在规范用地管理上下工夫,清理和盘活各类产业存量用地,对存量用地的使用人提出限期整改要求,形成多方监管的长效机制,并逐步提高对产业用地的投入,增强开发利用强度,在单位土地面积产出上要效益。

第二,加强新增建设用地指标管理,对建设用地资源进行优化配置,加强对用地指标的前置条件进行管控,形成一整套完善的新增建设用地监督管理机制。搭建城乡统一的建设用地交易平台,积极推进城乡建设用地指标流通,结合农村产权制度改革的成果,逐步发掘集体建设用地的市场潜力,提高集体建设用地的附加值,促进社会主动提高集体建设用地利用效率。

第三,加强耕地和基本农田保护。一方面推广规模化农业生产方式,借鉴外国庄园式机械化农业生产模式,提高单位面积上的农业产出,另一方面积极探索撤村并城后农村原有宅基地作为建设用地指标进行流通的机制,并对原有建设用地进行复耕。

第四,在城市建设过程中,加大地下空间的利用力度,强化地下空间开发利用管理,科学有序地进行地下轨道交通、地下人民防空、地下商业等项目建设,与地面空间、地上空间逐步形成综合性的城市空间。

(二)促进水资源重复利用

加强水源涵养与水土保持,开展重点水源涵养工程建设,进行水生态环境整治。开展水土保持工程建设,统筹实施水土流失治理及河湖生态修复。全面落实水资源管理的有关政策和制度,加强对水资源开发利用的控制,杜绝浪费和污染水资源现象,鼓励改善生产工艺,提高用水效率。建设一批农田水利设施,适时有效灌溉。加强企业用水设备改造,推进农村生活用水设施改造,倡导节约用水。

全面推广“海绵城市”建设,在城市建设项目中严格落实对径流量的控制,利用建设透水地面、增加绿地面积、减少硬化面积和增设蓄水设备等措施,将雨水“留”在城市。在住宅小区、机关事业单位、宾馆、饭店等人口集中的区域,推广建设“中水工程”,对废水进行处理后二次利用。主流媒体广泛宣传节水的重要意义,不定期开展节水活动,全员参与节水型社会建设。加强中水回用,构建以河道生态用水为主、市政绿化用水为辅的回用体系。

(三)推行节能环保文化理念,倡导低碳绿色生活方式

大力推行低碳环保、节能节地、健康舒适的新型建筑,以德国制定的《能源节约法》、英国推行的住宅新风系统等为借鉴,对建成建筑进行节能改造,组织实施节能工程,注重新能源、新材料等在建筑中的应用,推广节能环保的节能产品和装备,进行大型公共建筑和公共机构建筑节能改造,实施太阳能屋顶计划,建设绿色建筑。

打造建筑节能环保示范区,实现建筑、生态、经济的和谐共融。例如,英国政府自从20

世纪 80 年代就大力实施国家节能计划，在建筑行业推广节能模式，推行住宅新风系统。虽然在执行初期因造价影响到普通购房者，但是这部分增加的造价，换来的却是长远的经济效益。推广“房屋呼吸”概念，“房屋呼吸系统”使家庭空气质量进一步优化，住宅能耗进一步降低。

深入推行“人人都是生态文明建设者”的理念，提倡低碳节约环保的文化理念。在衣、食、住、行、游等方面提倡低碳生活，勤俭节约，以俭养德，坚决远离各种不合理消费和不同形式的奢侈浪费行为。在购买汽车、家用电器等方面，提倡节能环保的新能源、高效节能的产品。在日常生活中，尽量减少使用一次性生活用品，减少朔料包装袋的使用。从小事做起，从力所能及的事做起，真正实现社会的绿色、低碳、节约、可持续发展。

五、健全生态文明制度体系，建设生态法治型社会

要努力实现全面深化改革的各项目标，加快建立生态文明制度体系是全面深化改革的重要内容，也是当前国家对改革方向和内容较为明确的领域。应把建立健全自然资源资产产权制度和用途管制制度、生态保护红线制度、资源有偿使用制度和生态补偿制度，改革生态环境保护管理体制等作为重点突破口，攻坚克难，打造全面深化改革部分领域和关键环节的改革先行示范区。

（一）建立健全自然资源资产产权制度和用途管制制度

对水流、森林、山岭、草原、荒地、滩涂等自然生态空间进行统一确权登记，形成归属清晰、权责明确、监管有效的自然资源资产产权制度。建立空间规划体系，划定生产、生活、生态空间开发管制界限，落实用途管制。健全能源、水、土地节约集约使用制度，健全国家自然资源资产管理体制，统一行使全民所有自然资源资产所有者职责。完善自然资源监管体制，统一行使所有国土空间用途管制职责。

（二）建立生态保护红线制度

划定生态保护红线，坚定不移地实施主体功能区制度。建立国土空间开发保护制度，严格按照主体功能区定位推动发展，建立国家公园体制。建立资源环境承载能力监测预警机制，对水土资源、环境容量和海洋资源超载区域实行限制性措施。对限制开发区域和生态脆弱的国家扶贫开发工作重点县取消地区生产总值考核。探索编制自然资源资产负债表，建立生态环境损害责任终身追究制。

（三）实行资源有偿使用制度和生态补偿制度

加快自然资源及其产品价格改革，全面反映市场供求、资源稀缺程度、生态环境损害成本和修复效益。坚持使用资源付费和谁污染环境、谁破坏生态谁付费原则，逐步将资源税扩展到占用自然生态空间的各个领域。稳定和扩大退耕还林、退牧还草范围，调整严重污染和地下水严重超采区耕地用途，有序实现耕地、河湖休养生息。建立有效调节工业用地和居住用地合理比价机制，提高工业用地价格。坚持谁受益、谁补偿原则，完善对重点生态功能区的生态补偿机制，推动地区间建立横向生态补偿制度。发展环保市场，推行节能量、碳排放权、排污权、水权交易制度，建立吸引社会资本投入生态环境保护的市场化机制，推行环境污

染第三方治理。改革生态环境保护管理体制，建立和完善严格监管所有污染物排放的环境保护管理制度，独立进行环境监管和行政执法。建立陆海统筹的生态系统保护修复和污染防治区域联动机制。健全国有林区经营管理体制，完善集体林权制度改革。及时公布环境信息，健全举报制度，加强社会监督。完善污染物排放许可制，实行企事业单位污染物排放总量控制制度。对造成生态环境损害的责任者，严格实行赔偿制度，依法追究刑事责任。

在经济发展和城乡建设中，在继续加强生态保护的同时，积极探索生态开发的渠道、模式，大力发展生态经济，将城乡社会发展和生态建设融为一体，协调发展、同步推动。通过环保文化理念建设、绿色生态景观建设、低碳节约环境污染防治建设、基础设施和公共服务配套建设，以及发展生态地产等综合途径，逐步建立生态建设与城乡社会发展同步推进的模式。以"生态文明"战略为指导，以生态引领、保护与开发并重、可持续发展及环境效益、经济效益、社会效益相统一为原则，以建设绿色国家为核心任务，坚持生态建设产业化、产业发展循环化、城区发展田园化、基础设施一体化的发展思路，采取生态保护与生态经济并重、生态建设与城乡社会发展同步推进、制度创新推动生态建设等模式。坚持经济发展与生态文明全面协调发展，发现并利用生态经济带来的效益，建设全面融合发展的生态产业体系，大力防治环境污染，大力发展绿色循环经济，持续推进能源节约，建设低碳清洁型、可持续发展和资源节约型社会，不断改善城乡人居环境；积极打造生态品牌，发展生态经济，倡导绿色生产和绿色消费，逐步建立有利于保护生态环境和节约社会资源的产业结构、生产方式和生活模式，实现物质文明和生态文明的共赢，把我国建成经济、社会、生态三者高度统一的最美"田园式国家"。

第十章　典型实例
——郑州市惠济区花园口镇合村并城项目

剖析花园口镇合村并城项目，主要是通过对项目所在地的土地资源进行盘点，对项目区的城市规划进行分析，对项目建设的成本进行分析研判，初步判断项目的可行性。期望能够通过分析研判该项目，为“城乡如何融合发展”“土地资源如何集约节约利用”以及“多民族混居条件下如何留住乡土情结”等重点问题的解决提供一种分析问题和解决问题的思路，为城镇化进程中我国实现城乡融合发展提供借鉴和参考。

第一节　项目背景和基本情况

党的十八大以来，郑州市紧紧抓住新型城镇化政策，结合郑州实际，按照城中村改造、合村并城等四类社区模式对村庄进行改造，开启了郑州市城市建设和经济社会快速发展的新篇章。惠济区位于郑州市北部，黄河之滨，邙山脚下，区内生态水资源丰富，文化遗迹众多，在郑州市总体规划中按照“后花园”进行定位，产业布局上按照高端服务业进行谋划和导入。

花园口镇位于河南省郑州市惠济区的黄河南岸，宋代时已有村落，是中原地区历史文化名镇、郑州市的“北大门”。花园口镇合村并城项目是郑州市全镇域合村并城示范镇项目之一，占地近 2 万亩，主要涉及京水、大庙、祥云寺 3 个行政村（其中京水村是郑州市最大的少数民族聚居村，少数民族人数占全村总人数的近 1/3）。该项目于 2012 年启动，同年被列为郑州市合村并城试点项目和河南省全村并城重点项目。

第二节　项目土地资源状况调查及分析

掌握项目的土地资源情况，对研判项目的可行性具有重要作用。一般来说，城市近郊村的土地资源相对丰富，城中村的土地资源则相对贫乏。在城市近郊村的土地资源中，以农用地为主，建设用地的占比不高，如果启动项目，则需要相对长的时间去调整土地利用总体规划；城中村由于经过了较长时间的发展，建设用地的占比相对较高，开发建设起来周期较短。

一、京水、大庙、祥云寺村域土地情况

该项目主要涉及京水、大庙、祥云寺 3 个行政村，共 11 个自然村、54 个村民组，涉及 3816 户、13356 人。京水、大庙、祥云寺 3 个行政村土地总面积为 15688.52 亩，其中京水村 9719.47 亩，大庙村 4588.46 亩，祥云寺村 1380.59 亩（见表 10-1）。

表 10-1 京水、大庙、祥云寺村域总面积及土地现状表

地类＼村庄		合计 / 亩	京水 / 亩	大庙 / 亩	祥云寺 / 亩
农用地		7309.82	4383.17	2402.13	524.52
建设用地		6487.90	4117.69	1740.90	629.31
其中	国有土地	264.23	151.27	0.00	112.96
	村庄	2913.82	1742.25	867.40	304.17
	建成企业	2403.28	1591.34	685.25	126.70
	道路	906.57	632.84	188.25	85.48
未利用地		1890.80	1218.61	445.43	226.76
其中	河流	220.03	136.81	72.20	11.02
	滩涂	1670.76	1081.79	373.23	215.74
合计		15688.52	9719.47	4588.46	1380.59

二、京水、大庙、祥云寺项目区内、外土地资源分布

通过对上述土地资源的盘点分析，结合郑州市关于安置开发的有关政策可知，启动合村并城项目有利于集约节约利用现有土地资源。我们对上述土地资源进行了分类，有利于快速推进项目的土地纳入项目范围，不利于项目快速推进的土地则划入项目范围之外，并据此对现有的土地进行了二次梳理分析。

花园口镇合村并城项目区内总面积为 11880.09 亩，项目区外总面积为 4159.75 亩。其中，项目区内占用京水村土地 7338.26 亩，占用大庙村土地 3174.41 亩，占用祥云寺村土地 1016.11 亩，另外 351.32 亩为堡村土地（见表 10-2）。

表 10-2 京水、大庙、祥云寺村项目区内、外土地资源分布表

村庄＼位置	合计 / 亩	项目区内 / 亩	项目区外 / 亩
京水	9719.47	7338.25	2381.21
大庙	4588.46	3174.41	1414.05
祥云寺	1380.59	1016.11	364.48
总计	15688.52	11528.77	4159.75

三、京水、大庙、祥云寺项目区内土地利用现状及空间利用分析

研究项目区内的土地利用现状，掌握地上附属物的情况，研判拆迁的难易程度，对启动项目有着重要的意义。京水、大庙、祥云寺项目区内土地利用现状及空间利用情况见表

10-3。

（一）京水村项目区内土地资源情况

京水村项目区内总面积为7338.25亩，其中国有单位用地有四宗，分别是河南省科学院化学所、能源所、生物所和河南省牧业经济学院，面积为151.27亩；集体企业用地及违法用地1491.46亩，村庄用地1526.19亩，道路用地632.81亩，农用地3536.50亩。

（二）大庙村项目区内土地资源情况

大庙村项目区内总面积为3174.41亩，其中耕地1541.91亩，村庄用地852.30亩，道路用地188.25亩，其余为集体用地和违法用地，共591.95亩。

（三）祥云寺村项目区内土地资源情况

祥云寺村项目区内总面积为1016.11亩，其中国有单地用地有四宗，分别是戒毒所、郑州市警犬大队、郑州黄河湿林自然保护区管理中心、河南省实验化工厂，面积为112.96亩；集体企业用地和违法用地126.70亩，村庄用地242.42亩，耕地446.04亩，其余为道路边角用地，共85.48亩。

表10-3 京水、大庙、祥云寺村项目区内土地利用情况统计表

村庄 类别	合计/庙	京水/庙	大庙/庙	祥云寺/庙
耕地	5305.76	3317.81	1541.91	446.04
村庄	2620.90	1526.19	852.30	242.42
国有	264.23	151.27	0.00	112.96
已建成企业	2210.10	1491.46	591.95	126.70
道路	906.57	632.84	188.25	85.48
园地	8.29	8.29	0.00	0.00
林地	2.51	0.00	0.00	2.51
坑塘	178.97	178.97	0.00	0.00
沟渠	31.43	31.43	0.00	0.00
河流	0.00	0.00	0.00	0.00
滩涂	0.00	0.00	0.00	0.00
合计	11528.77	7338.25	3174.41	1016.11

四、京水、大庙、祥云寺村项目区内人均供地情况分析

在研究过程中，笔者对这三个村的人均供地情况进行了调查统计，这个结论对于安置补偿有一定的参考意义。人均供地多的村庄，可以在集体经济安置补偿中予以倾斜。具体数据见表10-4。

表 10-4 各村人均供地情况一览表

村庄类别	京水村		大庙村		祥云寺村		备注
	总面积/庙	人均供地/庙	总面积/庙	人均供地/庙	总面积/庙	人均供地/庙	
耕地	3317.81	0.55	1541.91	0.37	446.04	1.12	1. 京水村现有人口 6009 人，大庙村现有人口 4180 人，祥云寺村现有人口 398 人 2. 本表统计数据仅计算项目区内土地数据，项目区外土地利用状况不在计算范围内
村庄	1526.19	0.25	852.30	0.20	242.42	0.61	
国有	151.27	0.03	0.00	0.00	112.96	0.28	
企业	1491.46	0.25	591.95	0.14	126.70	0.32	
道路	632.84	0.11	188.25	0.05	85.48	0.21	
园地	8.29	0.00	0.00	0.00	0.00	0.00	
林地	0.00	0.00	0.00	0.00	2.51	0.01	
坑塘	178.97	0.03	0.00	0.00	0.00	0.00	
沟渠	31.43	0.01	0.00	0.00	0.00	0.00	
河流	0.00	0.00	0.00	0.00	0.00	0.00	
滩涂	0.00	0.00	0.00	0.00	0.00	0.00	
合计	7338.25	1.22	3174.41	0.76	1016.11	2.55	

五、京水、大庙、祥云寺村项目区外土地利用现状及空间利用分析

同样，我们也对项目区外的土地利用现状进行了调查研究，为后期的项目规划和区域发展做好基础。如前所述，项目区外的土地基本上都是短期内不可用的土地资源。

（一）京水村项目区外土地资源利用情况

京水村项目区外以北部分总面积为 1320.63 亩，其中河流、滩涂占地 543.59 亩，仅剩索须河以南农用地（耕地和坑塘）768.33 亩。根据花园口镇区总体规划，索须河以南沿线规划有绿化带，项目区边界沿线有一条轻轨和两条高压走廊自西向东穿村而过，因此项目区外以北部分被切割成几条带状，剩余土地不宜出让开发，仅能供村民暂时耕种（见表 10-5）。

项目区外以南部分总面积为 1060.59 亩，其中混凝土站占地 47.32 亩，河南强远混凝土有限公司占地 15.10 亩，河南省兵港物流服务有限公司占地 6.91 亩，河流、滩涂占地 675.02 亩，其余均为道路、沟渠、草地等边角地，已无可利用之地。

表 10-5 京水村项目区外土地利用情况一览表

位置	用途	面积 / 亩
项目区外以北部分	耕地	589.99
	设施农用地	20.60
	坑塘	157.74
	河流水面	59.61
	滩涂	483.98
	村庄	8.70
	小计	1320.63
项目区外以南部分	混凝土站	47.32
	河南强远发展混凝土有限公司	15.10
	河南省兵港物流服务有限公司	6.91
	村民	22.60
	村民	7.95
	林地	70.27
	沟渠（东南角河流边山）	8.06
	特殊用地	2.39
	河流	77.20
	滩涂	597.82
	九组	204.97
	小计	1060.59
合计		2381.21

（二）大庙村项目区外土地资源利用情况

大庙村项目区外以南部分土地均为国有土地（其中中国建设银行金元支行、黄河博物馆、宏观天地实业、通源国际置业等单位实际占用 445.07 亩），国有道路占用土地未计算在项目区土地内。

项目区外以北除河流、滩涂 445.43 亩，坑塘 123.97 亩，公路及边角地 298.49 亩外，仅剩索须河以南 736.25 亩耕地（其中设施农业公司占地约 143.2 亩）（见表 10-6）。根据花园口镇区总体规划，索须河以南沿线规划有绿化带，项目区边界沿线有一条轻轨和两条高压走廊自西向东穿村而过，因此这些农用地仅能供村民暂时耕种。

表 10-6 大庙村项目区外土地利用情况一览表

类别	用途	实际面积 / 亩
企业	河南省实验化工厂	32.15
	沙发厂	61.14
	小计	93.29
河流道路及边角地	河流水面	72.20
	滩涂	373.23
	城市	0.51
	村庄	1.19
	村庄	5.51
	小张庄、大张庄	7.90
	小计	460.53
农用地	五组	42.59
	十四组	62.83
	十六组、九组、十一组、十七组	26.28
	十五组	33.29
	六组	50.67
	十三组	25.62
	九组、十六组、十一组、十七组	90.59
	八组	113.01
	九组	66.50
	十组	44.64
	一组	20.00
	二组	48.20
	四组	42.53
	三组	55.48
	耕地	14.01
	坑塘	123.97
	小计	860.22
项目区外合计		1414.05

(三)祥云寺村项目区外土地资源情况

祥云寺项目区外除河流、滩涂 226.76 亩,园地、林地、坑塘及边角地 27.21 亩外,其余为耕地 48.76 亩,村庄用地 61.75 亩(见表 10-7)。由于处于贾鲁河绿化带内,耕地仅能供村民暂时耕种。

表 10-7 祥云寺村项目区外土地利用情况一览表

类别	用途	实际面积 / 亩
村庄	祥云寺村	35.65
	祥云寺新村小区	26.10
	小计	61.75
耕地、林地、园地及边角地	耕地	48.76
	果园	1.08
	林地	20.56
	坑塘	5.57
	小计	75.97
河流滩涂	滩涂	215.74
	河流	11.02
	合计	226.76
项目区外合计		364.48

第三节 项目所在的城市规划与国土规划套合分析

城市规划情况对于一个项目的可行性具有重要作用。按照城市规划层级，一般来说有城市总体规划、片区规划、控制性详细规划、修建性详细规划、专项规划等。而启动一个项目，首先要调查研究项目用地在城市总体规划中是什么性质，在控制性详细规划中的指标如何，然后要将城市规划与土地利用总体规划进行套合对比。我国的国土规划和城市规划分属于两个系统，这就需要项目单位将两个规划统一起来，进行综合分析。

一、项目控制性详细规划与土地利用总体规划套合情况

将《花园口镇镇域控制性详细规划》和《惠济区土地利用总体规划》进行套合分析，按照符合、部分符合、不符合进行统计，具体如下。

在安置地块中，15 块符合土地利用总体规划，4 块部分符合土地利用总体规划；在开发地块中，22 块符合土地利用总体规划，20 块部分符合土地利用总体规划，12 块不符合土地利用总体规划。

在安置区净地中，居住用地 960.66 亩，符合土地利用总体规划的为 926.53 亩，符合率为 96.45%，不符合总体规划的土地主要存在于 H04-09 地块；商业用地 397.52 亩，全部符合土地利用总体规划，符合率为 100%；中小学用地 179.23 亩，符合土地利用总体规划的为 130.59 亩，符合率为 58.33%，不符合规划的土地主要存在于 H05-08-01 和 H05-09 地块。

在开发区净地中，居住用地 1825.5 亩，符合土地利用总体规划的为 688.15 亩，符合率为 37.70%，不符合总体规划的土地主要存在于 H02-04-01、H02-05-01、H02-06-04、H02-09、

H02-10-01、H02-11-04、H02-12、H02-13-05、H05-03-01、H05-04-01、H05-05-01、H05-06-02、H05-07、H05-10-02、H05-11-02、H05-12-01 和 H06-05-01 地块，其中 H02-05-01、H02-06-04、H02-11-04 和 H02-12 完全不符合；商业用地 759.53 亩，符合土地利用总体规划的为 714.95 亩，符合率为 94.13%，不符合总体规划的土地主要存在于 H02-04-02、H02-11-05 和 H05-04-02 地块，其中 H02-11-05 完全不符合；批发市场用地 652.76 亩，符合土地利用总体规划的为 652.76 亩，符合率为 100%；商务用地 412.08 亩，符合土地利用总体规划的为 192.31 亩，符合率为 46.67%，不符合总体规划的土地主要存在于 H06-09-05、H06-09-06、H06-09-07、H06-10-01、H06-10-02、H06-14-02、H06-14-03、H06-14-04、H06-14-05、H06-15-01、H06-15-02、H06-15-03、H06-15-04、H06-16-01、H06-16-02、H06-16-03 和 H06-16-04 地块，其中 H06-15-01、H06-15-02、H06-15-03、H06-15-04、H06-16-01、H06-16-02、H06-16-03 和 H06-16-04 完全不符合；一类仓储用地 328.58 亩，符合土地利用总体规划的为 182.92 亩，符合率为 55.67%，不符合总体规划的土地主要存在于 H02-19 和 H02-20-01 地块，其中 H02-19 完全不符合。以上五类用地为可出让土地，共计 4049.03 亩，占开发区总面积的 41.84%，其中符合土地利用总体规划的为 2464.53 亩，占可出让土地净面积的 60.87%；不符合土地利用总体规划的为 1584.5 亩，占可出让土地净面积的 39.13%。

图 10-1 花园口镇合村并城项目城市规划和土地利用总体规划两个规划套合情况

二、安置用地与开发用地分析

分析完国土规划与城市规划，我们启动项目的时序就显而易见。在工作中，最好的时序是先易后难。拆迁安置牵扯群众的切身利益，是最紧急的工作，因此，要尽可能地将村民安置房放在一期建设，至少先保证每家每户一套住房，剩余的安置房可以陆续建设。而对于企业而言，建设安置房需要的资金量巨大，通常建议安置房与商品房同时进行，这样有利于企业回笼资金，形成良性循环。

（一）安置区总用地面积与净用地面积

安置区总用地面积为2203.82亩，净用地面积为1358.18亩。其中，商业用地397.52亩，占安置区总用地面积的18.04%；居住用地960.66亩，占安置区总用地面积的43.59%；中小学用地179.23亩，占安置区总用地面积的10.16%；体育、清真寺、加油站及停车场用地80.86亩，占安置区总用地面积的4.58%；水域、绿地及道路用地145.92亩，占安置区总用地面积的8.27%（见表10-8）。

表10-8 安置区用地构成表

序号	用地性质		代码	用地面积/亩	地块面积/亩	占比
1	二类居住用地		R2	1134.01	960.66	43.59%
2	公共管理与公共服务设施用地		A	297.16	240.71	10.92%
	其中	行政办公用地	A1	0	0	
		文化设施用地	A2	0	0	
		中小学用地	A33	223.90	179.23	
		科研用地	A35	0	0	
		体育用地	A4	60.74	53.51	
		医疗卫生用地	A5	0	0	
		社会福利用地	A6	0	0	
		宗教用地	A9	12.52	7.97	
3	商业服务业设施		B	490.40	397.52	18.04%
	其中	商业用地	B1	490.40	397.52	
		批发市场用地	B12	0	0	
		商务用地	B2	0	0	
		加油加气站用地	B41	0	0	
		其他公共设施营业网点用地	B49	0	0	
4	物流仓储用地		W	0	0	
	其中	一类物流仓储用地	W1	0	0	
5	道路与交通设施用地		S	15.99	459.01	20.83%
	其中	城市道路用地	S1	0	447.27	20.30%
		交通枢纽用地	S3	0	0	
		公共交通场站用地	S41	0	0	
		社会停车场	S42	15.99	11.74	

续表

序号	用地性质		代码	用地面积/亩	地块面积/亩	占比
6	公用设施用地		U	0	0	
	其中	供电用地	U12	0	0	
		通信用地	U15	0	0	
		环卫用地	U22	0	0	
		消防设施	U31	0	0	
		其他公共设施用地	U9	0	0	
7	绿地与广场用地		G	237.03	120.57	5.47%
	其中	公共绿地	G1	237.03	120.57	
		防护绿地	G2	0	0	
		广场用地	G3	0	0	
8	特殊用地		H4	0	0	
9	水域		E1	29.24	25.35	1.15%
总用地面积				2203.82	2203.82	100.00%

（二）安置区规划总建筑面积及分类建筑面积

按照已批复的控制性详细规划指标计算，安置区规划总建筑面积为221.47万平方米，其中商业建筑面积79.06万平方米，占35.96%；住宅建筑面积129.28万平方米，占58.38%；公共管理与公共服务设施建筑面积13.13万平方米，占5.93%（见表10-9）。

表10-9 安置区规划总建筑面积和分类建筑面积总表

分类	地块面积/亩	建筑面积/万平方米
商业用地	397.52	79.06
居住用地	960.67	129.28
公共管理与公共服务设施	361.275	13.13
基础设施（含道路）	459.01	0
水域	25.35	0
安置区合计	1756.55	221.47

（三）配套开发区总用地面积与净用地面积

配套开发区总用地面积为9676.27亩，净用地面积为7265.00亩。其中，商业服务业设施用地1894.95亩，占开发区总用地面积的19.58%；二类居住用地1825.50亩，占开发区总用地面积的18.87%；公共管理与公共服务设施用地525.17亩，占开发区总用地面积的5.43%；仓储物流用地328.58亩，占开发区总用地面积的3.4%；公共设施用地55.99亩，占开发区总用地面积的 0.58%；道路与交通设施用地 3198.32 亩，占开发区总用地面积的 33.05%；绿地与广场用地 1634.97 亩，占开发区总用地面积的 16.9%；特殊用地 83.2 亩，占开发区总用地面积的 0.86%；水域 129.59 亩，占开发区总用地面积的 1.34%（见表 10-10）。

可出让的五类用地（居住、商业、商务、批发市场和物流仓储）共 4049.03 亩，占开发区净地面积的 55.73%。

表 10-10 配套开发区用地构成表

序号	用地性质		代码	用地面积 / 亩	地块面积 / 亩	占比
1	二类居住用地		R2	2185.96	1825.50	18.87%
2	公共管理与公共服务设施用地		A	626.31	525.17	5.43%
	其中	行政办公用地	A1	103.49	89.10	0.92%
		文化设施用地	A2	34.43	30.32	0.31%
		中小学用地	A33	290.51	238.88	2.47%
		科研用地	A35	33.19	25.09	0.26%
		体育用地	A4	0	0	0.00%
		医疗卫生用地	A5	59.47	49.43	0.51%
		社会福利用地	A6	105.22	92.34	0.95%
		宗教用地	A9	0	0	0.00%
3	商业服务业设施		B	2256.98	1894.95	19.58%
	其中	商业用地	B1	913.08	759.53	7.85%
		批发市场用地	B12	748.03	652.76	6.75%
		商务用地	B2	506.11	412.08	4.26%
		加油加气站用地	B41	52.52	41.34	0.43%
		其他公用设施营业网点用地	B49	37.23	29.24	0.30%
4	物流仓储用地		W	387.69	328.58	3.40%
	其中	一类物流仓储用地	W1	387.69	328.58	3.40%
5	道路与交通设施用地		S	896.83	3198.32	33.05%
	其中	城市道路用地	S1	0	2411.24	24.92%
		交通枢纽用地	S3	129.62	108.17	1.12%
		公共交通场站用地	S41	702.65	629.07	6.50%
		社会停车场	S42	64.56	49.85	0.52%
6	公用设施用地		U	73.91	55.99	0.58%

续表

序号	用地性质		代码	用地面积 / 亩	地块面积 / 亩	占比
	其中	供电用地	U12	5.37	4.73	0.05%
		通信用地	U15	23.10	18.46	0.19%
		环卫站、照明系统	U2+U12	12.34	8.51	0.09%
		环卫用地	U22	4.73	2.13	0.02%
		消防设施	U31	11.10	9.60	0.10%
		其他公共设施用地	U9	17.27	12.56	0.13%
7	绿地与广场用地		G	2995.84	1634.97	16.90%
	其中	公共绿地	G1	2579.15	1370.03	14.16%
		防护绿地	G2	388.06	237.80	2.46%
		广场用地	G3	28.62	27.14	0.28%
8	特殊用地		H	103.72	83.21	0.86%
	其中	警犬基地	H4	47.19	37.14	0.38%
		戒毒所	H42	56.53	46.07	0.48%
9	水域		E 1	149.03	129.59	1.34%
总用地面积				9676.27	9676.27	100.00%

（四）配套开发区规划总建筑面积及分类建筑面积

按照已批复的控制性详细规划指标计算，配套开发区规划总建筑面积 598.89 万平方米，住宅 261.03 万平方米，占 43.59%；商业 247.18 万平方米，占 41.27%；公共管理与公共服务 43.76 万平方米，占 7.31%；基础设施 46.92 万平方米，占 7.83%（见表 10-11）。

表 10-11　开发区规划总建筑面积和分类建筑面积

分类	地块面积 / 亩	建筑面积 / 万平方米
住宅	1825.50	261.03
商业	2223.53	247.18
公共管理与公共服务	2243.34	43.76
基础设施（含道路）	3254.32	46.92
开发区合计	7265.00	598.89

（五）安置区用地与开发区用地对比分析

从土地方面看，安置区与开发区土地毛面积（包括安置区范围内所有土地）比例为 1∶4.39，土地净面积（包括安置区范围内所有土地）比例为 1∶4.14，建筑面积（以容积率做满计算的建筑面积）比例为 1∶2.7。安置区与开发区可出让净地面积比例为 1∶2.98，可出让用地按照控制性详细规划容积率满算后建筑面积比例为 1：2.43（见表 10-12）。

通过以上分析可知，该项目符合郑州市关于安置、开发用地面积比不超过 1：2 的政策规定，从而可以节约一定的土地资源。

表 10-12　安置区与开发区面积对比表

范围	土地毛面积 / 亩	土地净面积 / 亩	总建筑面积 / 万平方米	可出让净地面积 / 亩	可出让建筑面积 / 万平方米
安置区	2203.82	1756.55	221.47	1358.18	208.92
开发区	9676.27	7265.00	598.89	4049.03	508.20
比例	1：4.39	1：4.14	1：2.7	1：2.98	1：2.43

第四节　项目基础设施和公共服务设施规划建设情况

城市近郊村除了土地资源较丰富之外，还有一个重要的特点就是基础设施和公共服务设施缺口大，规划多而建设少。而建设这些基础设施和公共服务设施的资金从哪里来？地方政府的财政收入是有限的，按照郑州市的政策规定，土地出让金返还给区级政府，由区级政府用这部分资金对项目所在地的基础设施和公共服务设施实施建设。因此，项目前期进行经济测算，不可回避地要对这类成本进行测算。

一、道路规划和建设成本高

项目范围内规划的道路总长 59.89 千米，其中宽度在 25 米以上的道路总长 41.80 千米，宽度在 25 米以下的道路总长 18.09 千米，估计需要建设资金 10.72 亿元（见表 10-13）。

表 10-13　花园口镇合村并城项目区内规划道路总投资估算

序号	序号	道路名称	道路宽度 / 米	总长度 / 千米	总面积 / 万平方米	单价 / 万元·千米 $^{-1}$	投资额 / 万元
25 米以上（含 25 米）道路	1	祥云大道两幅路	40	6.49	25.96	2400	15576.0
	2	迎宾东路（东段）	45	2.43	10.95	2700	6569.1
	3	京水路两幅路	40	2.59	10.36	2400	6213.6
	4	滨河路（东段）	45	5.25	23.64	2700	14185.8
	5	金京南环	30	1.70	5.09	1800	3051.0
	6	金山路（东段）	30	2.20	6.60	1800	3958.2
	7	张庄路	30	0.38	1.15	1800	689.4
	8	大庙中路	30	1.33	4.00	1800	2399.4
	9	金京西路	30	2.37	7.10	1800	4257.0
	10	东岗西路	30	1.99	5.96	1800	3576.6

续表

序号	序号	道路名称	道路宽度 / 米	总长度 / 千米	总面积 / 万平方米	单价 / 万元·千米 $^{-1}$	投资额 / 万元
	11	金京东环	30	1.29	3.86	1800	2316.6
	12	祥云西路	30	0.54	1.61	1800	968.4
	13	铁源路（东段）	25	5.34	13.35	1500	8010.0
	14	大庙西路	25	1.03	2.56	1500	1537.5
	15	京水东路	25	1.68	4.20	1500	2520.0
	16	迎客东路	25	1.22	3.06	1500	1833.0
	17	东岗中路	25	1.01	2.52	1500	1509.0
	18	东岗路	25	2.97	7.44	1500	4461.0
		小计	/	41.80	139.39	/	83631.6
25 米以下道路	19	迎客南路	20	1.16	2.32	1300	1510.6
	20	迎客北路	20	6.52	13.04	1300	8477.3
	21	河东路	20	5.33	10.66	1300	6926.4
	22	迎客西路	20	1.80	3.59	1300	2334.8
	23	大庙路	20	1.26	2.51	1300	1631.5
	24	东岗东路	20	0.79	1.59	1300	1032.2
	25	祥云中路	20	0.51	1.02	1300	665.6
	26	祥云东路	20	0.72	1.45	1300	941.2
		小计	/	18.09	36.18	/	23519.6
说明：25 米以上道路暂按为 600 元 / 平方米，25 米以下道路暂定按 650 元 / 平方米估算。							

二、公建配套设施占项目用地比例高

花园口镇合村并城项目，不仅基础设施需要投入大量资金，而且公建配套设施占地面积大，占整个项目用地的比例超过了 30%（见表 10-14）。

表 10-14　花园口镇合村并城项目公建配套用地指标统计表

序号	性质名称	性质代码	地块面积 / 平方米	地块面积 / 亩	占比
1	行政办公用地	A1	59423	89.13	0.73%
2	文化设施用地	A2	20216	30.32	0.25%
3	教育科研用地	A3	16727	25.09	0.21%
4	小学用地	A33	281091	421.64	3.45%
5	体育用地	A4	35671	53.51	0.44%

续表

序号	性质名称	性质代码	地块面积 / 平方米	地块面积 / 亩	占比
6	医疗用地	A5	32956	49.43	0.40%
7	敬老院用地	A6	64159	96.24	0.79%
8	清真寺	A9	5316	7.97	0.07%
9	加油站	B41	27561	41.34	0.34%
10	供水设施营业网点	B49	19485	29.23	0.24%
11	水域	E1	104173	156.26	1.28%
12	公园绿地	G1	1000482	1500.72	12.29%
13	社区公园	G12	13580	20.37	0.17%
14	防护绿地	G2	155885	233.83	1.91%
15	广场用地	G3	18090	27.13	0.22%
16	戒毒所	H	30713	46.07	0.38%
17	警犬基地	H4	24759	37.14	0.30%
18	公共交通场站	S41	493189	739.78	6.06%
19	社会停车场库用地	S42	41057	61.59	0.50%
20	供电用地	U12	3150	4.72	0.04%
21	通信用地	U15	12305	18.46	0.15%
22	环卫站、照明系统	U2+U12	5700	8.55	0.07%
23	环卫站	U22	1418	2.13	0.02%
24	消防用地	U31	6400	9.60	0.08%
25	其他市政公共设施用地	U9	8376	12.56	0.10%
	合计		2481882	3722.82	30.48%

第五节　结果与讨论

一、结果

通过对郑州市惠济区花园口镇合村并城项目土地资源、城市规划、项目建设的剖析，我们得出一个结论：在城市近郊村实施合村并城，对于加快新型城镇化进程、集约节约高效利用城乡建设用地，实现城乡融合发展，促进当地经济、社会可持续发展具有重大的意义。

二、讨论

（一）合村并城的含义

什么是合村并城？这里提出了四个问题：①目的是什么？②特殊性在哪里？③利益主

体是谁？④合村并城的规划空间布局是什么样的，有什么要求？

1. 合村并城的目的

合村并城，顾名思义就是合并、归并村庄，转化为城镇。从根本上讲，合村并城是城市化或城镇化的一种新方式、新手段。新型城镇化的内涵，首先就是转化的方式方法要有创新，其次是转化的模式要新，走一种健康的、繁荣有序的城镇化道路。城镇化包括物质空间和社会文化两个方面，推行新型城镇化同样需要在这两个方面进行落实，合村并城恰恰在这两个方面都促进了城镇化的发展。因此，合村并城是新型城镇化的一种新方式、新手段。

2. 合村并城的特殊性

合村并城的特殊性集中体现在物质空间、生活方式和改造模式上。在物质空间上，合村并城的目的在于集聚，在于空间置换和整合，在于土地资源的更高价值利用；在生活方式上，合村并城的目的在于转变城市扩张区范围村民原有的以土地为生产资料、以地产为生活来源、靠土地吃饭的模式，使村民转变为市民或半市民，改善生活配套环境，由第一产业转向第二产业、第三产业，转变就业模式，推进其向城镇融合；在改造模式上，合村并城试图将低强度的村舍改造为成规模、有配套的城镇化社区，试图将分散的村庄用地整合起来，灵活应对未来城市发展的需要，既可以作为城市建设用地的储备，也有助于在使用权流转政策下更好地提高农村用地的使用效率。

3. 合村并城的利益主体

合村并城的利益主体错综复杂，总体来说有三种：一是村民，二是政府，三是企业，根本的利益主体是村民和村集体。合村并城首要的利益主体是村民和村集体，因为原本的所有权和收益权全部归于村集体和个人。但合村并城有一个过程，利益主体逐渐发生变化，利益关系开始复杂起来。合村并城的过程其实就是两个转化，一是土地的转化，二是人的转化。但土地所有制的转变不是简单的土地证和房产证的变化，还涉及新中国成立以来农村和城市二元经济体制的一系列政策差异带来的累积性门槛，包括城镇基础设施投入成本、社会保障成本、生活便利度差异等。门槛的跨越需要成本，在转换土地所有制的同时，城镇政府必须承担起这些社会成本，因此城镇政府也是合村并城开展后的重要的利益主体，有权获取相关收益。有成本，有付出，就应该有收益，土地一级整理投入巨大，主要由政府或代表政府的国有企业来实施，土地升值带来的收益理应由土地一级整理的实施单位获得。二级市场也就是房产市场，是资本增值的主要过程，开发主体在土地上的投资及经营优劣决定了土地及其附属物的最终价值。没有二级市场，土地就不能产生切实效益，因而对应二级市场的主体——开发商所代表的资本也必然将介入合村并城过程，构成合村并城的第三类利益主体。

4. 合村并城空间规划的要求

合村并城的空间规划应该具备以下几点要求。

（1）是“城”，不是“住区”。合村并城是城镇化的一种形式，因此，其规划方案就不能是简单地提供住宿服务的住区，而应是城市的一体。不仅有住区，还有生活娱乐区、工作就业区等，是一个综合体。合村并城在空间上必然要走城镇综合功能的模式，居住区只是其中的一个必要组成部分。

（2）是“融合”，不是“归拢”。合村并城是一个系统的综合布局，不应再局限于空间上对村民的归拢和安置，而是以其为契机，吸引更多的城镇疏散人口和增长人口。“融合”是体现社会公平的需要，也是村民向市民过渡、与城镇生活贴近的需要。反映在空间布局上，合村并城既希望村民的安置具有一定的场所区域性，便于管理和形成自身独特的社区文化，又能与城镇整体空间契合，成为融入城镇公共体系中的肌体细胞之一，即合村并城的空间布局方案不能因经济性就区分安置和商业开发的不同，在配建标准上要一视同仁，在城市肌理上融为一体；在人的社会交流上，不能搞分化，要保证社会的稳定。

（3）不仅要“城镇化”，还要“乡土味”。合村并城希望村民安置具有一定的场所区域性，为的就是能够发挥原有村集体这一服务管理社会系统的作用，可以就地转化为城镇模式下的居委会等，有助于合村并城后原有社会结构的稳定。更重要的是，合村并城不可能是简单的人口城镇化。我们高举以人为本的大旗，呼喊社会主义文化建设的口号，落在具体实处，对于合村并城而言，就包括留存“乡土味”。怎么做？这需要考虑合村并城后村民的生产生活方式，有哪些固有文化、习俗、生活方式会长期留存。我们总结的经验有两点：一是在空间上可以直接落实村民议事堂、婚丧嫁娶、集会庙会等固有文化活动的场所空间，甚至对于短期内可能存在的农业生产需求也可以进行考虑；二是在这些相对特殊的场所社区，适当调整规划方案的编制标准，增加“乡土味”的设计，比如在设计绿化环境时，强调参与性和耕作性，除了必要的公共绿化空间进行城镇化模式的景观设计外，可以专门设置一些可供农业耕作或者自由种花种草的空间，由村集体转变而来的居委会安排相应的耕作和管理。如此，既不影响社区环境建设，又可极大提高社会主义文化事业建设，充分体现党和国家对合村并城的人文关怀。

（二）合村并城的步骤、难点与对策

1. 合村并城的步骤

第一环节：现状摸底、数据统计。基础工作难度不大，主要是人口统计、分类建筑面积统计和分类土地面积统计，进而落实所在村的利益分配。

第二环节：土地资源整合和再分配。这一阶段城镇政府介入，通过规划师实现了三个变化的合法性，绘制了一张法定蓝图。三个变化，即土地所有制的变化、土地使用功能的变化和土地价值的变化。这一环节存在两个层面的问题：一是行政管理层面，二是城乡利益分配层面。

第三环节：招商引资、建设开发。落实第二环节的蓝图，是城镇物质化、表象化的根本环节。城镇的建设需要资金推动，而企业参与进来的动力是要有一定的利润。城镇政府不可能独立支撑，这一阶段必然需要开发商介入。但商业资本的逐利性会带来诸多社会问题。社会要稳定，就必须对资本进行合理的控制和引导。

2. 合村并城的难点与对策

合村并城过程中主要会遇到三类难点：①行政区划管理的问题，主要存在于第二阶段；②开发商主导模式的弊端，存在于第三阶段；③合村并城后三大利益主体之间的利益平衡问题，第二、第三阶段都有可能显现。

这里给出对应的几项应对策略:①行政区划管理的问题,采取区域统筹、打破行政区划的原则;②资本逐利性弊端问题,采取安置与开发分离原则;(3)三大利益主体利益分配难题,先以安置与开发分离原则进行分解,简化为村与城之间的利益分配问题,也就是安置补偿方案问题,再采取“住宅开发与商业休闲开发相结合原则”“城乡灵活互补原则”进行具体指导。

(三)合村并城可行的安置补偿方案

安置补偿的目的当然是使合村并城工作得以实施,以新的城镇化模式实现城郊地区物质空间及生活方式的城市化转变。然而,转变只是片断的刹那、只是动态的结果,安置补偿更关注村民转变之后的生存发展能力。所以,从根本上说,合村并城的安置补偿是为了使被安置的村民能够借此获得生存下去的保障。在合村并城中,需要进行补偿的标的物主要是房屋和土地。

1. 财产性收入

以房屋置换的方式获取安置房,安置房价值将远远高于原住宅房屋的价值,而且原住宅是集体土地使用证,个人没有产权,无法上市交易。

2. 经营性收入

可以以货币为标的物价值计价手段,以多种形式的获利补偿方式提供被安置村民的可持续生存收入来源。合村并城后,该区域将成为集商贸、物流、休闲、娱乐、服务等功能为一体的综合型新城区。村民所分得的商业房并非简单的门面房,而是设施完善的大型商业综合体式商业楼。随着城市的逐步发展,区域内人流将会大幅度增加,商业房出租,将形成相当可观的收入,并会逐年增加。

3. 工资性收入

工资性收入来自工作者的劳动报酬。由于村民安置补偿不对其行为自由有任何约束,所有的安置村民都有自由执业的权利。考虑到合村并城转型之后,村民原有的劳动技能很大程度上已经不能适应城镇化模式,以往补偿时很少考虑采用劳动报酬的补偿方式。但随着社会的不断发展,工资性收入有必要重新回归安置补偿方案中来。这里需要城镇政府为村民提供就业技能培训,将安排就业和职业技能培训作为安置补偿的一种补充方式,有利于解决特殊情况下如合村并城经济可行性困难、补偿指标难以落实的困境,有利于提高安置村民的后续生存能力。合村并城安置补偿的最终意义在于村民的可持续生存,所以今后的安置补偿方案必然是由单纯的财产性补偿向多元化补偿转变,由“授之以鱼”模式向“授之以渔”模式转变。

参考文献

[1] 习近平. 决胜全面建成小康社会,夺取新时代中国特色社会主义伟大胜利 [M]. 北京:人民出版社,2017.

[2] 陈明星. 积极探索城乡融合发展长效机制 [J]. 区域经济评论,2018(7).

[3] 李爱民. 我国城乡融合发展的进程、问题与路径 [J]. 宏观经济管理,2019(2).

[4] 陈亚芳. 新型城镇化背景下流动人口卫生计生基本公共服务均等化研究 [D]. 苏州:苏州大学,2015.

[5] 张占斌. 经济中高速增长阶段的新型城镇化建设 [J]. 国家行政学院学报,2014(1).

[6] 杨丽霞,苑韶峰,王雪禅. 人口城镇化与土地城镇化协调发展的空间差异研究——以浙江省 69 县市为例 [J]. 中国土地科学,2013,27(11).

[7] 姜法芹. 幸福经济学视角下的乡土情结 [J]. 农业经济,2017(2).

[8] 黎石秋. 新型城镇化应是人本城镇化 [J]. 中国乡村发现,2013(6).

[9] 袁佳. 基于区域资源经济的城镇化发展模式研究 [D]. 北京:中国地质大学,2014.

[10] 敖丽红. 县域经济发展与"农三化"互动研究 [D]. 长春:东北师范大学,2009.

[11] 李永红. 以基本公共服务均等化推进"人"的城镇化——基于陕西省 31 个重点示范镇建设实践的调查与思考 [J] . 理论导刊,2014(6).

[12] 尹鹏,李诚固,陈才. 新型城镇化情境下人口城镇化与基本公共服务关系研究——以吉林省为例 [J]. 经济地理,2015(1).

[13] 李标. 中国集约型城镇化及其综合评价研究 [D]. 成都:西南财经大学,2014.

[14] 张荣荣. 县城镇"镇改街道"模式研究 [D]. 泰安:山东农业大学,2017.

[15] 谢泽梅. 环境伦理视野下的我国生态文明建设研究 [D]. 成都:成都理工大学,2013.

[16] 赵珂. 农村基层组织领导经济发展能力研究 [D]. 成都:四川农业大学,2013.

[17] 黄留国. 中国特色城镇化道路:模式、动力与保障 [J]. 郑州大学学报(哲学社会科学版),2011(3).

[18] 丁志伟. 中原经济区"三化"协调发展的状态评价与优化组织 [J]. 求是,2014(10).

[19] 李红丹,郭海峰,任家强,等. 基于熵值法的桓仁山区生态友好型土地利用评价 [J]. 中国人口. 资源与环境,2010,20(5).

[20] 吴旭晓. 我国中部地区城市化、工业化和农业现代化"三化"协调发展研究——以赣湘鄂豫四省为例 [J]. 农业现代化研究,2012,33(1).

[21] 曾妍. 长沙市岳麓区承接产业转移及产业结构优化研究 [D]. 长沙:湖南师范大学,2011.

[22] 段海燕,肖依静,丁哲. 区域人口、经济、能源环境协调发展情境预测研究 [J]. 人口学刊,2017,39(2).

[23] 刘芳，赵宇霞. 城乡一体视域下农民合作经济发展研究 [J]. 学术论坛，2015(4).
[24] 王怡睿，黄煌，石培基. 中国城镇化质量时空演变研究 [J]. 经济地理，2017(1).
[25] 肖周燕. 中国高质量发展的动因——基于经济和社会发展视角 [J]. 软科学，2019(4).
[26] 何文举. 全要素生产率提升新型城镇化质量的路径研究 [J]. 区域经济评论，2016(1).
[27] 任保平，文丰安. 新时代中国高质量发展的判断标准、决定因素与实现路径 [J]. 改革，2018(4).
[28] 王东年. 新型城镇化质量评价指标体系构建及实证研究 [J]. 经济与管理，2016(5).
[29] 魏后凯. 中国城镇化进程中两极化倾向与规模格局重构 [J]. 中国工业经济，2017(3).
[30] 晏阳初. 晏阳初全集(第2卷)[M]. 长沙：湖南教育出版社，1992.
[31] 费孝通. 乡土中国 [M]. 上海：上海人民出版社，2006.
[32] 林毅夫. 新结构经济学的理论基础和发展方向 [J]. 经济评论，2017(5).
[33] 蔡昉. 中国经济改革效应分析——劳动力重新配置的视角 [J]. 经济研究，2017(7).
[34] 周其仁. 体制成本与中国经济 [J]. 经济学(季刊)，2017(4).
[35] 李超，覃成林. 要素禀赋、资源环境制约与中国现代产业空间分布 [J]. 南开经济研究，2011(4).
[36] 龙花楼，屠爽爽. 论乡村重构 [J]. 地理学报，2017(4).
[37] 李强，陈宇琳，刘精明. 中国城镇化"推进模式"研究 [J]. 中国社会科学，2012(7).
[38] 叶兴庆，李荣耀. 进城落户农民"三权"转让的总体思路 [J]. 农业经济问题，2017(2).
[39] 熊翔. 发达国家职业教育与经济社会互动发展的概况、经验及启示 [J]. 教育与职业，2013(8).
[40] 周德军，王春林. 发达国家农民工社会保障经验及对中国的启示 [J]. 当代世界，2010(11).
[41] 谢胜华. 区隔与融合：农民工市民化的演化逻辑及其治理机制研究 [D]. 武汉：华中师范大学，2013.
[42] 张冰洁. 新型城镇化背景下农村职业教育与农业转移人口市民化的关系 [J]. 职业教育研究，2015(7).
[43] 刘红岩，陈春良. 人力资本、融城能力与农业转移人口的城市融入 [J]. 浙江社会科学，2015(6).
[44] 程业炳，周彬，张德化. 新型城镇化背景下农业转移人口就业能力提升研究 [J]. 探索，2014(3).
[45] 吕德文. 撕裂中的再造——城镇化进程中的乡土传统 [J]. 民俗研究，2014(1).
[46] 陈胜祥. 分化视角下转型期农民土地情结变迁分析 [J]. 中国土地科学，2013(6).
[47] 饶旭鹏. 中国农村社会结构演变的历程——从"乡土社会"到"新乡土社会"[J]. 开发研究，2012(5).
[48] 刘军强，熊谋林，苏阳. 经济增长时期的国民幸福感——基于 CGSS 数据的追踪研究 [J]. 中国社会科学，2012.(12).
[49] 龚春明，饶国宾. 找回家乡：城镇化进程中乡村情感价值的展演 [J]. 探索，2015(4).

[50] 温铁军,艾恺. 立足乡土 认识乡土 复兴社会 [J]. 中国投资,2014(1).
[51] 张强,张怀超,刘占芳. 乡村振兴:从衰落走向复兴的战略选择 [J]. 经济与管理, 2018, 32(1).
[52] 李智,张小林,陈缓,等. 基于城乡相互作用的中国乡村复兴研究 [J]. 经济地理,2017,37(6).
[53] 张强. 乡村与城市融合发展的选择——北京市城乡一体化发展研究 [J]. 北京:中国农业出版社,2006.
[54] 沈费伟,刘祖云. 精英培育、秩序重构与乡村复兴 [J]. 人文杂志,2017(3).
[55] 索晓霞. 乡村振兴战略下的乡土文化价值再认识 [J]. 贵州社会科学,2018(1).